会展研究丛书 >>> >>

节庆产业与城市发展

□ 陈忆戎／著

全国百佳出版社
中央编译出版社
Central Compilation & Translation Press

目 录
CONTENTS

序一：研究节庆产业助推城市发展 ……………………………… 1
序二：探讨在节庆平台上创造财富的成功之道 ………………… 4

导　论 ………………………………………………………………… 1
 第一节　节庆和节庆业的基本概念和内涵 ……………………… 2
  1. 节庆的基本概念 …………………………………………… 2
  2. 节庆业的性质 ……………………………………………… 6
 第二节　文献综述与选题背景 …………………………………… 9
  1. 宁波节庆的特殊性 ………………………………………… 9
  2. 学术界对此的理论研究 …………………………………… 10
 第三节　理论框架 ………………………………………………… 22
 第四节　研究意义 ………………………………………………… 23
 第五节　基本思路与研究方法 …………………………………… 25
  1. 基本思路 …………………………………………………… 25
  2. 研究方法 …………………………………………………… 25

3. 结构内容 ··· 25

第一章 节庆业的起源与发展 ······································ 27
　第一节　中国传统节庆 ·· 28
　　1. 中国传统节庆的起源 ·· 28
　　2. 中国传统节庆的发展 ·· 28
　第二节　西方传统节庆 ·· 30
　第三节　现代节庆业 ·· 31
　　1. 现代节庆业形成的背景 ······································ 31
　　2. 现代节庆业的发展 ·· 33
　第四节　节庆业的功能体系 ·· 36
　　1. 直接的经济效益 ·· 36
　　2. 经济的拉动作用 ·· 37
　　3. 巨大的社会效益 ·· 39
　　4. 对城市经济发展的促进作用 ·································· 40

第二章 中国节庆业发展概述 ···································· 43
　第一节　中国节庆业发展现状 ······································ 44
　　1. 重要的经贸文化交流平台 ···································· 45
　　2. 起步虽然较晚，但是发展迅速 ································ 45
　　3. 形成独特的节庆经济时空布局 ································ 46
　第二节　中国节庆业发展中存在的问题 ······························ 50
　　1. 忽视品牌培育，影响节庆可持续发展 ·························· 50
　　2. 存在政府干预，市场化程度较低 ······························ 51
　　3. 创新力度不足，出现主题雷同、内容单一现象 ·················· 51
　　4. 商业化程度过高，导致节庆文化内涵丧失 ······················ 51
   5. 节庆活动的经济效益、社会效益、生态效益难以
      共同实现 ·· 52

第三节　中国节庆产业的雏形正在形成 …………………… 52

第三章　宁波节庆业发展轨迹分析 …………………………… 55
第一节　宁波节庆业发展历程 ………………………………… 56
1. 1980 年至 1996 年：起步阶段 …………………………… 56
2. 1997 年至 2005 年：发展阶段 …………………………… 57
3. 2006 年至 2010 年：提升阶段 …………………………… 58

第二节　宁波节庆业现状 ……………………………………… 59
1. 宁波节庆活动的时空分布 ………………………………… 59
2. 宁波节庆活动的分类 ……………………………………… 61
3. 宁波市重大节庆活动 ……………………………………… 65
4. 宁波节庆业的基本特点 …………………………………… 69
5. 宁波节庆产业的形成 ……………………………………… 71

第三节　宁波节庆业的成长战略 ……………………………… 73
1. 宁波发展节庆业的资源 …………………………………… 74
2. 宁波节庆业资源整合战略 ………………………………… 108

第四节　宁波"中国节庆名城"地位的确立 ………………… 113
1. "中国节庆名城"基本内涵及特征 ……………………… 113
2. "中国节庆名城"评判主要指标选取 …………………… 114
3. 对宁波节庆业的评判分析 ………………………………… 118
4. 中国节庆经济的宁波模式初显 …………………………… 135

第四章　宁波国际服装节现状及发展前景 …………………… 143
第一节　宁波国际服装节的发展环境分析 …………………… 144
1. 宁波国际服装节发展轨迹 ………………………………… 144
2. 宁波国际服装节的发展条件 ……………………………… 152
3. 宁波国际服装节发展的经济环境 ………………………… 155
4. 宁波国际服装节发展的政治环境 ………………………… 167

第二节　宁波国际服装节的绩效评估 …………………… 171
　　　　1. 宁波国际服装节竞争力分析 ……………………… 172
　　　　2. 对宁波服装产业结构调整的影响 ………………… 192
　　　　3. 对城市经济发展的影响推动作用 ………………… 201
　　第三节　宁波国际服装节的发展前景 …………………… 205

第五章　结论：中国节庆经济的宁波模式 ……………… 209
　　第一节　中国节庆经济的宁波模式 ……………………… 210
　　　　1. 节庆宁波模式基本特征 …………………………… 210
　　　　2. 宁波节庆经济运行分析 …………………………… 216
　　　　3. 生成机制 …………………………………………… 218
　　　　4. 宁波模式的经济学分析 …………………………… 222
　　第二节　宁波模式的战略思考 …………………………… 225
　　　　1. 打造长三角南翼国际节庆名城 …………………… 228
　　　　2. 追求差异化发展战略 ……………………………… 229
　　　　3. 坚持外联的节庆发展战略 ………………………… 230
　　　　4. 加强节庆业的软硬件设施建设 …………………… 231
　　　　5. 扩大产业链的联动效应 …………………………… 232
　　第三节　宁波模式的走向展望与对策 …………………… 232
　　　　1. 全力办好各类节庆活动，推动节庆品牌化发展 …… 233
　　　　2. 调整结构加强合作，推动节庆业整体水平不断提高 … 234
　　　　3. 培育主体，推动会展业国际化、专业化、市场化进程 … 235
　　　　4. 加强措施保障，推动宁波节庆产业健康快速发展 … 235
　　　　5. 加强节庆人才队伍建设，为宁波节庆业可持续发展
　　　　　　提供保障 …………………………………………… 237

参考文献 …………………………………………………… 239

后　　记 …………………………………………………… 248

序一

研究节庆产业 助推城市发展

陈忆戎博士所著《节庆产业与城市发展》是我近期所见一本颇见功力的会展经济论著。承蒙他的信任，让我作序，深感荣幸。概括而言，本书至少具有以下五个方面值得称道。

其一，在全国会展节庆活动热潮迭起之际，会展界正需要这样从理论与实践结合层面的深入思考。

大家知道，进入新世纪以来我国会展节庆活动有了突飞猛进的发展。2000年我国首次提出会展经济的概念；2001年中国入世承诺会展业完全开放；2002年国家正式颁布会展业的行业代码；2003年包括会展、节庆、活动在内的"大会展"或"MICE"产业的理念开始引进并得到认可……所有这些都勾画出我国会展经济迅速发展的清晰图景。当前，全国更是出现了会展节庆活动蓬勃发展的生动局面。特别是节庆活动与会议、展览活动相比，还体现出举办地点更加广泛、参与人数更加众多、活动形式更加多样的特点。当然，与此同时各种问题和弊端也在不断出现。所以，此时的中国会展业界非常需要从理论与实践结合的层面进行深入的思考。而陈忆戎博士所著《节庆产业与城市发展》一书,正好能够满足这种需求,真可谓是一场应运而生的"及时雨"。

其二,本书对节庆活动、节庆产业、节庆经济所做的观点梳理和系统阐述,具有很强的创新意义。

目前,市面上关于会展方面的书籍还是以展览方面的最多,会议方面的次之,节庆活动方面的最少。这说明关于节庆活动的研究更需要加强,也说明与展览、会议相比,它的研究可能更有一些难度。值得称道的是,本书能够对节庆活动、节庆产业、节庆经济等方面的理论和观点进行系统的梳理和深入的阐述,并做了必要的总结、归纳、概括、评述,进而也提出了作者自身的研究成果。因此,本书就具有了很强的创新意义。仅从本书所罗列的近百项参考文献的名录看,就涉及中外、古今的许多方面,确实是博采众长,广泛涉猎。这使得我们通过阅读本书,可以从一个更宽广的视野、更居高的位置、更深入的层面、更透彻的角度来观察和分析节庆活动、节庆产业、节庆经济。应当说,这是作者为会展经济研究所做出的一项重要的创新和贡献。

其三,通过对宁波市实证研究所探索出的中国城市节庆产业发展道路,可作其他城市的参考样本。

宁波市是我国沿海地区一个重要的会展城市;会议、展览、节庆活动都有了相当的发展和可喜的业绩。本书是作者对于宁波市会展节庆经济发展的实证性研究成果;书中所总结提炼出来的宁波市的经验——"宁波模式",具有很强的实用价值,完全可以作为中国其他一些会展城市在发展会展和节庆经济时的一种参考借鉴。如果把"宁波模式"称之为对具有中国特色的城市会展节庆发展道路的一次成功探索,也是不为过的。所以,正如本书所说:"善拓本源、集聚优势、整合节贸、协调发展"的宁波模式是中国中小型城市节庆业的发展方向;中国节庆经济的宁波模式对于中国中小城市的节庆业发展具有重要的推引作用。

序一

其四，作为多年实际工作的理性思考和学术总结，本书展现出作者业务不断研修精进的清晰路径。

我本人与作者交往多年，深感陈忆戎博士的勤学、好学和博学。他先后在宁波市会展活动的第一线进行实际操作，也在宁波市会展业领导岗位上运筹谋划，现在又来到宁波市贸促会从事包括会展节庆活动在内的国际贸易促进业务。他在工作多年的基础上坚持学习深造，攻读博士学位，结合工作实际，不断提升理论素养，终于完成了这一大作。所以，本书作为作者多年实际工作的理性思考和学术总结，确实展现出一位中国会展人业务不断研修精进的清晰发展路径。

其五，书中的内容既是研究的阶段成果，也留下继续深入研究的接驳点，应当进一步的探讨挖掘。

通读本书，我深感其内容的丰富。同时也感到书中的内容既是研究的阶段成果，也留下继续深入研究的接驳点，应当且可以在今后继续探讨和挖掘。譬如，书中提出了一些定量计算的函数和公式，也做了一些简要的数据测算。但是这方面仍有进一步发挥的余地。由此进行接驳和深入，完全可以得出更加深入和精确的研究成果。我期待着作者，以及会展理论界对此进一步探讨挖掘，不断丰富扩大我国会展节庆理论研究成果。

衷心祝愿我国会展节庆经济在科学发展观的指引下持续健康发展，逐步走在世界的前列；衷心祝愿我国会展节庆理论研究不断深化与提升，最终创建并完成具有中国特色的会展节庆理论体系。

中国会展经济研究会常务副会长

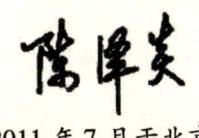

2011 年 7 月于北京

序二

探讨在节庆平台上创造财富的成功之道

陈忆戎的《节庆产业与城市发展》，是系统研究中国节庆产业的开山之作，既有筚路褴褛之劳，更有抛砖引玉之功。

经济活动分类意义的"产业"，指的是"从事同类物质生产或相同服务的经济群体"。[①] 顾名思义，节庆产业也就是以文化庆典、体育赛事、商贸展览、大型会议、休闲娱乐等节庆活动为中心的经济群体。除了组织节庆的政府部门，节庆产业群体包括策划公司、咨询公司、制作公司、营销公司、经纪公司、广告公司、代理公司等中介服务企业，旁及旅游、宾馆、餐饮、交通、运输、保险、金融、房地产、零售、外贸等现代服务行业。这一新的产业在中国城市里兴起和发展的动力何在、条件何在、绩效何在、前景何在，都很值得学术界深入研究。

节庆产业或节庆经济，乃是依托节庆而兴。依托节庆来发展经

---

① 方甲：《产业结构问题研究》，中国人民大学出版社，1997年版，第5页。

济,是中国改革开放时代的诸多传奇故事之一,是中国中产阶级使文化和经济联姻的重大成果之一。终生以批判和颠覆资本主义和资产阶级的马克思和恩格斯,曾经惊叹"资产阶级在它的不到一百年的阶级统治中所创造生产力,比过去一切时代创造的全部生产力还要多、还要大"。① 中国过去三十年间的高速经济发展与资产阶级及资本主义之间的关系,政学两界争议良多。但是,中国朝野上下满怀激情地动员、挖掘和利用一切资源来创造财富、发展经济,以及在这一过程中所展现的超凡智慧,则是没有争议的事实。动员、挖掘和利用的对象当然包括中国文化在内。中国各地动员、挖掘和利用文化资源来创造财富、发展经济,包括挖掘丰富的文化资源而创造发展节庆产业的种种创举,实在是千姿百态、风光无限。

李泽厚将"中国的智慧"归结为"实用理性"与"乐感文化",② 有一定道理。传统的中国人确实对纯粹理性和彼岸世界兴趣不大,不重视刨根问底、逻辑严密的思辨理性和抽象的超验理性,而是"六合之外圣人存而不议",全神贯注于俗世的实用和功利;比起基督教的"罪感文化",传统的中国人确实缺乏原罪忏悔意识;传统的中国人也没有日本人那种过分发达的"耻感文化",不至于象日本人那样,只要是能够瞒天过海的事,就会因为羞耻感而绝不认账。中国人素来更注重在常识范围内和日常生活中追求平淡无奇的幸福和快乐。这样一种"乐感文化",当然有厚重不足之嫌。但注重天伦之乐和轻松愉快的文化心理,在当代中国竟然被挖掘出来发展节庆产业,先人始料莫及。有的经济学家断言,人类即将进入"娱乐经济时代","娱乐因素"将成为产品与服务的关键,经济发展将会有越来越多的娱乐功能和娱乐因素,"娱乐导向的消费"将与长期以来

---

① 马克思和恩格斯:《共产党宣言》,《马克思恩格斯选集》第 1 卷,人民出版社 1972 年版,第 256 页。
② 李泽厚:《实用理性与乐感文化》,三联书店,2005 年版。

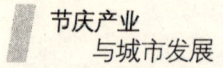

"功用导向的消费"一争高低。① 若此言不虚，中国节庆产业的兴起，便是应运而生、前途无量。

中国文化源远流长，各类节庆琳琅满目、潜力很大。在中国传统节庆中，有源于农耕生产的春节和中秋节，有源于祖宗崇拜宗教祭祀的清明节和元宵节，有源于驱瘟辟邪的端午节和重阳节，有源于社交娱乐的各类花节、水节、歌节、舞节，等等。直到 20 世纪 70 年代末，这些植根于生产、生活和民俗风情的节庆，基本上是纯粹的精神生活和娱乐活动。在"以经济建设为中心"的改革开放时代，人们从这些探亲访友、自娱自乐的庆典活动中看到了创造财富的商机。于是乎，自从 20 世纪 80 年代起，那些情商特别发达、特别有经济战略眼光的人们，争先恐后地利用节庆活动大作经济文章，从节庆活动中开发出使娱乐活动带来经济效益的节庆产业和节庆经济。他们在利用传统节庆和不断创造新节庆这两个方面齐头并进，既依托传统节庆安排商贸活动以发挥其经济功能，更创造出以经济效益为主导功能的、五彩缤纷的新节庆。这些新节庆，在主题分工上越来越精细、越来越有深度。有以风景名胜为主题的节庆如郑州国际少林武术节、武当国际旅游节等；有以地方民俗风情为主题的节庆如西双版纳泼水节、凉山彝族火把节、南宁国际民歌艺术节等；有以著名土特产为主题的节庆如景德镇国际瓷器节、青岛国际啤酒节、长春电影节、宁波国际服装节、洛阳牡丹花会、吐鲁番葡萄节、哈尔滨冰灯节等；有以人文文化景观为主题的节庆如曲阜孔子文化节、安阳殷商文化节、梅州妈祖文化节等；当然还有直接以促进商贸活动为主题的各类展览会、体育赛事、文艺会演、历史纪念活动等。这些色彩斑斓的节庆，将自然景观、地方风情、休闲度假、探亲访友、文化观赏和商贸活动等因素合冶于一炉，各得其所、蔚为大观。

---

① Michael Wolf, *The Entertainment Economy*, New York: Random House, 1999.

序二

据有关方面统计,中国每年的大型节庆活动数量已超过两万个之多,这个地广人众的国度,在节庆方面也是热闹纷繁的泱泱大国。①

节庆活动或节庆产业牵涉的范围是如此之广,对它进行深入研究需要多学科的视野和多学科的知识。陈忆戎这部著作,从政治经济学、会展经济学、社会学、历史学和文化学等多维视角审视、研究中国节庆产业这一新近兴起的社会现象。他不是面面俱到、泛泛而论,而是突出重点、探赜索隐。他在全国范围内选取宁波节庆产业为主要实证研究对象,在宁波节庆产业范围内又选取宁波国际服装节为主要实证研究对象,展开多方位的深入分析,力求通过对典型案例的实证研究来提供扎实的新知识、新见解。他通过对宁波节庆经济的动力、模式及其前景的分析,论证宁波节庆产业的形成发展和对城市社会经济发展的推动作用,并为中国未来节庆业发展提出了宁波模式,斩获良多,为深入开展对中国节庆产业的研究提供了一份重要成果。

按照陈忆戎的研究,宁波是中国节庆产业或节庆经济最发达的城市之一,是当之无愧的"中国节庆名城"。他的这一评判定位不是凭空而来,而是经过严谨的论证。为确认宁波这一尊荣地位,陈忆戎创建了"中国节庆名城"评判指标体系,包括举办全国性、国际性节庆活动的密集程度;由规模、时间、内容、方向和效果等要素构成的影响力度;由经济效益、社会效益、文化含量和知识含量等因素来衡量的节庆业的高度和深度;以及同时由硬环境和软环境构成的节庆业综合能力。读者可以根据这个指标体系去品评宁波的节庆,包括植根于本土资源而享誉全球的的宁波国际服装节、中国徐霞客开游节、中国开渔节、中国梁祝爱情节、中国弥勒文化节、中国港口文化节、天一阁中国藏书文化节等,别开生面的中国余姚杨梅节、奉化桃花节、宁海生态美食节、四明山樱花·红枫浪漫观赏

---

① 周怡书、周强编:《中国当代节庆》,北京:新世纪出版社,2004年。

节等,以及从外地引进承办的国际国内重量级节庆活动,诸如中国金鸡百花电影节、中国艺术节、中国戏剧节、中国戏剧梅花奖颁奖典礼、中国舞蹈荷花奖颁奖典礼、全国群星奖决赛及颁奖典礼、全国琵琶大赛、中国百佳电视艺术工作者颁奖庆典、国际女排精英赛等。按照陈忆戎的说法,宁波已经成功地将节庆产业发展为支柱产业,以宁波国际服装节等节庆为龙头,使宁波"以节促贸,以节引资,以节会友,以节兴市,以节扬名"。

既然节庆产业的成功发展依赖文化因素和经济因素的完美结合,宁波节庆产业短期内有如此成就,"宁波文化"功不可没。相对于世界其它国家的文化,我们谈论"中国文化";而相对于全中国的文化,我们又看到中国内部高度发达的区域文化。我们都知道,"中国文化"是诸多族群和诸多区域的文化长期融合的结果。而由于历史渊源、地理环境、风土人情等方面的不同,中国各个区域保存并不断产生着丰富多彩的区域文化。有由族群和宗教为基本要素的西藏文化、蒙古文化、穆斯林文化,有由先秦诸侯国为渊源的三秦文化、三晋文化、燕赵文化、齐文化、鲁文化、楚文化、吴文化、越文化,以及由近现代地理区划所塑造的湘文化、闽文化、赣文化。① 当然,这些区域文化往往互相交叉、互相渗透而并非总是泾渭分明,而且内部又有更小的分支,比如越文化内部的浙东文化和浙西文化、吴文化内部的苏南文化和苏北文化。

"宁波文化"是浙东文化的组成部分,足以为发展节庆产业提供深厚的文化资源。以我之见,"宁波文化"最值得称道的是自古以来高度发达的佛教文化和近代以来高度发达的工商文明,两者都非常有利于节庆产业或节庆经济。

佛教精神最核心的是慈悲。按照中国近代高僧圆瑛的通俗解释,

---

① 参阅陈金川主编:《地缘中国:区域文化精神与国民地域性格》,中国档案出版社,1998年版。

序二

"慈者与人之乐,悲者拔人之苦"。中国佛教中主慈的观音菩萨和弥勒佛,故乡正好都在宁波。中国四大菩萨道场坐落于中国佛教四大名山,即以智慧著称的山西五台山文殊菩萨道场、以行德著称的四川峨眉山普贤菩萨道场、以拔人之苦的悲愿著称的安徽九华山地藏王菩萨道场、以大慈大悲著称的浙江普陀山观音菩萨道场。位于宁波近海小岛上的普陀山相传为观音菩萨修炼成果的道场,而观音菩萨在中国四大菩萨中最受民众欢迎。与观音菩萨一样,弥勒佛的故乡也在宁波。"弥勒"在梵语中的本义就是"慈",是给人欢乐和希望,弥勒佛在佛教文化中是欢笑佛、快乐佛和幸运佛。相传这位笑口常开弥勒佛化身现世,转化为民间凡人布袋和尚,出家于奉化雪窦山,并在该处圆寂。因而奉化雪窦山成为举世公认的弥勒圣地和弥勒道场。以弥勒佛和观音菩萨为代表的主慈主乐的佛教文化,充满乐天知命、淳化人生、和睦生财的精神,对发展节庆经济实在是得天独厚。

"宁波文化"特别突出的另一个方面,是不同凡响的宁波工商文明,从宁波商帮在近现代中国的辉煌成就中可见一斑。宁波商帮诞生于明朝中晚期、崛起于晚清"五口通商"之后、在民国时期达到极盛。古代中国文化是典型的内陆文化,而宁波文化却应归入海洋文化。宁波三面环海,甬江、余姚江、奉化江这三条河流在宁波城里交汇而出海,波涛汹涌、舟楫竞发是宁波最为突出的地理景观,也世世代代地激发着宁波人向外开放、闯荡拼搏、并且敢为天下先的精神。正是这样的精神养育了一代又一代杰出的宁波商人,充当创建近现代中国实业的先驱,成为支撑二十世纪三、四十年代"江浙财团"和"大上海"的主心骨。其中,有1882年创办中国第一家机器制造厂的董秋根,有1889年创办中国第一家民营华资轮船公司并在后来成为"五金大王"的叶澄衷,有1905年创办中国第一家保险公司并于1921年创办中国第一家信托公司的严信厚和朱葆三,有1913年执导中国第一部无声电影和1922年拍摄了中国第一部有声电影的中国电影之鼻祖张石川,有 1915 年组建中国最大商办航业集团并于 1920 年创办中国第一家华商证券交易所的虞洽卿,等等。民国时期名震中国的宁波大腕还有"火柴大王"刘鸿生、"制药大王"项松茂、"国货大王"方液仙、"汗衫大王"任士刚。在二十世纪五十年代以后的香港,宁波籍的商人群体中还涌现了"船王"包玉刚、"影业巨子"邵逸夫、"电子大王"邵炎忠、"毛纺大王"曹光彪和"棉纱大王"陈廷骅。① 这些工商巨子的创业精神,对当今宁波的经济发展,当然是一笔宝贵的财富。

陈忆戎所总结提炼的中国节庆经济的"宁波模式",放在改革开放以来不断涌现的种种区域经济发展模式这一大框架中来考察,也有特别意义。最早对改革开放时代中国区域经济发展模式作出深入研究的,是美国中国学名家傅高义,他于 1989 年就出版了名著《广东先行一步》一书,论述广东开办经济特区、率先打开通向市场经济之大门的新的经济发展模式。② 此后在中国大地上,又相继冒出一系列新的模式,比如与广东的珠江模式相媲美的温州模式、苏南模式、中关村模式和三城模式等。以温州模式为典型的浙江经济发展和以珠江模式为典型的广东经济发展,差异很大。如果说广东的经济发展模式突显出生产要素和产品市场"两头在外"的"外向型经济"特色和通过持续大规模利用外资和外来技术推动本地工业化和现代化进程的"外源型"发展模式,那么,浙江的经济发展则是更注重依靠本地的资金、技术、人才等生产要素发展经济、推动工业化和现代化进程的"内源型"发展模式。不过,在尽力妥善处理和理顺政府和市场的关系这一关键方面,浙江与广东又极其相似。中国改革之主要不足在于政府角色转换远未完成、市场化进程受阻、"体制没有理顺",并给权力寻租带来了有利条件和机会。浙江和广

---

① 参阅马卫光等:《百年宁波帮》,西泠印社,2004 年版。
② Ezra Vogel, *One Step Ahead in China: Guangdong Under Reform*, Harvard University Press, 1989.

东的经济发展更好一些,正是得益于政府角色转换方面的先进举措,主要表现在政府尽量减少在微观管理方面的干预,而努力在宏观方面提供优质服务,诸如规范市场秩序、提供公共产品、降低交易费用、进行基础设施建设、提供指导信息等等。近年发展起来的"义乌国际小商品博览会",是一个颇为成功的范例,政府在扶持市场主体成熟之后便功成身退,转变为"服务型政府"①。笔者在别处提到,市场经济中政府角色,最好是能达到"生而不有、为而不恃、长而不宰"的道家境界,也就是扶植企业与商家之生长而不图拥有、不图宰制。

陈忆戎将节庆经济的宁波模式归纳为"善拓本源、集聚优势、整合节贸、协调发展"四大要素,这种归纳主要着眼于发展战略。他同时也论述了宁波模式的体制因素,也就是走大力发展民营经济的道路,特别是走出了一条"政府引导,社会参与,市场运作"的节庆发展路子。政府在节庆活动运作中的角色不是包办,而是发挥宏观定位、维护治安和协调公共资源的作用,在操作过程引入市场化运作机制,培养企业自身的核心竞争力,"依托产业,服务产业,提升产业",从而能够保持宁波节庆经济持续增长的动力。

悉尼科技大学教授
冯崇义
2011年7月于悉尼

---

① 参阅郭牧:《会展与区域经济的发展:以中国义乌国际小商品博览会为例》,北京:中央编译出版社,2008年版。

导 论

第一节　节庆和节庆业的基本概念和内涵

1. 节庆的基本概念

节庆是什么？哲学家说：节庆是智者的峰会，创新的摇篮。活动专家说：节庆是城市的节日，欢乐的海洋。社会学家说：节庆是实践的土壤，沟通的园地。文化专家说：节庆是文化的盛宴，艺术的舞台。旅游专家说：节庆是旅游吸引物，产业发动机。经济学家说：节庆是经贸的平台，经济催化剂。由于节庆业发展处于初级阶段，关于节庆的定义也有很多的表述。

（1）节庆的定义①

A. 狭义的节庆

节庆（Festival）被视作"节日庆典"的简称，其内容仅包括各种传统节日以及经过策划创新而人为"制造"出来的各种节日。从节庆研究的角度来看，这是一种对节庆更纯粹与更专业的界定。

B. 广义的节庆

广义的节庆就是通常所说的 FSE（Festivals-Special Events），即节日和特殊事件，简称"节事"，其内容包括文化庆典（节日、狂欢节、宗教事件、大型展演、历史纪念活动）、文艺娱乐事件（音乐会、其他表演、文艺展览、授奖仪式）、商贸及会展（展览会/展销会、博览会、会议、广告促销、募捐/筹资活动）、体育赛事（职业比赛、业余竞赛）、教育科学事件（研讨班、专题学术会议、学术讨论会、学术大会、教科发布会）、休闲事件（游戏和趣味体育、娱乐

---

① 参阅戴光全著：《重大事件对城市发展及城市旅游的影响研究》，北京：中国旅游出版社，2005 年 7 月。

事件)、政治/政府事件（就职典礼、授职/授勋仪式、贵宾 VIP 观礼、群众集会）、私人事件（个人庆典、周年纪念、家庭聚会、宗教礼拜、社交事件、舞会/节庆、同学/亲友联欢会）。从节庆研究的角度来看，这是一种对节庆的内涵和外延更为宽泛的界定。

C. 有关节庆的其他定义

节庆业近年来在中国发展迅速，引发诸多中国学者的兴趣。他们从各自不同的视角来把握节庆，强调节庆的不同侧面，对节庆这一概念提出了不尽相同的定义。笔者列举如下：

其一，节庆是指有很多人参加的，在固定时间、有目的的且有固定内容的系列活动。①

其二，节庆活动是在特定时间和特定地点内举办，主办者通过特定的活动、仪式或典礼吸引参与者，从而达到塑造城市形象，拉动旅游和投资等目标的非日常发生的特殊事例。它通过特定的主题活动将公众聚集起来，分享和庆祝在社会生活中发生的事件。②

其三，节事活动是以某一地区的自然、文脉和发展战略为基础，举办的一系列活动或事件，包括节日、庆典、会议、地方特色产品展览会、交易会、博览会，以及各种文化、体育等具有特色的活动。③

其四，节庆是基于地方自然、文化、经济等特色举办的周期性或突发性的大型的有组织的活动。主要包括商业类、农业类、文化类、自然景观类、休闲娱乐类等。④

---

① 张宏丽：节庆、旅游节庆和节庆旅游概念辨析，《信阳师范学院学报》，2008年第6期第28卷。
② 孙淑荣：我国城市旅游节庆的发展现状及对策分析，《全国商情》，2006年第10期。
③ 余青等：中国节事活动开发与管理研究综述，《人文地理》，2005年第6期。
④ 张洁、黄远水：我国节庆旅游研究综述，《平原大学学报》，2006年6月第3期。

其五，节庆是通常每年定期举办的，有明确的机构组织，以一个鲜明的主题为依托，包括文化、经贸、游乐等多种活动项目的非日常发生的特殊事件。①

第六，节庆是指某地区或城市以其特有的资源，包括历史、文化和艺术、传统竞技、体育、风俗习惯、风情风貌、地理优势、气候优势、遗址、胜地、古迹等为主题，自发而周期性举办的大型庆祝活动。②

这些不同定义可以说是仁者见仁、智者见智，在把握"节庆"的丰富内涵方面各有春秋。本书倾向于采用更为综合性的定义，冶地理区位条件、历史文化渊源、政治经济动机、联谊娱乐功能于一炉。

(2) 事件、特殊事件、重大事件的概念③

A. 事件（event）：事件是短时发生的一系列活动项目的总和；同时，事件也是其发生时间内环境/设施（setting）、管理（management）和人员（people）的独特组合。有的译者也把"event"译为"活动"。

B. 特殊事件（special event）：特殊事件有两个方面的含义：一方面，与事件的赞助者或主办者（sponsoring or organizing body）的例行事务（routine）不同，特殊事件是发生在赞助主体或举办主体日常进行的项目（program）或活动（activity）之外的事件，具有一次性或者非经常性的特点；另一方面，与消费者或顾客的日常俗事（mundane affairs）不同，特殊事件是发生在人们日常生活体验或日

---

① 李玉新：节庆旅游对目的地经济影响的测算与管理，《桂林旅游高等专科学校学报》，2003年2月第1期。

② 张伦书：论节庆经济持续创新力与评价指标体系，《桂海论丛》，2006年6月第3期。

③ 戴光全著，《重大事件对城市发展及城市旅游的影响研究》，北京：中国旅游出版社，2005年7月。

常选择范围之外的事件,它为事件的顾客提供了休闲、社交或文化活动机会。① 有的学者特别强调,"特殊事件经过事先策划,往往能够激发起人们强烈的庆贺期待"②。

C. 重大事件(mega-event):从规模和重要性来看,重大事件是指能够使事件主办社区和目的地产生较高的旅游和媒体覆盖率(media coverage)、赢得良好名声(prestige)或产生经济影响的事件③。在实际运作中,重大事件一般称为"大型活动"。

以上是西方事件及事件旅游理论体系中的三个基本概念,可以看出都是与节庆"有逻辑相关的概念"④,也是在对节庆的研究中必不可少的重要概念。

(3) 节日的概念

《现代汉语词典》关于"节日"的解释是:传统的庆祝或祭祀的日子,如春节、清明节等⑤。美国《韦伯斯特21世纪词典》对节日(festival)原意的解释是"圣日"。在现代英语文献中,"节日"(festival)的内涵包括五个方面:(1)一段用来庆祝的时间,以遵守特殊的规定为标志;(2)对一个著名人物或历史事件,或者重要作物收获的年度庆典;(3)由一系列文化表演构成的一种文化活动,通常为一个艺术家或单个作品;(4)博览会;(5)娱乐、狂欢和庆

---

① Getz, D. Event Management & Event Tourism. New York: Cognizant Communication Corporation. 1997: 4.

② Goldblatt, J. J. Special Events: The Art and Science of Celebration. New York: Van Nostrand Reinhold. 1990.

③ Getz, D. Event Management & Event Tourism. New York: Cognizant Communication Corporation. 1997: 6.

④ Gibbs, J. Sociological: Theory Construction New York: Dryden Press, 1972.

⑤ 中国社会科学院语言研究所词典编辑室编,《现代汉语词典》,北京:商务印书馆,2002年。

祝等活动①。这些关于节日的注解都集中说明，节日是社会文化所设置的时间单位②，具有以历日和季节为基础的历年循环以及全民参与的基本特征。

同时，节日区隔一个生活周期中的各个阶段，并由于庆祝节日往往涉及着装服饰（传统与时尚）、异样烹调的饮食（地域特产）、特定的仪式（崇拜与信仰）、独具旋律的音乐、特定方式的舞蹈（土风与审美）、特殊的庆祝内容与方式（民族性格与价值取向）等，而在节庆中保留着民族文化最精致、最具代表性的方面。③

2. 节庆业的性质

（1）关于产业的定义

"产业"是产业经济学的研究对象。产业经济学理论起源于马歇尔对组织的研究，1890年，英国经济学家马歇尔（A. Marshall）在《经济学原理》一书中，提出了生产要素不仅有劳动、资本和土地，还有第四种生产要素——组织；经过张伯伦和罗宾逊夫人等对不完全竞争理论的研究，1933年，张伯伦的《垄断竞争理论》和琼·罗宾逊的《不完全竞争经济学》的出版使垄断竞争和寡头垄断产业组织理论得以确立，标志着现代产业组织理论的初步形成；以1959年，贝恩（J. Bain）出版了《产业组织》（Industrial Organization）一书，建立了以市场结构、市场行为和市场绩效为基本框架的产业组

---

① 戴光全、马聪玲主编，《节事活动策划与组织管理》，北京：中国劳动社会保障出版社，2007年。
② 高丙中：圣诞节与中国节日框架 [J]，《民俗研究》，1997年第2期。
③ 甘世安、魏水利：中美节庆文化的表征与内涵分析及其启示，《西北大学学报》，2007年第1期。

织理论,标志着一个较为完整的产业经济学理论体系的形成。① 产业经济学是以"产业"为对象,研究社会经济活动中产业内部企业组织结构、产业之间关系结构和产业地区分布结构的变化规律,及其研究这些规律的方法。

在马克思主义经济学的文献中,"产业"一词是指从事物质生产的工业部门和行业。在产业组织理论中,"产业"是指具有某种相同属性的"企业集合"。在产业经济学中,"产业"是国民经济中具有同一性质,承担一定社会功能的生产或其他经济社会活动单元构成的具有相当规模和社会影响的组织结构体系。其含义包括了构成产业的同一性,构成产业的内在要求和条件,即必须是那些在社会经济活动中承担着不可或缺的功能,以及足以构成相当规模和影响的单位集合。强调了构成产业的三个规定性:

A. 产业构成的规模规定性。一个企业单元不一定构成产业,多个企业单元也不一定构成产业,构成产业的企业数量和产出量必须有一定的规模。

B. 产业构成的职业化规定性。社会各职业中形成了专门从事这一产业活动的职业人员。

C. 产业构成的社会功能规定性。也就是在社会经济活动中承担一定角色,而且是不可缺少的。

综合以上规定性的单元集合体才可称之为产业。但是,"产业"所指的范围仍可细分。可以指一般性的类别,如第一产业、第二产业、第三产业,也可以指具体的产业门类,如旅游业、服装产

---

① (英)阿尔弗里德·马歇尔著,《经济学原理》,北京:中国商业出版社,2009年1月。
(美)张伯仑著,《垄断竞争理论》,北京:华夏出版社,2009年3月。
(英)琼·罗宾逊著,《不完全竞争经济学》,陈璧译,北京:商务印书馆,1961年。

业等。①

(2) 节庆业的性质

节庆业（festival Industry）是以节庆活动为中心、并在节庆活动带动下由密切相关的经济活动共同构成的一个综合性质的产业。② 在很多国家，围绕着形式多样、丰富多彩的节庆活动不断开展，节庆业也从诸多行业中独立出来，成为一个新的行业，很多会展公司、咨询公司、节庆策划公司和管理公司构成了行业的主体，节庆业从业人员（festival professionals）也成为一个独立的职业群体。③ 节庆业界的国际组织还向符合标准的人员和组织颁发相关的资质和证书，以倡导和鼓励节庆业从业人员和机构为提高节庆业的地位而有职业道德地工作，为和平与发展贡献力量。④

不过，学术界对节庆业的研究刚刚起步，对于节庆业的性质，目前尚无定论。特别是在中国，很多论著只是限于对节庆活动的描述，很少有对其产业地位进行深入系统的探讨。

从广义的节庆活动内容来看，节庆业涉及的主要是文化庆典、休闲娱乐、商贸及会展、体育、教育科学和政治事件等，都属服务业范畴，应将节庆业列为服务业（第三产业）。但值得注意的是，节庆业的许多内容是为第一产业和第二产业服务的，并在事实上为推

---

① 宁俊等编著，《服装产业经济学》，北京：中国纺织出版社，2004年1月。

② 戴光全、马聪玲主编，《节事活动策划与组织管理》，北京：中国劳动社会保障出版社，2007年。

③ Catherwood, D. W. (Editor), Van Kirk, R. L. & Ernst, G. Y. The Complete Guide to Special Recent.
Management: Business Insights, Financial Advice, and Sucessful Strategies from Ernst & Young. Chichester: John Wiley & Sons. 1992.
Hoyle, L. H. Event Markeing: How to Successfully Promote Events, Festivals, Coventions, and Expositions. Chichester: John Wiley & Sons. 2002.

④ 戴光全著，《重大事件对城市发展及城市旅游的影响研究》，北京：中国旅游出版社，2005年7月。

动工业和农业、建筑业等的发展起着巨大的作用。因此,节庆业是一个边缘行业,既归属于第三产业,又不同于第三产业的一般部门,它与其他部门广泛交叉。

第二节 文献综述与选题背景

1. 宁波节庆的特殊性

宁波地处中国海岸线中段,浙江省东部,长江三角洲南翼,拥有天然深水良港北仑港。是中国副省级城市、计划单列市和十四个沿海开放城市之一,以及有制定地方性法规权利的较大的市。宁波也是中国历史文化名城、中国优秀旅游城市、中国首批文明城市、国家卫生城市。经济建设方面,宁波是长江三角洲南翼重要的经济中心和重化工业基地,是中国华东地区重要工业城市,也是浙江省经济中心之一,是中国重要的沿海开放和对外贸易口岸。自20世纪80年代以来,宁波经济持续快速发展,显示出巨大的活力和潜力,成为中国经济最活跃的地区之一。

凭借宁波自身所具有的优势,足以推动宁波城市社会经济的繁荣发展。然而,面对20世纪90年代以来经济全球化带来的重大机遇和巨大挑战,宁波没有固步自封、被动地利用现成的资源,而是顺应时势积极调整产业结构,加快推动第三产业发展。在第三产业发展过程中,宁波首先选择了大力发展节庆经济。随着1997年首届宁波国际服装节的成功举办,一大批节庆活动如雨后春笋般涌现。以宁波国际服装节为龙头的宁波节庆经过十几年的发展,从无到有,不断壮大。宁波市多次被评选为"中国十大节庆城市",宁波国际服装节也被国际节庆协会(IFEA)评为"中国十大节庆活动"和"中国十大最具国际影响力节庆活动"。节庆活动已成为带动宁波经济发展、丰富市民文化生活、扩大城市对外影响、构建和谐社会的有效载体。

2. 学术界对此的理论研究

(1) 节庆学创建的理论条件

A. 国外宝贵的节庆理论财富。随着西方各国包括节日、会展、体育、休闲在内的各类节庆活动的日益发展,学术界也逐步开展对各类节庆活动的研究。有关节庆方面的学术专著和研究论文比较丰富。研究特点总体上表现为初步研究多于深入研究,个案研究多于系统研究,涉及面较广,深度不够,实证研究是主流研究方法。目前,对事件的研究主要集中在传播媒介(communication & Media)、大众文化(Mass Culture)、公共关系(Public Relation)和休闲旅游(Recreation & Tourism)等4个学科领域。[①] 在事件及事件旅游研究的专著方面,在世界著名的"亚马逊"(Amazon)网络书店上出售的关于"事件研究"(event studies)的书有5814本,其中:关于"特殊事件"(special event)的书有586本、关于"事件策划"(event planning)的书有1962本、关于"事件管理"(event management)的书有1545本、关于"特殊事件"(special event management)的书有39本、与"事件旅游"(Event tourism)直接相关的书有47本。

2001年7月,著名的网络服务商"事件世界"(World of Event.net)与设在利兹城市大学的英国事件管理中心(UK Center for Events management at Leeds Metropolitan University)为事件管理专业的师生、研究者和从业人员联合推荐了一份事件管理书目。书目列出的书籍有194本、刊物多达30种(World of Event.net,2001)。2001年起,John Wiley & Sons 出版公司更是推出了1套4本的"事

---

① Getz D. Event Management & Event Tourism. New York: Cognizant Communication Corporation. 1997: 22 – 40.

导 论

件管理丛书"（Wiley.com，2001－2002）。在此之前，该出版社还出版了若干关于事件业运作的书籍，如 Goldblatt 和 Supovitz 的《美元和事件：如何成功运作特殊事件行业》，论述了成功的事件行业（events business）所需的策划、组织和管理问题，被评论为事件行业"一本很好的入门指导书"。（Ritchie，2001）有关会展的学术专著和研究论文也比较丰富，已出版的会议和展览的专著达百余部以上。①

根据美国世界节庆管理教育学会（IFEM）的统计和研究，全球共有150家大学已开设 MBA-Event Management 节庆管理学科教学及其相关课程的教学，并颁发证书和学位。这些课程涵盖众多学科领域：企业管理、公共关系、整合营销、广告、人类学、艺术、大众传媒、网络传播、设计、民俗、酒店与餐饮管理、观光与旅游、博物馆学、法律、音乐、政治学、休闲、体育事件管理、电视电影、戏剧等。美国、德国、英国等国家在大专院校都设有事件专业、节事旅游专业和会展专业，向学生讲授节庆方面理论知识，并创立了全球节庆管理教育的新模式和标准。同时，也有行业组织，比如国际节庆协会（IFEA）、国际节庆经理人协会（ACCED-I）、国际节庆活动协会（ISES）等，负责对节庆的认证以及专业人员的培训。这些国家都有一批节庆理论家留下了一批宝贵的节庆理论财富，一些经典专著如美国国际节庆活动协会（ISES）主席乔·戈尔布赖特（Joe Goldblatt）博士的《特殊事件：现代时间管理的最佳实践（第2版）》（Special Events：The Best Practices in modern Event Management）、《特殊事件：21世纪全球事件管理（第3版）》（Special Event：Twenty First Century Global Event Management），盖茨（Getz）于1991年出版的《节事和旅游》（Festival Special Event and Tourism）等。

---

① 戴光全著，《重大事件对城市发展及城市旅游的影响研究》，北京：中国旅游出版社，2005年7月。

美国国际节庆活动协会（ISES）建立了注册节庆专家认证体系，并推出了节庆活动专业证书（CSEP）考试认证，国际节庆协会（IFEA）推出了会议和节事职业资质证书（CCEP）认证等。此外，地方性的节庆机构也已经或者正在筹备推出节庆认证计划，如新南威尔士节日和活动协会（NSWFEA）、澳大利亚会议行业协会（MIAA）等。在许多国家，如澳大利亚，悉尼科技大学、墨尔本维多利亚大学都开设了节庆活动管理方面的专业课程，课程涵盖了节庆管理、营销和运营。澳大利亚许多大学和私立培训学院的旅游、娱乐和酒店专业中开设有节庆活动专业的课程。①

随着节庆管理专业学习和课程的发展，一些国家还在编制和教授一门独特的节庆知识体系，它组成了行业最佳实践。随着课程和证书的同步发展，节庆行业的职业化道路正在迅速形成。②

国外还办有许多节庆相关刊物，如国际节庆专业学术刊物《事件管理国际期刊》（Event Management，2000年起）等。

B. 中国也有较为丰富的节庆理论成果。中国的节庆问题研究，虽尚处于起步阶段，但随着中国节庆业的蓬勃发展，也出现了许多节庆研究的理论成果。这些成果散见于众多的学术报刊，集中在社会科学、自然科学、旅游学、经济学、管理学和普通大学学报等大类中。③ 如《旅游学刊》、《学术论坛》、《桂海论丛》、《广州大学学报》等。还有一些学者出版了节庆理论专著，如戴光全著《重大事件对城市发展及城市旅游的影响研究》，赵东玉著《中国传统节庆文化研究》等。还正式出版了节庆刊物，如《中国节庆》等，开通了

---

① 戴光全、马聪玲主编，《节事活动策划与组织管理》，北京：中国劳动社会保障出版社，2007年。

② 万斌主编，《大型活动项目管理指导手册（1—4卷）》，安徽：安徽文化音像出版社，2003年9月。

③ 余青、吴必虎等：中国节事活动开发与管理研究综述，《人文地理》，2005年第6期。

中国节庆网等网站,很多节庆经济、节庆管理、节庆旅游、节庆信息技术等方面的好文章不断刊发。节庆相关专著、节庆论文、研究课题成果正迅速增多。

中国有关节庆的理论研究始于20世纪80年代,2000年之后发展较为迅速。研究领域涉及节庆学体系中的十几个分支学科,如节庆基本原理、节庆管理、节庆经济、节庆旅游、节庆文化等。在中国,涉及节庆相关概念的论著始见于1985年,节庆相关理论著作始见于1993年,节庆实务管理专著始见于1998年,节庆经济、节庆旅游、节庆营销、节庆策划等专著始见于21世纪初。值得一提的是,近几年来,中国学者积极致力于探索节庆学科理论。

(2) 节庆学在相关学科中的运用①

节庆业发展到一定程度即成产业,但这一产业却是一种可以影响社会和社会各个行业,以及各种不同人群的产业,各种不同社会(行业)都会产生针对该社会(行业)需要的节庆活动。节庆学作为一门综合性的学科,与社会科学中的其他学科理论,诸如宏观经济学、微观经济学、管理学、公共关系学等,有着千丝万缕的联系,笔者对节庆在各相关学科中的运用作了相关整理。

A. 宏观节庆学

①节庆宏观生产率

社会生产率是研究社会(政府)在节庆业的投入与产出的关系。节庆业生产率简单的计算公式是:

(宏观节庆)社会生产率 $(P) = [(总产出 B - 总成本 A)/总成本 A] \times 100\%$

其中:

总成本函数 $A = F(a, b, c, d, e)/\gamma$

---

① 参阅郭牧著,《会展与区域经济的发展》,北京:中央编译出版社,2008年7月。

a——投资建设适合城市需要的节庆活动场所；

b——配套公共设施投资和建设（城市交通、电力增容等）；

c——人才培训；

d——城市节庆的国际、国内推广；

e——调查、政策研究、协调；

γ——不可预见的系数；

总产出函数 B = F（g, h, i, j, k, l, m, n, o）/η

g——主、承办机构每年的营业税；

h——主、承办机构每天的利得税；

i——节庆活动场馆营业税；

j——相关机构（运输、节庆展示工程等）的税收；

k——酒店增加出租率的税收；

l——餐厅、娱乐增加收入的税收；

m——广告、印刷业的税收；

n——引发贸易的税收；

o——引发投资的税收；

η——风险系数。

②节庆业中的比较优势和绝对优势

英国古典经济学家大卫·李嘉图在《政治经济学及赋税原理》一文中提出了比较优势论，他在文中提道："在商品完全自由的制度下，各国都必然把它的资本和劳动用在最有利于本国的用途上，这使个体利益的追求很好地和整体利益结合在一起。"

对于老牌的节庆企业，它所建立的网络、人力资源、资本积累以及经验都是它的比较优势。对于新入行的或者入行时间不久的企业，更需要在比较优势上做文章。正像社会分工一样，各行各业都有自身存在的比较优势，节庆业也不例外，每个企业如果能充分发挥自身的比较优势，经过若干年经营就会转化为绝对优势；反之，如果不以比较优势经营，其成功的机率是不大的。

③节庆业与凯恩斯经济学原理

现代西方经济学家凯恩斯，在他的西方经济学思想中指出：在一个宏观经济中，投资与收入和失业之间存在密切关系，投资的增加可以扩大收入，缩小失业范围，投资的减少会缩小收入并扩大失业范围。在一定条件下，一定数量的投资额会带来国民收入若干倍的增加。一个部门的新增投资，不仅会使该部门的收入增加，而且会通过连锁反应，引起其他部门收入增加，并促进其他部门追加新投资获得新收入，致使国民收入总量的增长若干倍于最初那笔投资。公共支出和投资会刺激有效需求，投资的增加会带动整个经济的成倍增长，会产生乘数效应。乘数理论是西方经济理论的重要组成部分，也是分析经济运行的一个重要工具。

与凯恩斯所阐述的乘数效应相同，很多国内外学者也多次论证了节庆业的发展具有明显的乘数效应。节庆业由于具有强大的产业带动效应，在自身不断发展的同时，带动了许多相关产业的发展。据国际相关行业组织统计资料表明，国际节庆业的产业带动系数大约是1:9，目前，中国国内的节庆业带动系数要比国际低，一般在1:5。产业带动系数和凯恩斯所阐述的乘数含义相似。节庆业不仅能带给举办场地租费、搭建费、广告费、运输费等与节庆有关的直接收入，还能为房产、交通、旅游、通信、广告、零售、餐饮住宿、装饰等许多行业带来收入。节庆业通过激励参节企业增加投入，即增加消费，从而促进服务链下游企业提高收入，进一步增加消费支出，循环往复，极大地推动城市的经济发展。节庆业发展对相关产业所产生的巨大的带动作用，充分验证了凯恩斯有关投资需求、消费和收入对经济产生作用的经济学原理。

④节庆业与萨缪尔森经济学乘数与加速效应相互作用原理

加速原理最早于1913年由法国经济学家阿夫塔里昂和1917年由美国经济学家约翰·莫里斯·克拉克分别提出。1939年萨缪尔森在牛津大学出版社出版的《经济统计评论》中提出了"乘数分析与加速原理之间的相互作用",解释了国民收入和消费与投资的相互影响。凯恩斯在1936年提出了乘数理论,但乘数理论并没有说明国民收入和消费的变动如何反过来引起投资变化,按照加速原理,投资一方面可以对国民收入增长有很强的促进作用,但是反过来,国民收入的增减,又会导致投资数量的变动。

加速原理假设资本与产量保持固定比例,即加速系数是个常数,并不存在过剩生产能力。如果产量增加的数量与由此而新增的资本量的比率,即得到一个系数,称为加速系数。加速原理表明,投资净额不取决于产量的绝对值量,而取决于产量的变动量。

节庆业的投资和消费规模扩大,带动了相关产业的迅速发展,提高了产业的收益水平,收益水平的提高反过来又加速节庆业的新增投资的力度,进一步促进节庆产业规模的扩大,产生新一轮的乘数效应。

B. 微观会展学

所谓微观,是指节庆经营者。微观节庆经济生产力,是指每项节庆的生产力,其表达方式为:

微观生产力($P1$) = [总产出 $B1$ - 总成本 $A1$] / 总产出 $B1$] × ($1-y$) × 100%

其中:

总产出 $B1$ = 场地出租总收入 + 广告收入 + 赞助商收入 + 其他服务收入;

总成本 $A1$ = 场地租金 + 展示工程支出 + 空调、保安、清洁支出 + 广告支出 + 营业税 + 行政管理及市场推广费用;

y = 企业利得税税率。

C. 节庆管理学

管理学大师罗宾斯在《效率管理——现代管理理论的统一》一书中这样定义管理(Management),指同别人一起,或通过别人使活动完成得更有效的过程。这里,过程的含义表示管理者引导和控制。

导 论

节庆中同样用到管理学,学者金伯在其著作中将管理学运用到会展中,同样也适用于节庆活动:

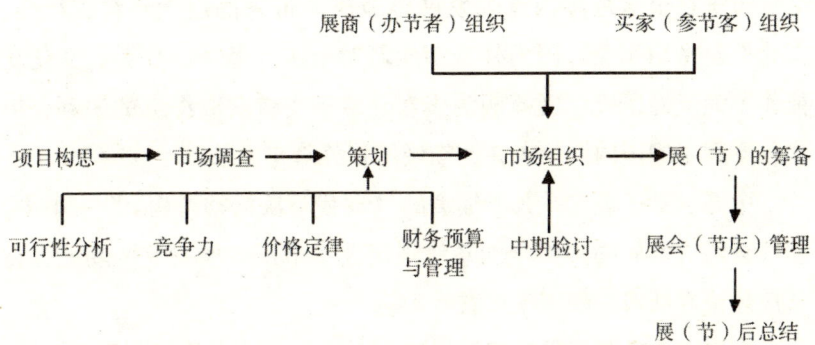

D. 节庆公关学

美国公关业权威书籍《有效公共关系》(Effective Public Relations)在 2000 年的第八版中,对公共关系是这样定义的:"公共关系是一项管理职能,它的目的是在一个组织和决定该组织成败的所有公众之间建立和维持相互受益的关系。"

公关学同样适用于节庆,特别是有关于诚信、易位思维、社会承担以及职业道德。节庆业经营者的一言一行必须言而有信、行之有效。对参节商的承诺一定要兑现,即使不能兑现也要有合理的解释,任何虚假的宣传以及开空头支票往往是伤害自己的最致命的毒药。且经营者与参节商、与买家要懂得易位思维,需要有社会承担和职业道德,这样才能更好地执行节庆业务。此外,在节庆活动中遇到问题,也需要适当地运用危机公关,解除危机。危机公关是在事件中遭遇信任、形象危机或某项工作产生了失误时,组织通过一系列的活动来获得社会大众的谅解与理解,进而挽回影响的一项重要的危机管理工作,其目的是将现在的风险转化为组织未来发展的机会。很显然,一个有效的危机处理,会提升参节商、节庆参与者等各方面对节庆活动的举办方和组织方的信心,增强信赖度。那么,危险和机会转化的过程就为品牌的提升创造了机会。

(3) 中国节庆学实证研究成果

节庆在全球范围内蓬勃发展跟节庆所带来的巨大经济、社会、文化效益密切相关。国内外众多学者对节庆的经济、社会、文化功能作了大量的研究，文献颇为丰富。鉴于文献获取渠道的便利，笔者仅罗列中国国内众学者在此领域的相关研究成果。

中国学者王重农在其所编著的《现代节庆活动指南》[①] 一书中，从社会经济发展的角度全面系统地阐述了节庆业所具有的功能，在节庆理论界独树一帜。王重农认为：

①节庆业有利于促进经济振兴。在节庆活动之前和期间，广播、电视、报纸、刊物、通讯社、互联网等新闻媒体，大张旗鼓地对这个地方进行宣传，中外客商亲自到现场考察，洽谈贸易，进行经济文化交流与合作，共商大计，共谋发展；众多游客前去观光、旅游、度假，都会大大提高这个地方的知名度。这里的人流、物流、资金流、信息流就会大大的增加，在这个地方就会逐步走出所在省，走向全国，走向世界。节庆活动期间和以后，就可能会有更多的客商到这里去投资、贸易、观光、旅游，这就会极大的促进这个地方的开放开发和经济社会发展。

②节庆业有利于促进旅游业发展。举办节庆活动，是推动旅游事业发展的重要载体，特别是以旅游为主的节庆活动，对一个地方旅游事业的发展会起到极大的促进作用。在节庆活动之前，各地党政部门和社会各界，都会根据自己的优势和特点，确定旅游工作重点，开辟新的旅游路线，加强旅游景区、景点建设，增添和完善旅游设施，培训管理和导游人员，并通过各种方式，积极进行宣传促销，宣传自己的优势和特点，向各方面推介当地的旅游资源，推介自己的旅游景区、线路和景点，以吸引更多的游客前来参观游览。

---

① 王重农著，《现代节庆活动指南》，武汉：湖北教育出版社，2002年。

这样，就把资源整合成了商品，把商品转化成了财富，把旅游的参与性加大了，把旅游的附加值提高了，从而推动了旅游事业的发展，为当地的经济社会发展作出了积极贡献。

③节庆业有利于促进城市建设。一个城市和一个人一样，形象很重要。作为一个城市，一定要不断改善自己的形象，提升自己的形象，而举办节庆活动，则是达到这一目的的有效途径。在举办节庆活动之前，各地都会集中一段时间，对城市的道路、桥梁、房屋、公园、绿地、宾馆、饭店、车站、码头、娱乐场所、公用设施等集中进行整治。拆除违章的建筑物，清理占道的物资，疏通堵塞的排水沟，同时，结合城市的实际情况，新建、改建和扩建一些设施，并对行道树、花坛、绿化带植物进行修剪，对道路绿化设施加强维护，安装各种数码庭院灯、地角射灯、草坪灯、铂灯、彩灯，大搞绿化、美化、亮化。对城市集中进行整治，会大大改变一个城市的市容市貌。节庆活动期间，主办者还会在城市管理上狠下功夫，对城市的市政、交通、工商、道路、卫生、治安、环卫、绿化、秩序等方面，采取各种措施，加大管理力度，建立健全规章制度，完善城市服务功能，使生活质量和生活环境进一步得到改善，使城市的综合管理水平进一步得到提高。

④节庆业有利于促进文体事业繁荣。在举办节庆活动的时候，各地都会举办各种各样的、健康向上的、群众喜闻乐见的文化娱乐活动，以进一步丰富和活跃群众文化生活，发展先进文化，弘扬中华民族优秀文化；举办种类繁多的、丰富多彩的、群众爱好的体育表演和比赛，吸引广大人民群众积极观看，积极参与，从而丰富体育活动内容，增强人民的体质。通过这些文体活动的开展，进一步陶冶人们的情操，丰富地域文化的人文内涵，促进群众性文化体育活动的开展，促进文艺事业和体育事业的繁荣，推进社会的进步与发展。为了筹备节庆活动，各地都加强了文化体育设施建设，维修、扩建和新建了一些图书馆、阅览室、电影院、剧院、音乐厅、歌舞

厅、会议中心、展览馆、网球场、篮球场、体育场、体育馆、保龄球馆、健身场等，添置了许多文化体育设备，使当地的文化体育设施更加完善，更加标准，更加现代化；使当地的文化体育设备更加齐全，更加先进，更加系列化。

⑤节庆业有利于促进精神文明建设。在节庆活动期间，各地都会向干部群众进行国内外形势教育；进行全国和当地改革开放成就教育；进行举办节庆活动目的意义的教育。通过这些教育，进一步破除干部群众的封闭思想，更新思想观念，解放思想，提高干部群众的觉悟，增强他们的开放意识和责任意识。各地还注意抓住举办节庆活动这个契机，大力开展"讲文明、树新风"活动；开展文明城市、文明行业、文明单位、文明村镇、文明社区等群众性文明创建活动；开展做文明市民、讲文明礼貌，"当好东道主，热情迎嘉宾"的教育；进行"我为节庆添光彩"的教育；进行涉外知识教育等，通过这些教育，增强了市民的主人翁意识和文明意识，促进了市民素质的提高，进一步加强了以思想道德为主的精神文明建设。

⑥节庆业有利于促进对外文化交流。各地举办的节庆活动，一般都强调要有一定的国际性。都会根据当地的条件，尽量邀请一些国家和地区的各种表演艺术团来演出，邀请一些国家和地区的运动员来参赛和表演，都会举办不同国家和地区的绘画、摄影、服饰、民间工艺品等的展览，举办某个国家和地区的电影和电视的展映活动，通过这些活动，会让来宾和广大群众了解各个民族丰富多彩的艺术，使人们得到精神享受，领略域外风情，开阔视野，进一步活跃群众文化生活。同时，也会吸引外来文化有益的东西，丰富自己的民族文化，促进文化事业繁荣和发展，为建设现代文化作出贡献。

学者孙淑荣在题为《我国城市旅游节庆的发展现状及对策分析》[①]一文中，从经济学的角度提出了旅游节庆对举办城市的牵动效应。孙淑荣认为：第一，节庆活动拉动了地方经济的发展；第二，节庆活动对城市形象的塑造有重要意义；第三，节庆活动能够极大地弘扬传统文化，推进精神文明建设；第四，节庆活动带来了有利的后续效应。

学者杜漪、张小梅在题为《城市节庆对城市形象的塑造》[②]一文中，从城市发展的角度分析指出了现代城市节庆对城市形象塑造的重要作用有四点：一是节庆活动促进举办城市的经济发展；二是促进完善市政设施、美化市容环境；三是促进市民素质提高和城市对外开放；四是提升政府创新、高效、勤政、廉洁的个性化形象。

学者张传翔在题为《现代城市节庆经济发展探究》[③]一文中，通过实证分析，指出了现代节庆对城市经济发展所产生的重要作用。

学者郭胜在题为《旅游节庆的策划和市场化运作》[④]一文中，从旅游经济学的角度提出了节庆业对旅游业发展所具有的四大功能和作用。

学者王冬梅在题为《我国城市节事活动未来发展策略探讨》[⑤]一文中，提出了节庆产业已成为中国城市在21世纪新一轮城市竞争中的新经济、新视点，它在产业相关性、区域辐射性和经济带动性

---

① 孙淑荣：我国城市旅游节庆的发展现状及对策分析，《旅游经济》，2005年第5期。
② 杜漪、张小梅：城市节庆对城市形象的塑造，《经济观察》，2006年第9期。
③ 张传翔：现代城市节庆经济发展探究，《青岛行政学院学报》，2003年第3期。
④ 郭胜：旅游节庆的策划和市场化运作，《北京第二外国语学院学报》，2005年第3期。
⑤ 王冬梅：我国城市节事活动未来发展策略探讨，《产业与科技论坛》，2008年第9期。

等方面被大多数城市所发现和认可。如何发展各个城市各具特色的节事活动，挖掘节事活动运作新理念、新思维，对促进城市物质和精神文明建设，构建和谐社会有着重要作用。主要表现在：(1) 提升城市文化品位，塑造城市形象，增强城市的凝聚力；(2) 推动城市建设，促进城市服务接待设施的完善，提高服务业的服务与管理水平；(3) 促进地区商贸、旅游、文化交流、经济合作等活动，带动旅游业等相关产业发展；(4) 活跃相关的学术交流，引入新思维、新理念，改善城市软环境；(5) 提高举办地的知名度和综合竞争能力，促进地区经济持续发展。

第三节 理论框架

本书主要研究节庆产业对城市发展的影响，以宁波国际服装节为龙头的宁波节庆为研究对象。通过对宁波节庆经济的动力、模式及其前景的分析，论证宁波节庆产业的形成发展和对城市社会经济发展的推动作用，从而揭示中国中小城市在发展过程中，大力发展节庆产业是一条推动城市发展和全面进步的良好途径。本书的主要理论框架如下：

首先，归纳现有节庆理论，包括节庆的基本概念与内涵，节庆的起源与发展，节庆的功能体系以及区域节庆理论，为本书研究提供理论基础。笔者注重从重要经济学著作中提炼一些能够作为本书论据的经典论断，这些主要的国外经典经济学著作如亚当·斯密的《国富论》、大卫·李嘉图的《政治经济学与赋税原理》、凯恩斯的《就业利息和货币通论》、约翰·穆勒的《政治经济学原理》、约瑟夫·E·斯蒂格利茨的《经济学》等。

虽然节庆业是一门综合性的交叉学科，涉及信息学、管理学、经济学、旅游学、建筑学、运输学、广告学、艺术学、历史学、环境科学、安全科学、传播学、社会学、文化学、人类学、政治学、公共关系学、心理学等众多学科，但本书主要从政治经济学、社会学、历史学、会展经济和文化研究等角度来分析节庆产业对城市发展的影响，尤其是将侧重点放置在对宁波节庆产业进行全方位深入分析和对宁波国际服装节的发展历程的分析框架下。

其次，节庆经济是建立在宏观经济发展的背景和基础上的。只有对宁波及至中国几十年经济发展有了正确了解和科学分析，在深刻分析背景环境的基础上，才能使我们有可能对宁波节庆乃至中国节庆业的发展进行正确的剖析。为此，本书收集了大量的经济数据，并对此进行细致的分析，向本书的论述提供实际客观资料。这些数据统计资料主要来源于国家和地方的统计局官方资料以及各年年鉴。

再次，运用战略管理学中的SWOT分析原理，通过外部环境分析（机会/威胁分析）以及内部环境分析（优势/劣势分析），为进一步制定城市节庆产业发展战略提供依据。

最后，提出中小城市发展节庆产业的可行性战略，主要运用迈克尔·波特的差异化战略，提出以宁波模式为代表发展中小城市节庆经济。

第四节　研究意义

当今中国，节庆业正在逐步成长为新兴产业，并不断影响和推动着城市的发展。举办大型节庆活动是20世纪末21世纪初宁波重要的城市现象。1997年10月6日，宁波举办首届宁波国际服装节，提出要通过举办节庆活动"让宁波走向世界，让世界了解宁波"，由此拉开了宁波举办大型城市节庆的序幕。此后，宁波节庆凭借其独特的发展优势和条件,各种各样节庆活动层出不穷,使节庆发展走在了全国的前列,节庆产业形成并得到迅速发展。在短短的 14 年间,宁波国际服装节就一跃成为中国节庆业中的佼佼者。其与宁波城市节庆业的发展轨迹,既有中国节庆业发展的共性,又有自己成功的独特个性,尤其是作为一个产业的特性。因此,对宁波节庆产业,以及宁波国际服装节的研究意义重大。

中国已经进入 WTO 时期,包括节庆业的现代服务业在中国的快速发展将是大势所趋。中国经过 30 年的改革开放,社会主义市场经济体制越来越完善,综合实力不断增强,人们的生活水平有了显著改善,对外交往空前广泛,形成了全方位多层次宽领域的对外开放格局,在国际经济中的地位也越来越重要。日益繁荣的节庆业不仅对引导有关的产业发展,提升制造业的水平,促进生产要素的流动,优化资源的配置发挥了重要的作用,而且有力地推动了中国企业发挥比较优势走向国际市场,参与国际上的供应链,实现了良好的经济效益和社会效益。节庆业是促进中外交流与合作,推动文化发展,扩大对外开放的一个有效途径,也是中国企业引进来走出去,充分利用国际国内两个市场两种资源获得发展活力的一个重要手段,各方面对于节庆业的需求正在持续增强。本书通过对宁波节庆产业的实证研究,尤其是凭借宁波国际服装节这一独特视角,通过研究宁波国际服装节的发展轨迹以及对宁波节庆产业发展的影响,探讨节庆产业对城市发展的作用,以及城市发展节庆产业所要解决的理论与实践问题,以填补学术界的空白,为政府决策层科学制定节庆发展政策和鼓励措施,更好地发挥宏观调控职能提供理论参考,同时提出相应对策为利用节庆业加快城市发展,取得最大化经济效益、社会效益、产业效益和产业发展模式提供理论依据。

第五节　基本思路与研究方法

1. 基本思路

本书以宁波节庆产业及其宁波国际服装节为研究对象，通过对宁波节庆经济的动力、模式及其前景的研究，探讨宁波节庆产业的形成和发展，并站在前人研究成果的基础上，探讨节庆产业对城市社会经济发展的巨大拉动作用。同时，本书的研究角度略有不同，通过对宁波节庆深入系统的研究，探讨中小城市发展节庆业的可行性战略，并为中国未来节庆产业发展提出了宁波模式。

2. 研究方法

（1）资料收集

主要包括国内外节庆业发展现状，节庆业对城市社会经济影响状况，宁波国际服装节发展概况及调查数据，以及中国及宁波市的政治、经济、产业状况、相关法律、法规、政策和行业规范等资料的收集。

（2）组织调查及分析

对宁波节庆业及其宁波国际服装节进行调查，同时对调查结果进行分析。

（3）综合理论分析研究

采集作为研究对象的宁波节庆业及其宁波国际服装节的研究数据，采用对比、图表技术、数据分析等方法进行综合的理论分析与研究。并采用案例研究的方法，以宁波国际服装节为例来深入解剖宁波的节庆产业。

3. 结构内容

本书通过研究宁波国际服装节的发展轨迹，分析宁波节庆经济的动力、模式及其前景，论证宁波节庆产业的形成和发展以及对城市社会经济发展的推动作用。另外，通过分析宁波节庆发展的可取经验和不足，比较与国内外成功节庆的差距，为中国节庆产业的全面形成与发展提供建设性的意见。本书的主要内容有：

导论，介绍节庆的基本概念和本书的研究背景，阐述本书涉及的理论基础和研究成果，分析本书的研究意义；

第一章，通过对节庆产业的起源与发展的简要介绍，为本书研究分析提供外部环境基础；

第二章，中国节庆业发展概述，剖析中国节庆业发展现状以及存在的一些问题；

第三章，通过对宁波节庆业发展轨迹回顾和产业分析，为本书研究分析提供内在环境基础；

第四章，通过对宁波国际服装节这一个案的深度剖析，更加深入系统地研究节庆产业；

第五章，结论，在以上分析和研究的基础上，通过对宁波节庆产业发展的必要性和趋势分析，提出中国节庆经济宁波模式。并总结宁波模式的战略思考，进一步展望宁波模式对中国节庆经济未来发展的影响。

第一章

节庆业的起源与发展

　　任何一个具体的节庆，都有其产生、发展的过程，都有其生命周期。同样，节庆作为民俗活动现象的产生和发展是有其历史渊源的，也有其起源和发展的特定历程背景，而且也随着社会的发展而发展。现代节庆产生，与传统的民俗文化节、节日节令都有着千丝万缕的联系。研究节庆业的起源，必须了解传统民俗节日节令的起源和发展历程。

第一节 中国传统节庆

1. 中国传统节庆的起源

在中国,"节庆"一词专指传统节日中群众自发组织的庆典活动,自然崇拜、历史纪念、农时生产、宗教祭祀、祛病驱邪等都可能是其最初渊源。当时,任何形式的节庆都不具有经济性和功利性,只是当地人精神宣泄的方式或劳作后的暂时解脱。早在狩猎、采集部落时代后期,开始有了初期的耕作农业,为季节更替而进行的节日活动就已经萌芽。进入农耕社会,由于耕作收获与季节时令变化的关系日益密切,以及人类的生产需要与社会、心理需求,节日活动就更加频繁。最初的节日是族群内宗教性质的、与农耕文化和时令变换紧密相连的农业祭祀活动节日。

在中国传统节庆中,源于农业生产耕作有关的节庆有春节、七夕节、郊祭、祈年、谢神等农祀活动;与人伦孝悌有关的节庆有清明节、家祭、村祭、族祭、祖祭等,往往伴有节日祈祷、供奉、演戏、奏乐、舞蹈、扫墓和立碑等;源于驱瘟辟邪有关的节庆有端午节、重阳节和三月三节,往往开展登高避祸、喝菊花酒、插茱萸和贴午时符等活动;源于宗教祭祀有关的节庆有元宵节和中秋节;源于社交娱乐目的有关的节庆有大理白族每年农历四月二十三至二十五的"绕山林"、苗族的"踩花山"、仫佬族的"走坡"、彝族的"插花会"以及在甘肃回、汉、东乡等族聚居地区流行的六月六莲花山"花儿会"等。

2. 中国传统节庆的发展

中国传统节庆是历史发展到一定阶段,人类群体在社会生活中约定俗成的产物，与天文、历法、民族思维方式、民间信仰，文化心理等有密不可分的关系，渗透着社会学、人类文化学、哲学、文艺学等丰富的内涵。中国民俗节日经历了一段漫长的逐步扩展和演化过程，大约在唐时期得到基本定型和普及，明清时期达到极盛。由于赖以生存的自然和社会环境不同，民俗节日在中原地区与边疆民族地区有不同的发展历程。中原内地统一处于专制君主的统治下，生产方式也趋于统一，主要以传统的地方庙会为节庆形式，其它还有春节庙会、元宵灯市、清明踏青、端午竞舟、中秋赏月、重阳登高等，都是较为流行的节日节庆活动。边疆地区多为少数民族聚集地，由于生产条件相对较差，对自然界的依赖程度高，便产生了一定的原始崇拜心理；由于生存的自然环境不同、政权割据分化自成一体，形成了丰富多彩的风俗习惯。这样就形成了以不同的自然崇拜为特色、多种多样的民俗节庆，如傣族的泼水节、蒙古族的那达慕大会、彝族的火把节、藏族的望果节、苗族的三月三等传统民俗节日，与内地不同的是，边疆民族地区的民俗节日节庆活动内容各具特色、丰富多样。

20世纪50年代初至70年代末，带有宗教色彩的庙会祭祀活动受到禁止，中国大陆的节庆活动表现出浓厚的政治色彩，大众化的节庆活动主要是政治性的国庆节、建军节、五四青年节、六一儿童节、教师节等。少数民族地区的节日活动内容减少了一些被认为是封建迷信的内容，但民俗节庆的形式流传了下来。

20世纪80年代以来，节庆活动以旅游开发的形式在中国得到飞速发展，并一发不可收。这除了与中国传统节庆资源丰富有关之外，还具有一定的时代背景，旅游经济、娱乐经济、体验经济、文化经济和假日经济发展是现代节庆之所以蓬勃发展的背景条件，政策因素则直接推动了城市现代节庆业的大发展。

第二节 西方传统节庆

西方节庆的起源多带有浓厚的宗教色彩,西方文化体系和宗教体系,特别是宗教体系是欧美节庆起源的基础。人们在朝拜、敬神、献祭、祈祷和圣餐仪式之后,就是各种娱乐,唱赞美诗、音乐、演讲、体育赛事等都是常见的形式。这些节日活动使他们完全忘却了日常生活琐事,全身心投入到宗教仪式和娱乐活动中,感受着心灵的净化和精神的愉悦。

西方宗教节庆并不仅仅是宗教目的,休闲和放松成为其中很重要的一部分。为了加强基督教会的影响和缓解农奴和匠人的劳役,教会根据《圣经》中的事件制定了许多宗教节日,如圣显灵节、圣枝主日、复活节、耶稣升天节、五月节、圣诞节以及天使报喜节、圣母往见节、圣烛节等,人们在这些节日里停下自己日常的工作,参加教会的各种仪式。为激发人们的宗教情感和增强教会的神秘色彩,教会制定种种仪式,通常是祈祷、唱圣诞诗及做弥撒,同时教会也在较为重大的节日中增加了一些庄严华丽的典礼游行。

在西方,人类社会早期的节庆活动也具有企盼丰收的性质。后来,由于基督教等宗教的兴起和普及,由于工业社会商品经济取代了农业经济,敬奉土地乞求丰收的传统节庆习俗逐渐被人们淡忘,取而代之的是各种宗教意识衍生出来的节日。西方国家,最初多以畜牧业为主,尽管后来农、工、商都有较大发展,但农业大多没有成为立国之本,因此人们对季节气候的重视程度不及中国,他们最注重的是基督教。

从国家起源来看,西方国家大部分是先形成一种宗教、一个民族,然后才形成各自传统意义上的国家,这使西方国家的传统节日在起源时就带有明显的宗教色彩,并在后来的发展过程中不断得以延续和强化。

16世纪初期,西方节庆开始呈现出多元化趋势。历史事件、英雄人物纪念、农业生产活动等都是西方传统节庆的渊源。例如情人节相传是古罗马为了纪念牧师瓦伦丁而设置的,感恩节是美国原始移民为了庆祝丰收而流传的,愚人节则直接来自法国16世纪的历法改革。而慕尼黑啤酒节,则源于1810年德国巴伐利亚加冕王子路德维希和特雷瑟公主的婚礼。

第三节 现代节庆业

1. 现代节庆业形成的背景

(1) 休闲旅游经济

"休闲"一词20世纪90年代开始在中国流行,并逐渐成为一种时尚活动。休闲度假、休闲聚餐、休闲购物、休闲旅游、休闲文艺等,休闲热不断升温。休闲的真正含义指不被直接生产劳动所占用的时间,它包括个人受教育的时间、发展智力的时间、进行社交活动的时间等等。实际上它是人在除了恢复自己的体力之外,一种更高的、精神的、心理的、文化的需求。伴随着人类社会的信息化进程和人们生活水平的不断提高,休闲时间和休闲需求也在大大地增加,休闲已经成了人们非常重要的社会资源,休闲经济也得到了迅猛的发展。以英国为例,90年代以来,平均每户家庭的休闲开支占所有支出的20%左右,休闲业产值达到1360亿英镑,超过了汽车业和食品业,并仍将以每年30%的速度增长,休闲业所创造的工作岗位已占到全英国工作岗位的五分之一。

现代节庆能够全面地展示举办地的自然、经济、文化、历史等特征，能极大地满足人们休闲的需要，所以得到了人们的青睐。它之所以能够得到飞速发展，在很大程度上取决于人们对休闲生活质量和服务的要求的提高。

（2）娱乐经济

美国最大媒体与娱乐顾问机构——Booz-Alan&Hamilton 企业管理顾问公司的创始人迈克尔·沃尔夫在《娱乐经济》一书中认为：人类即将进入娱乐经济时代，"娱乐因素"将成为产品与服务的重要增值活动及市场细分的关键，消费者不管购买什么，都在其中寻求"娱乐"的成分。在这种"娱乐导向消费"的趋势下，会有越来越多的产品、服务提供娱乐功能和娱乐因素，只要能让人感受到轻松有趣，跟休闲娱乐甚至文化艺术有关的人、事、物，都是娱乐经济不可或缺的组成部分。

现代节庆能够让人们恢复愉悦、快乐的本意，以其特有的参与性、文化体验性、异域性等特点给人们带来精神的宣泄，满足寂寞现代人对归属感的渴望，能够让人们真正地体会娱乐的感觉。当前全国上下纷纷举办的狂欢节，正是这种给予人们精神愉悦的体现。

（3）文化经济

"文化经济"指的是在文化发展过程中，经济成分不断增加，市场手段不断引入，文化生产、文化管理中愈来愈渗透各种经济要素、商品要素，使文化成为具有商品价值的生命体。越来越多的有识之士，已经看到了文化经济的广阔前景，并为之付出了艰苦的努力。现代节庆能够全方位展示举办地的文化内涵，并且每一个成功的节庆总是一种传统或者现代文化的体现，青岛国际啤酒节展示的是青岛特有的啤酒文化和海派文化，曲阜国际孔子文化节展示的是中国特有的儒家文化和中华礼仪文化，武当国际旅游节展示的是道教文化和武当武术文化，南宁国际民歌艺术节展示的是广西特有的少数民族的民歌文化等。节庆虽然以经济为目的，但是文化却是其最终的生命力。当前文化经济的潮流也促进现代节庆发展的如火如荼。

（4）假日经济

"假日经济"是指人们利用节假日集中购物、集中消费的行为带动供给、市场经济发展的一种综合性强、牵涉面大、可持续发展的系统经济模式。目前，中国每年的公休假日已达到114天，"假日经济"空前繁荣。但作为刺激消费、扩大需求的手段之一，增强娱乐性、注重参与性、提升假日附加值、深化假日吸引力是发展国内"假日经济"的首要问题。

中国自1995年实施双休日，1999年开始实施"五一"、"十一"长假，后又调整增加了清明节、端午节、中秋节等假日，人们有更充分的时间休闲以及参与各种社会活动。现代节庆正是在此背景下得以蓬勃发展的。直至今天，许多现代节庆都是在这些假日前后或者双休日举办，以此利用人们的节假日时间参与节庆活动。

2. 现代节庆业的发展

新的历史时期赋予节庆新的使命。由于节庆能够综合、全面地展示区域自然、经济、人文、历史文化内涵，加上节庆活动的参与性较强，使之能够吸引人们来举办地消费，从而实现为举办地经济发展服务的目的。这样就涌现出一批以地方自然、人文、历史文化等为基础而发展起来的定期举办的节庆活动。现代节庆也作为区域营销的一种策略，它们为地方形象的发展推波助澜，经济效益是其主要追求目标。例如，大连国际服装节、青岛国际啤酒节等现代节庆从一开始就是冲着经济效益来的，组织者通过精心的策划和管理，利用现代科学技术和文化的融合，创造出一种特殊的专项的现代节庆活动。

现代节庆的一个显著特征是经济因素的参与。这些现代节庆大都是通过品尝风味食品、洽谈商品购销、探讨资源开发等方式，吸引外商投资，开拓国内外市场，从而使其地方的经济优势得以发挥，取得文化、旅游、商贸相互推进的综合效益，从而形成日益兴旺的节庆产业。

在中国，20世纪70年代末以前的民俗节日，纯粹是一种自发性质的庆典活动，基本上都是地方上自娱自乐的一种方式，没有把其经济影响放在重要位置，即使有外地游客前往，也是节日的附属功能，而非其主导功能。

到20世纪80年代初期，中国开始了市场化的经济体制改革，在市场经济的作用下，人们开始关注传统民俗或节日的实用价值，有经济头脑的就试图利用民俗中可以产生利润的那些部分，通过吸引人们来获得直接或间接的经济效益。于是，地方民俗节日出现了分工，一方面传统的春节、端午节、重阳节等节令仍然存在，并以团聚、美食为主要特征，近年还出现了假日经济的热潮；另一方面出现了在特定地方周期性举办的，以"地方精神"为基础，以吸引人们参与为特征，以促进地方经济与文化发展为宗旨的现代节庆活动。随着市场经济的发展和改革开放的深化，许多市县都先后举办了以促进经济发展为目的的各种现代节庆，这些节日多以本地物质与精神文明（包括民俗、名胜、名特产）来命名。在现代节庆的形式与内容方面，有的是借用民间风俗的外壳，而加入了新的内容，如西双版纳的泼水节、凉山彝族地区的火把节等传统民俗节日开始注重吸引外来中远程客源市场的游客获取直接的旅游收入，在节庆期间安排经济商贸项目等来促进地方经济发展；还有的利用当地的物质文明或精神文明成果，以及各式各样的传统民俗内容，自己来创造所谓的节日，例如，吐鲁番葡萄节、景德镇的国际瓷器节、哈尔滨的冰雪节、洛阳的牡丹花会、山东潍坊的国际风筝节、北京大兴的西瓜节等，就是利用当地的特产或特有的物质文明成果来策划举办的现代节庆活动，而曲阜孔子文化节、河南安阳殷商文化节、广西南宁民歌节、郑州国际少林武术节、梅州妈祖文化节等都是利用当地精神文明成果策划举办的现代节庆活动。

到上世纪90年代，中国普遍兴起了以提高举办地的知名度、扩大影响、促进经济发展为目的的节庆活动热潮。在中国影响最大的

第一章 节庆业的起源与发展

现代节庆有宁波国际服装节、青岛国际啤酒节、大连国际服装节、哈尔滨冰灯节、河南洛阳牡丹花会等。90年代中后期，中国各地都在举办现代节庆，可谓是"神州大地活动多，十亿人民过节忙"。在现代节庆的数量越来越多的同时，各种不协调的问题也不断出现，如节庆主题雷同、节庆活动乏味、节庆形式单调、节庆效益欠佳，大搞形式主义、政绩工程，从而加重了财政、企业和群众的负担等等。如此问题，不胜枚举。不久，举办热潮逐渐冷了下来，进入了一个"徘徊期"。这个"徘徊期"，实际上是一个反思的过程。许多学者认为之所以出现上述问题，不是现代节庆本身的问题，而是地方举办节庆的思想不明确、操作不当，没有从宏观上加以调控，没有进行市场化运作等造成的。因此，在这个阶段，很多节庆活动虎头蛇尾，举办一两届就销声匿迹了。但也有一些节庆活动，通过引进国外先进的管理经验和策划理念，大胆创新，探索总结，使节庆更加完善，不断得到提高和发展。如宁波国际服装节、青岛国际啤酒节、洛阳牡丹花会等，坚持不断创新，每届都有新的节庆活动产品出现，节庆效益逐届提高，国际影响力越来越大。

20世纪末、21世纪初，随着休闲经济的进一步发展，现代节庆的举办又重新活跃起来。这次新的举办节庆的高潮，吸取了过去的经验教训，借鉴国内外成功节庆的经验，在数量、规模、层次、内容上都比以往的节庆更大、更高、更丰富、更活泼，比以往的节庆有更大的发展。

在西方，随着时代的发展，一些节庆依然还带有宗教色彩，但由于节庆活动的发展被经济化了，其举办完全成为了为人们带来欢乐和放松的活动。如西方的圣诞节早已演变成了大肆消费、狂欢和纵情享受的节日。万圣节流传到今天也已完全没有了原先的宗教色彩，而演变成孩子们最喜欢的节日，成了年轻人举办化妆舞会的日子。随着西方现代节庆的经济化，其经济效益明显。如，美国节庆产业创造的利润非常可观。玫瑰节是美国的新年庆典，每年元旦，全美各地的人们赶往四季如春的加利福尼亚州帕萨蒂娜市,上午在桔园大道和科罗拉多大街观看马队、花车和管乐队组成的大游行,下午观看轰动全美的大学生橄榄球锦标赛。该赛事通过广播电视卫星,每年向60多个国家和地区转播,全球有4.5亿观众收看,同时还为帕市的商业、旅馆业及其他行业带来1.5亿美元的经济效益。西方现代知名节庆众多,其中绝大部分的节庆活动是有市场基础的,举办的时间发展较长,并向产业化发展。节庆成为各类产业的黏合剂,各种产业均有节庆为之定格,成为文化与产业的时空载体,所以西方国家已经把"节庆"作为经济活动来举办。在一些发达国家的城镇,节庆产业的产值占GDP的2%,同时,节庆产业还会带动当地的旅游、餐饮、购物、住宿、交通、广告、通信、娱乐等行业的发展。

第四节　节庆业的功能体系

1. 直接的经济效益

节庆业是集政治、经济、科技、商业于一身的经济产业。据国际节庆协会(IFEA)不完全统计,目前世界上定期举行的大型国际节庆活动达600多万个,每年产生直接经济效益达9000多亿美元。这些节庆活动涉及社会各个领域,与经济生活息息相关。为促进世界经济、科技的发展和人民的相互了解起到了积极的作用。国际节庆业作为世界经济的一个组成部分,还对其他行业(旅游、交通、娱乐等)有着强大的拉动作用。正是这种对经济的推动作用,使国际节庆业受到世界各国的高度重视。

节庆作为经济活动,只是一种方式、一种载体,其真正的主题和目的是经济本身。节庆经济价值的主要体现:一是节庆活动直接创造巨大的经济效益,如节庆活动期间通过贸易洽谈,签订一批可观的招商引资合同,为地方产品拓宽销路,为地方旅游收入创下新高等;二是为当地对外开放和经济加速发展创造了契机和突破口,提供了踏板和催化剂。举办节庆活动,发展节庆经济,就是以先声夺人、美声引人、高声过人的方式包装自己、推荐自己和发展自己。成功的节庆活动,可以为一个区域的经济发展营造出优良的环境和不可多得的发展机遇,在直接经济价值背后更隐藏着弥足珍贵的巨量财富。

节庆经济作为现代经济的一种重要经济形式,不仅体现了现代绿色经济的高效率、无污染、收益好的产业特点。而且有着巨大的经济衍生效应,尤其对税收有较大的贡献。参节客与参节商还会在当地购物、旅行等,这些收益是节庆活动本身带来的交易收益的许多倍,极大地促进了相关行业的发展,也带动了周边经济的发展,给相关行业带来了巨大的经济效益。从国际上来讲,一般节庆经济的收益和投资比率大约为20%。

节庆带来的市场潜力和丰厚的回报使越来越多的国家和地区将节庆作为一种高产出的经济产业予以大力扶持和发展,有的国家还利用发展节庆业来抵消其他旅游产品的下滑给本国旅游业和经济造成的影响。与此同时,世界上对国际节庆活动的举办权的竞争(如夏季奥运会举办权的竞争)也日益激烈。为增强竞争力,各国都投入了大量的财力、人力和物力来完善各种场馆设施。

2. 经济的拉动作用

(1) 获得优质资源,强化服务功能

发展节庆业意味着各行业可以在扩大的开放潮流中,在产品、技术、生产、营销等诸多方面获取比较优势,从而大大减少国内资源的机会成本,有助于增强综合竞争力。而节庆对于当地经济最大的本质意义在于更大范围的开放,更精准的比较,更有效地配置,进而达到更有质量的增长,以增强经济安全系数。此外,节庆经济有助于中心城市增强向周边地区的辐射力和影响力，增强对周边地区的服务功能。

(2) 促进贸易合作

举办节庆活动的一个重要出发点就是取得良好的经济效益。因此，节庆活动期间经常伴随着经贸合作洽谈、同期举行博览会、展览会、展销会等，以促进举办地与相关国家城市、地区的经贸合作。节庆业可以将生产与服务很好地结合起来。通过在节庆活动期间开展经贸合作已经成为城市降低生产成本、延伸生产服务、提高当地产品竞争力的战略举措。

(3) 提升第三产业比例，促进经济繁荣

各地第一产业、第二产业的发展，都需要相关服务业的支持。除金融、保险、运输外，举办节庆是服务业的一项重要内容，对于制造业的生存和提升国际竞争力起到重要作用。在产业结构中，第三产业在国民经济中所占比重的大小可以反映出一个国家发达程度。目前，这一比例美国已接近 80%，日本达到 70%，而中国只有 30%。节庆经济的发展壮大，将有助于中国经济结构的调整和优化。

(4) 增加就业机会

节庆经济的发展将直接刺激现代服务业的发展，从而增加当地的就业机会。澳大利亚凭借举办"美洲杯"帆船赛这个特殊的节庆活动一跃成为世界上最著名的旅游地之一，其南部城市墨尔本每年举办 20 多个节庆活动，使这个传统的工业城市始终保持着强大的生机和活力，节庆活动也为此而为当地创造了数以百万个就业岗位。而在中国，专家预计节庆业带动效应相对弱些，但无论如何，对于人口密集的中国大中城市而言，节庆经济的发展无疑为增加城市就业提供了一条有效地渠道。

(5) 带动相关服务业发展

成功的节庆业除了对当地经济带来直接经济效益外，还会为其他行业，尤其是旅游、餐饮、宾馆、金融、广告以及政府税收等带来难以估量的好处。节庆业具有强大的产业带动效应,不仅能给城市带来场租费、搭建费、广告费、运输费等直接收入,还能创造住宿、餐饮、通信、交通、旅游、购物、贸易等相关收入。节庆活动产业链上各行业之间的互动效应也特别显著,一方面,节庆活动需要交通、通信、旅游、运输等环节的配套服务;另一方面,举办大型节庆活动对这些行业也是极大的促进。

节庆活动具有组团规模大、消费档次高、客人停留时间长、涉及相关行业多等特点,它能将交通、住宿、餐饮、购物、娱乐、观光等串成一条旅游消费链,经济拉动效益十分显著。节庆业的带动经济效益有时不是用倍数就可以简单衡量的。一次节庆活动中签订的贸易、技术合作以及投资协议可能大大超过节庆业本身的受益,对一个国家、一个地区的社会经济起着不可低估的作用。据专家估计,发达国家和地区节庆的产业带动系数为1:9,为节庆服务配搭的服务业、旅游业、广告业、餐饮业、通信业等行业都会因此受益。当然,节庆经济在不同经济发展程度的地方,其带动效应有所不同,在美国,节庆的经济带动比例达到1:10,而中国大陆现在没有那么高,但这种带动作用正逐渐增加,如上海直接投入产出比例为1:6,间接投入产出比例为1:9。

3. 巨大的社会效益

节庆活动是具有多功能、综合性特点的社会文化活动。它可以加速举办地区域增长的培育,可以树立国家形象和城市品牌,而且可以把名牌产品推向全国、推向世界,提高区域知名度、美誉度和竞争力。世界性的节庆活动在聚集人气、推动当地政治、经济、文化发展的同时,无形中也是对主办地进行了一次规模巨大的免费宣传,这有助于主办地在世界上的知名度和影响力

(1)节庆业能对改善政治关系、优化投资环境起到独特作用

如中国的广交会,许多与中国没有建交的国家是通过广交会与中国建立经济联系的,广交会推动了中国与其他国家的友好关系甚

至外交关系，这对当时打破帝国主义对中国的政治和经济封锁起到很大的作用，这就正如莱比锡博览会在冷战时期对沟通东西方贸易所起到的作用，据统计前民主德国每年与西方国家达成的贸易额中有三分之一就来自该地的博览会。

（2）节庆业起到国际政治、经济、文化、技术、信息交流的桥梁作用

许多节庆不仅是庆典活动，而且还是展示会研讨会，许多节庆活动同时举办论坛，通过这些论坛，专家学者和政府官员从多层次、多方面来谈当前国际国内的一些重大问题，这不仅有助于各国、各地人民之间的互相了解，而且对科学技术的交流和发展起着很大的推动作用。节庆期间的会议展览活动可以使人们学到一些新的技术、新的工艺、新的产品，学到国际经济管理新的理念、新的方式。

（3）节庆业对改善节庆城市基础设施起到促进作用

2008年北京奥运会的申办成功带来了大规模的投资，仅北京市用于奥运会的投资就达到2800亿元人民币，其中64%是用于基础设施建设。据北京的规划，未来几年，将新开工建设100公里以上的轨道交通路线，使全市的轨道交通路线总长超过150公里，北京的高速公路也将从现在的200多公里增加到600多公里。

（4）节庆业对于提升举办地知名度、美誉度等都有推动作用

大型节庆活动为举办地提供了无与伦比的宣传自己、展示自己的机会，能大大增加目的地的吸引力。北京申奥成功，使北京乃至中国成为世界关注的焦点，这也给节庆业的发展提供了发展的机遇，因为很多国外企业会把目光和项目投向北京、投向中国。

4. 对城市经济发展的促进作用

节庆被誉为是一个地区或城市发展的"晴雨表"、"城市走势的风向标"、"城市面包"、"经济发展的助推器"，对城市经济的发展有巨大的促进作用。

(1) 节庆促进城市提高知名度

节庆的作用之一就是集中庆典展示交流，一个城市举办节庆活动，意味着有大量的人员、产品聚集在这个城市，参节人员与参展商亲身感受城市的政治、经济、文化、信息和技术，加上媒体对节庆的宣传，节庆举办城市的美名会远播四方。

(2) 节庆促进城市功能定位和要素的合理流动

节庆是一个新的产业经济，具有极强的城市边际递增效应的辐射作用，节庆对其他产业的带动必然对城市的功能结构和要素产生变化和影响。此外，节庆作为一个特殊的市场，可以联系各种生产力要素市场，从而促进城市各种生产力要素的合理流动，使经济资源得到优化配置。

(3) 节庆促进城市扩大贸易和招商引资

节庆活动时期，大量的商业投资得到来自海内外各客商的青睐，通过举办节庆活动，促进举办城市出口贸易，并吸引大量外部资金投入，促进城市经济发展。

(4) 节庆促进城市经济一体化

节庆活动期间举办的会议和展览会在公开、公平、公正的基础上，实现展示、交流和交易，有利于消除区域之间诸多贸易壁垒和垄断竞争的瓶颈，拉近不同国家和地区的市场分工合作，并有利于贯彻市场的统一规则和经济秩序，从而达到市场资源配置的统一，促进全球经济一体化。

(5) 节庆促进城市基础设施建设

节庆的发展必须依托城市良好的基础设施，包括具备国际化先进展（场）馆，便捷的航空港，一定数量的出租车，设施先进、服务优良的酒店，以及休闲、旅游的景点。城市政府为了发展节庆经济，必定会加大基础设施投资力度，以满足世界各地参节与会的客人光临城市的生活、工作之需。

(6) 节庆促进城市文明素质的提高

节庆活动在城市的举办过程中,促进了人际关系的改善和社会和谐,也促进了广大市民的文明素质不断提高,城市市民的文明形象和内在素质通过人与人之间的交流而传播。

第二章

中国节庆业发展概述

　　自20世纪90年代以来,中国节庆业每年以25%左右的速度增长,节庆经济取得了前所未有的发展,已经成为推动社会经济繁荣发展的新兴领域和增长点。

第一节　中国节庆业发展现状

　　中国节庆业与改革开放同步发展。主要经历了三个阶段，第一个阶段始于 20 世纪 80 年代初，据不完全统计，这一时期中国境内有大型节庆活动 20 多个，一些当前较为著名的节庆活动都是在这一阶段开始，如 1983 年开始的洛阳牡丹花会，1984 年开始的潍坊风筝节，1985 年开始重新举办的哈尔滨冰雪节，1987 年开始的吴桥杂技节等。节庆活动大多着眼于其作为当地群众庆祝和娱乐的功能，主要都是与农业活动或者当地传统有着直接的关系，即牡丹花、风筝、杂技等。第二阶段始于 20 世纪 80 年代末 90 年代初，这一时期中国已有大型节庆活动 500 多个。一些沿海地区的大城市开始意识到节庆活动在目的地城市形象建立、聚集商业机会方面的作用，而在这些地区发展开来。这一时期的节庆都以工业化产品为主题。如大连服装节（始于 1988 年）、青岛啤酒节（始于 1991 年）和上海啤酒节（始于 1993 年）。由于当地对经济贸易的发展比较主动，以至于大多同期的节庆活动都伴随着工业展览会或者商务会议一同举办。第三阶段始于世纪之交，特别是北京在 2001 年获得第 29 届奥运会主办权之后。据不完全统计，至 2008 年，中国已有大型节庆活动 2 万多个。这一阶段，不断涌现的大型节庆活动，使中国的节庆开始受到更多的关注。这些大型节庆活动包括 1999 年的昆明园艺博览会、2001 年在北京举办的世界大学生运动会、在上海举办的 APEC 年会，以及 2004 年始于北京的中国网球公开赛、始于上海的 F1 赛车等。这些大型节庆活动都发生在中国主要的国际性大都市，也都产生了巨大的节庆规模和影响力。随着 2008 年奥运会，以及 2010 年上海世博会、广州亚运会等的成功举办，今后一段时期，中国的节庆活

第二章 中国节庆业发展概述

动将一直处于世界关注焦点,更多的具有一定国际影响的节庆活动开始选择在中国的二线甚至三线城市举办。普通民众接触国际级盛事的机会大大增加。

中国节庆业自20世纪90年代以后发展势头迅猛,20年间,大型节庆活动的数量和规模增加了数十倍,成为了中国经济发展的新增长点,并推动社会经济文化等各方面的综合发展。现在,中国节庆业发展主要呈现以下特点:

1. 重要的经贸文化交流平台

随着社会经济的不断发展,中国节庆活动除体现文化交流特色外,其商业功能逐渐成为了活动的主要内容,那种节庆+会展,或会展+节庆的做法被普遍采用。据中国会展经济研究会统计,近年来,展览会数量增加迅速,2001年至2006年全国展会数分别是1400个、1800个、2400个、3800个、3900个、4000个,范围涉及国民经济的各个行业和主要部门;参展参节企业数量逐年上升,2001年达547万家、2002年达687.7万家、2003年受"非典"影响下降至552.4万家。据广交会组委会统计,2006年广交会展商数量达1400家。随着展览专业化、市场化、国际化水平的提高,形成了"中国出口商品交易会"、"中国国际投资贸易洽谈会"、"中国国际高新技术出口交易会"等一批具有国际影响的知名品牌展会。随着节庆活动规模的扩大和档次的提升,国际知名的艺术团体以及国外友好城市代表团纷纷应邀来访和演出,开展文化交流活动。参节参展企业和宾客规模的不断扩大,越来越凸显出节庆活动在促进经贸文化交流和扩大开放中的积极作用。

2. 起步虽然较晚,但是发展迅速

中国节庆业虽然起步较晚,于20世纪80年代才开始出现现代意义上的节庆活动。但进入21世纪以来,在政府的重视和正确引导下,社会经济文化等综合实力的不断提高,中国节庆业得以飞速发展。节庆活动的数量不断提升,据中华节庆文化促进会不完全统计,2008年全国节庆数量达到近10万个;几乎在全球拥有的节庆主题在中国基本上都有;节庆活动规模不断扩大,2008年全国参节规模达到10万人以上的节庆活动有2万多个;中国节庆展览场馆数量已经从2001年世界第5位上升到第2位;许多城市不同程度地把节庆作为城市的新的经济增长点和扩大对外宣传的窗口。

3. 形成独特的节庆经济时空布局

由于中国社会经济的发展在地域上存在较大的差异,中国节庆业在经济发展较快的沿海地区得到了迅速的发展,形成了独特的节庆经济板块①。近年来,北京、上海、广州、浙江、江苏、福建、山东、辽宁等经济发展较快的沿海省市节庆业发展较快,远远超过了中国西部地区,这就使中国城市节庆活动在空间分布上,表现出东部多、西部少的不均衡格局。

从中国节庆活动的类型来看,可以按主题将中国城市节庆活动分成八种基本类型,见表2-1。

表2-1 中国城市节庆活动的基本类型及特征

节庆活动类型	主要特征	典型节庆活动
自然景观型	以当地自然地理景观(独特气象、地质地貌、植被、特殊地理风貌、典型地理标志地、地理位置)为依托,综合展示城市旅游资源、风土人情、社会风貌等的节庆活动	中国哈尔滨国际冰雪节、张家界国际森林节、中国吉林雾凇冰雪节

---

① 参阅余青:中国城市节事活动的开发与管理,《地理研究》,2004年11月第6期。

续上表

节庆活动类型	主要特征	典型节庆活动
历史文化型	依托当地文脉和历史传承的景观、独特的地域文化、宗教活动等而开展的节庆活动	杭州运河文化节、天水伏羲文化节、曲阜国际孔子文化节
民俗风情型	以各民族独特的民俗风情和生活方式为主题（民族艺术、风情习俗、康体运动等）的节庆活动	南宁国际民歌艺术节、中国潍坊国际风筝节、傣族泼水节
物产餐饮型	以地方特色和特色商品及本地餐饮文化为主题，辅以其他相关的参观、表演等而开展的节庆活动	宁波国际服装节、菏泽国际牡丹节、中国青岛国际啤酒节
博览会展型	依托城市优越的经济地理条件，以博（展）览会、交易会为形式，辅以其他相关的参观、研讨和表演等而开展的节庆活动	昆明世界园艺博览会、杭州西湖博览会、中国国内旅游交易会
运动休闲型	以各种大型的体育赛事、竞技活动为形式，辅以其他相关的参观、表演等而开展的节庆活动	奥运会、亚运会、全运会、中国银川国际摩托旅游节
娱乐游憩型	以现代娱乐文化和休闲游憩活动为形式，辅以其他相关的参观、表演等而开展的节庆活动	上海环球嘉年华、上海欢乐节、广东欢乐节
综合型	多种主题组合，一般节期较长，内容综合、规模较大，投入较多，效益较好的节庆活动	上海旅游节、北京国际旅游文化节、中国昆明国际旅游节

根据对国内462个城市节庆活动主题样本统计数据，并根据表2-1进行分类型的节庆数量统计，结果可得图2-1。从中可见，在

八种基本类型中,以物产餐饮型、历史文化型、民俗风情型和自然景观型所占比例较大,依次是:23%、22%、17%和12%,四者合计占样本总数的74%。这一结果反映了中国节庆活动的举办主要是依托于当地最具比较优势的资源和物产,对应了中国自然资源多样、历史文化悠久、民俗风情浓厚、物产特产富饶、饮食文化源远流长等特点。

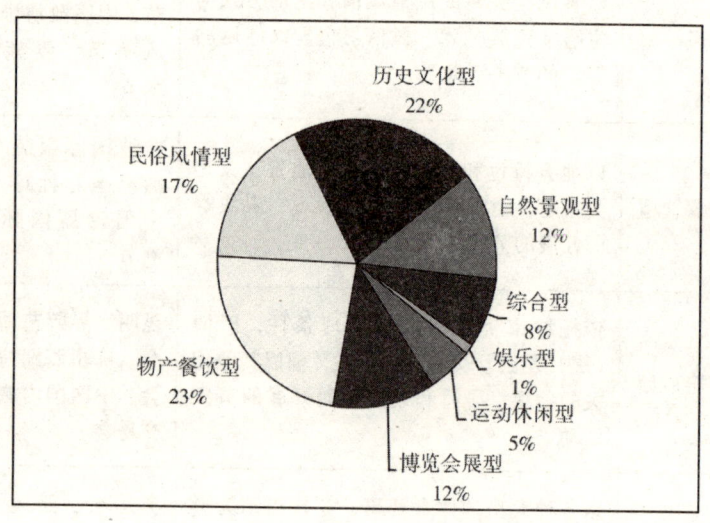

图2-1 中国各类城市节庆活动的数量分配

从中国节庆活动的时空规律来看,其空间分布规律为:城市节庆活动分布呈现出东部地区多于西部地区;3个集中地区:长江三角洲、环渤海地区、珠江三角洲;4个亚集中区域:川渝地区、滇中地区、桂中地区、东北中部地区。中国五大节庆经济带已初现雏形。

(1) 渤海地区节庆经济带。北京、天津等城市不仅社会经济高度发展,而且具有悠久的历史文化和发达的旅游业,该地区绝大多数城市都非常重视节庆活动,甚至有的城市一年中举办的各种节庆活动多达数百个。目前中国举办届数较长、知名度较高、影响力较大的节庆活动主要分布在这些地区,如已举办了14届的中国青岛国际啤酒节、举办了7届的北京国际文化旅游节等。

(2) **长三角节庆经济带**。该地区正在形成以沿江、沿海为两翼的发展格局。南京、合肥、苏州、南通；宁波、温州、义乌、杭州等城市均以上海为龙头，各自发展区域特色节庆活动；如杭州集会议、旅游、休闲三位一体的节庆定位，其西湖博览会就是标志性的节庆活动；宁波、温州、义乌则依托当地产业的优势举办各类节庆活动，如宁波服装产业快速发展，举办了著名的宁波国际服装节等。各城市间的节庆活动冲突虽不是太大，但长三角地区节庆城市之间"整合"和"联动"尚需时间。

(3) **珠三角节庆经济带**。以广州为中心，南接深圳、香港，东接东莞、顺德、珠海、中山等城市，这一节庆经济带紧密结合当地的产业、经济、文化等多方面的优势，着力把节庆打造成当地特色经济的名片。

(4) **东北节庆经济带**。东北地区以当地独特的自然和人文资源禀赋为依托，充分利用国家老工业基地的有利条件，举办综合展示城市旅游资源、风土人情、社会风貌、经济改革等的节庆活动。如中国哈尔滨国际冰雪节、长春国际电影节、中国黑龙江国际滑雪节、中国吉林雾凇冰雪节等重大节庆活动。

(5) **中西部节庆经济带**。随着西部大开发的深入，将有新的突破。尤其是重庆市、四川的成都、云南的昆明和广西的桂林，近年来经济文化和旅游业的迅猛发展，为城市节庆活动的开展创造了良好条件，许多节庆活动已在国内产生了较大影响，如南宁国际民歌艺术节、中国昆明国际旅游节、桂林山水旅游节等。

从图2-2和图2-3可以观察到其时间分布规律为：节庆活动在一年内的安排集中于4、5月份（春季），所占比率为12.06%、8.61%，以及9、10月份（秋季），所占比率为21.99%、18.44%，而秋季节庆多于春季，两季共计占了60.1%。多数节庆的节期介于2~10天之间，所占比率为60.74%，而综合性的节庆活动，往往节期较长，一般为60天以上，所占比率为2.5%，说明了目前中国许多节庆活动的影响力和范围都是很有限的，节庆活动往往成了当地人自娱自乐的活动。

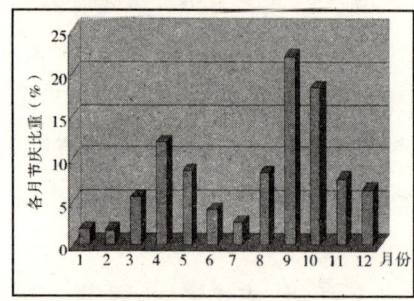

图2-2 中国城市节庆活动举办时间年内分布

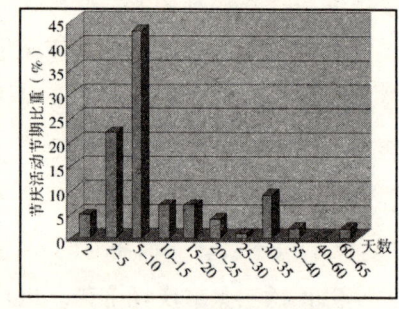

图2-3 中国城市节庆活动节期统计

第二节 中国节庆业发展中存在的问题

中国节庆活动经过近20年的实践，目前的发展状况如火如荼，各地争先恐后举办节庆活动，有的地方几乎"月月有节"。各个地方举办文化节、艺术节、美食节等名目繁多的节庆活动的热情空前高涨。这些节庆活动大多具有华丽宏大的开幕式和闭幕式、经常会邀请各级领导和国内各个大企业家出席并讲话、大腕明星现场助阵，领导精英济济一堂。如此一来花费自然不菲，直接的收益却不见得显著，有些还面临着来自老百姓的舆论压力。具体来说，节庆活动举办过程中出现了以下问题：

1. 忽视品牌培育，影响节庆可持续发展

很多节庆活动缺乏长期统一的办节思路。目前大多数的节庆活动都没有中长期的发展规划，由于很多节庆活动从本质上讲还是政府行为，为节庆而节庆。不少地区旅游业发育并不十分成熟，当地领导却将节庆活动当做"政绩工程",片面追求"轰动效应",动员全地区花时间、花精力、花经费举办。不但铺张浪费,而且践踏了公共资源。当地人把这种节庆称为"劳民伤财"。随着政府领导人的变更,这些节庆活动的地位、主题、内容、甚至是举办场地都会随之变化,这样不利于节庆活动的长期可持续发展和节庆品牌的培育。与西方一些具有长期举办节庆历史的城市相比,中国多数城市的节庆活动举办届数不长,节史在一到四届的占到60%以上,能持续举办并发展成为国际性节庆活动的非常少。

2. 存在政府干预,市场化程度较低

目前的很多节庆活动所谓市场化运作仍然存在很深的政府行政干预的痕迹,并没有形成真正的市场化运作方式,这导致一方面办节资金紧张,节庆活动难以为继,另一方面赞助企业也存在很多怨言,同时由于缺乏公益性的群众可参与度高的活动也备受大众舆论压力。

3. 创新力度不足,出现主题雷同、内容单一现象

目前中国大多数节庆活动创办者并不是立足本地文化和本地资源创办节庆活动,而是盲目跟风、强行攀比,使节庆活动地方特色不突出,同一主题的大大小小的节庆在全国可以有几百个,例如服装节全国上下大约有200多个,同期举办的就有20多个。此外很多节庆活动在内容上也多采取开幕式、文艺演出、群众文化活动等形式,缺乏新意。

4. 商业化程度过高,导致节庆文化内涵丧失

城市节庆活动与社会经济发展相结合是其生命力所在,但现在许多节庆活动几乎无一例外的以"文化搭台,经济唱戏",在追求经济效益的同时忽略了文化内涵的挖掘。如传统的节庆活动中加入了过多的商业炒作成分,中秋节仅是月饼大战,重阳节忘记登高和赏菊。不管什么主题的节庆活动,大多有一些模特大赛、演唱会、健美赛等与主题相关性不大的活动。这样的活动虽然热闹,但是几乎都缺乏深厚的文化内涵。可能会为当地带来即时的经济效益,短期之内可能会增加亮点,但长远看会有损节庆活动的主题意义。

5. 节庆活动的经济效益、社会效益、生态效益难以共同实现

当今的节庆活动只是注重了经济效益和社会效益的实现,很大程度上忽视了生态效益,不利于旅游活动的可持续发展。某些节庆开发没有对生态保护加以绝对重视,游客的增加对当地的环境造成破坏。如:游客乱扔垃圾废物,随意采摘花草,影响生态系统的结构(如草地、森林和其他类型的生态结构),改变了构成生态系统物种和数量的比例关系,影响了生态系统的功能。在旅游区为了满足都市化的娱乐要求,破坏了当地的文化,改变了旅游区的经济模式或发展轨迹。

第三节　中国节庆产业的雏形正在形成

这里所说的产业,特指介于宏观经济(国民经济)和微观经济(企业经济)之间的中观经济,是与社会生产力发展水平相适应的社会分工形式的表现,是一个具有诸如部门、行业、业种等多层次的经济系统。也就是"从事同类物质生产或相同服务的经济群体"。[①]

在中国,节庆活动的专业化发展为节庆策划和管理相关职业的发展提供了动力。2004年12月,中国劳动与社会保障部在上海发布10种新职业,会展策划师位列其中。节庆的职业群体已经形成,广告公司、策划公司、咨询公司、营销公司、制作公司、经纪公司、

---

① 方甲著,《产业结构问题研究》,北京:中国人民大学出版社,1997年,第5页。

代理公司等中介服务企业正在兴起。这些企业可提供从项目策划到宣传包装,从广告集资到对外促销等一系列专业化服务。中国节庆文化促进会等节庆行业协会组织开展了节庆活动评估评奖和节庆职业资格证书评定等工作。一些高等院校开始开设节庆会展专业课程。

中国节庆活动资源丰富,春节、清明节、中秋节等的传统节日形式多样,是中华民族悠久历史文化的重要组成部分,传统的节庆活动参与构成了中华民族的灿烂文化。改革开放以来,中国各地又产生了许多拉动区域经济和文化发展的现代节庆活动,如宁波国际服装节、哈尔滨国际冰雪节、大连国际服装节、长春电影节等等。据有关方面统计,中国每年的各种节庆活动数量已近 10 万个,中国已成为世界节庆活动大国。节庆活动的举办,对解决中国的一系列难题都有积极贡献,而且充分体现了以人为本和科学发展的要求,具有重要的国家发展战略意义。中国节庆发展的规模和效益,以及对中国经济社会发展的作用和影响,目前还没有全国统一的统计体系和标准来反映。但对照产业经济学之构成产业三个规定性理论(见本书导论第一节第二点关于产业的定义),表明中国节庆产业雏形正在形成。

第三章

宁波节庆业发展轨迹分析

节庆产业
与城市发展

第一节　宁波节庆业发展历程

城市节庆活动，是一种有主题的公众庆典文化活动，它是一个城市综合实力的集中体现，在城市经济社会文化建设中正扮演着越来越重要的角色。节庆活动不仅是城市形象的名片，更是城市发展的引擎，能快速地提升城市的品味和知名度，有效推动城市的全面发展。

回顾过去30年，宁波的节庆活动从无到有、从小到大、从单一到丰富、从尝试到成长的发展历程，与中国节庆业的总体发展轨迹基本相仿，也经历了三个发展阶段，但时序有所不同。

1. 1980 年至 1996 年：起步阶段

改革开放使宁波市取得前所未有的繁荣和发展，宁波市民越来越需要通过节庆活动来满足精神需求。宁波市积极利用传统节日及纪念日举行庆典活动来丰富群众的文化生活，精彩纷呈的各种庆典活动为宁波市民带来了无穷的欢乐。这一阶段宁波市先后举行了多个大型文化节庆活动。如 1980 年庆祝国庆大巡游，1984 年庆祝国庆 35 周年民间文艺大会串和彩灯车巡游，1986 年元宵节灯展，1989 年宁波市首届文化艺术节、合唱节，1990 年宁波市首届音乐舞蹈节，庆"六一"少年儿童文化艺术周，1991 年庆祝建党 70 周年大型文艺晚会，1994 年庆祝经济技术开发区、北仑区建立 10 周年民间文艺大会串，1996 年春节文艺大巡游、庆祝建党 75 周年"金色航程"大型文艺晚会等。

1990 年开始，宁波开始尝试将地方节庆活动与商贸活动相结合，先后举办了多种文化经贸节庆活动。如 1990 年慈溪杨梅节，以"杨梅为媒、经济结果"为目标，开展了系列文化经贸活动；1991 年宁波国际旅游文化节暨投资项目发布会,融合文化、旅游、经贸为一体,以旅游牵线、文化搭台、经贸唱戏,开展了一系列内容丰富、形式多样的活动,开幕式上民间传统文艺大会串和彩车上街表演,吸引了10万余观众,标志着宁波市节庆文化开始走向成熟;1991年9月,奉化首届奉化服装节暨全国服装订货会,据统计,成交额达2.6亿元。不仅使外界对奉化服装有了一个新的认识,而且也增强了宁波市进一步发展服装业的信心,也成为了后来宁波国际服装节的先声;1994年,宁波成功地举办了第九届全国戏曲电视剧"天安奖"评选活动,标志着宁波开始注重引进和承办全国性、国际性节庆活动,以弥补宁波缺乏全国瞩目的"重量级"本土节庆活动的不足。

2. 1997年至2005年:发展阶段

1997年10月,宁波举办第一届宁波国际服装节,宁波市委、市政府提出了要使这个节庆活动成为"让宁波走向世界,让世界了解宁波"的桥梁,并明确提出要推动宁波城市向节庆城市方向发展。由此拉开了宁波举办大型城市节庆活动的序幕,标志着宁波"节庆经济"时代的到来。这一阶段宁波市成立了宁波市政府大型活动办公室,现为宁波市政府副秘书长的陈国强、宁波市外经贸局局长的俞丹桦先后担任该办公室主任。还成立了城市节庆会展行业组织宁波市会展行业协会(现改名为宁波市会展业促进会)。宁波国际会展中心、宁波大剧院等一批节庆会展文化基础设施相继完工。群众性节庆文化活动层出不穷,如2000年岁末在宁波中山广场举行了"世纪之夜"广场综艺音乐焰火晚会,大型的龙鼓歌舞擂台赛、小品曲艺专场、杂技专场等活动轮番登场,每场演出都吸引了上万人次观众;2001年元旦举行了盛况空前的"新世纪、新宁波"大型城市文化庆典大巡游活动;2002年春节期间在宁波中山广场举行了"天天演"活动,历时15天;2003年1月举行了"盛世欢舞迎吉祥"新年舞蹈大赛和"中华飞歌"新年卡拉OK年度大赛;2004年举行了宁波市"激情五月"广场文化活动；2005年举办了宁波市新年音乐会等等。

一批全国性、国际性大型文化节庆活动相继在宁波成功举办，如2000年，第二届中国舞蹈"荷花奖"舞剧、舞蹈诗评奖活动；2001年，第十届中国金鸡百花电影节，首届全国琵琶大赛以及首届中国电视艺术家"双十佳"颁奖晚会；2002年，第三届中国"百佳"电视艺术工作者颁奖庆典；2004年，第七届中国艺术节，第十三届全国"群星奖"决赛及颁奖典礼；2005年，第九届中国戏剧节，第十二届BESETO（中韩日）戏剧节，第二十一届中国戏剧"梅花奖"颁奖典礼以及国际童声合唱节，第三届国际声乐比赛等。宁波国际服装节、中国梁祝爱情节、中国开渔节、中国徐霞客开游节等一批富有地方特色的文化商贸节庆活动相继举办。宁波节庆业规模得到前所未有的快速发展。

3. 2006年至2010年：提升阶段

这一阶段，宁波市举办的节庆活动层出不穷，量质齐升，节庆产业逐步形成。不仅节庆活动数量大幅增加，至2010年宁波市平均每天就有1.33个大型节庆会展活动，而且节庆活动的受关注程度和举办质量不断提高。宁波节庆业引起全社会的广泛关注与支持，政府将节庆业列为发展现代服务业的重点之一，优先大力扶持发展。宁波国际服装节、中国开渔节、中国徐霞客开游节等一批重大节庆活动，经过长期发展日趋成熟，其规模、档次、组织管理水平等得到了进一步提升。2002年以来，宁波城市及宁波节庆活动被国际国内权威机构授予众多荣誉。如宁波国际服装节多次入选年度"中国十大节庆"、"中国最具影响力十大节庆"，在全国众多大型节庆活动中脱颖而出，名列前茅；中国开渔节、中国徐霞客开游节等节庆多次荣获年度"中国最具影响力节庆活动"等称号。宁波城市也跻身于"全国十佳节庆城市"、"中国十大节庆城市"、"中国十大影响力会展城市"行列。中国大型国际性节庆活动不断引进举办，推动了宁波节庆业的发展，如 2007 年在宁波举办了第九届中国国际儿童电影节、第六届中国音乐金钟奖首届流行音乐大赛、第七届中国艺术节。宁波市从事节庆业及节庆服务业的企业和人员不断发展壮大，宁波市会展业促进会等行业组织相继开展评估评优、职业培训等工作，一些大专院校相继开设了会展节庆专业课程，宁波城市节庆产业形成。

第二节 宁波节庆业现状

宁波节庆业多年以来呈现稳步快速发展态势。节庆活动的数量增加幅度不断提高，2010 年宁波市共举办各类大型节庆会展活动 486 个，比上年增长 32.4%。举办的节庆活动门类众多、主题丰富、形式多样，不仅举办了如宁波国际服装节、中国梁祝爱情节、中国弥勒文化节、中国开渔节、中国徐霞客开游节、中国国际港口文化节等国家级、国际性的大型节庆活动，还积极引进、承办了不少国际国内重量级节庆活动。在过去的十多年间，宁波引进了中国金鸡百花电影节、中国艺术节、中国戏剧节、中国戏剧梅花奖颁奖典礼、中国舞蹈荷花奖颁奖典礼、全国群星奖决赛及颁奖典礼、全国琵琶大赛、中国百佳电视艺术工作者颁奖庆典、世界旅游日中国主会场、全国体育大会、国际女排精英赛等盛大的文体节庆活动，这些活动都使得宁波节庆活动更为丰富、更为精彩。本书通过对宁波节庆活动的时空分布、活动分类、重大节庆活动及节庆产业特点方面的观察，来客观地反映宁波节庆业的现状。

1. 宁波节庆活动的时空分布

根据宁波市政府大型活动办公室提供的 2008 年宁波市主要节庆会展活动目录，宁波的节庆活动在空间上分布较广，但区域间有一定不平衡性,如图3-1所示。每个县(市)区都有一定量的自办节庆活动。2008年的共276个大型节庆会展活动,除市区(含老三区和鄞州、北仑、镇海三区)外,以余姚市的节庆活动数量最多,达42个,而最少的宁海县和慈溪市都只有14个,相差悬殊。

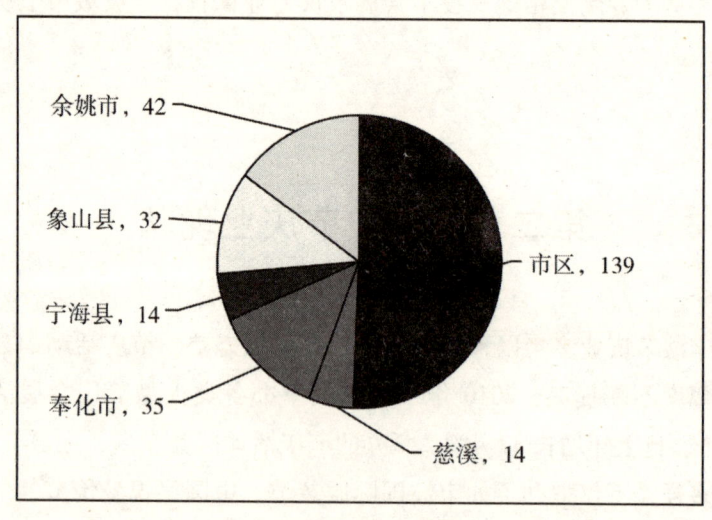

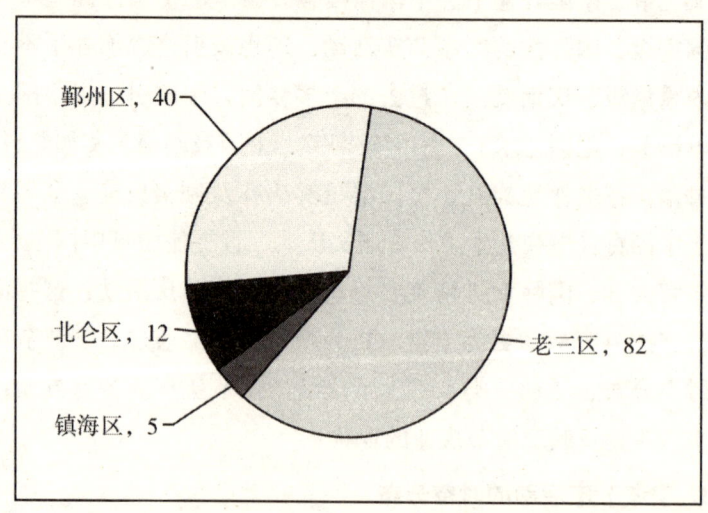

图3-1 2008年宁波市主要节庆会展活动的空间分布

宁波的节庆活动在时间上分布同样较为广泛，一年四季都有节庆活动。图3-2是以节庆活动开幕日期为计量标准所得到的图表，但实际上就节庆活动的延续分布而言，一年12个月基本上每月都有节庆活动正在举行。同时，从图表上也可以看出，节庆会展活动的季节分布并不平均，而是相对集中在春季四、五月和秋季九、十、十一月，这是适应区域气候而产生的现象。这几个月份是宁波气温最适宜、感觉最舒适的时候，而寒冷的二月，炎热的八月都不是节庆活动开幕日期的优选。同时，宁波节庆活动中大量赏花采摘类主题也是节庆活动时间分布不均衡、集中在春秋两季的重要因素。此外，二月几乎没有节庆活动的最重要因素在于此时正值春节和元宵两大传统节日之际。综上所述，宁波节庆活动在时间序列上的分布是一种自发的随旅游季节分布，虽然基于生活现实，但也有其弊端，如旺季更旺，可能导致接待压力过大等。

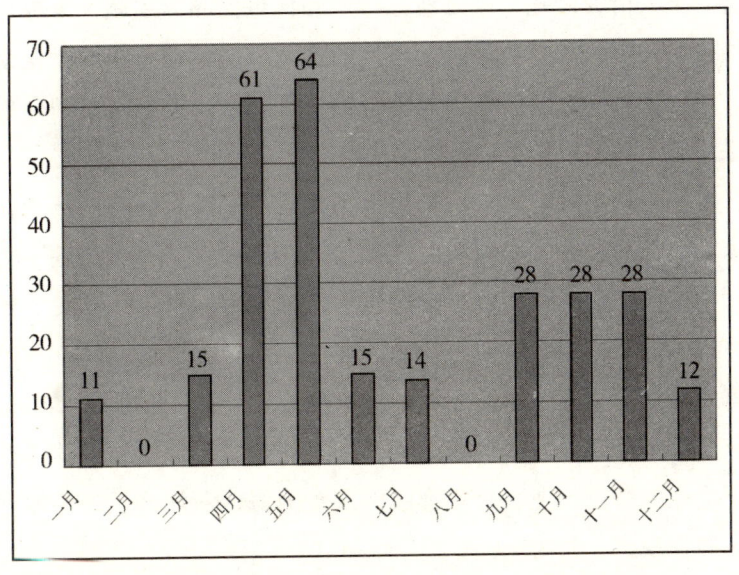

图3-2 2008年宁波市大型节庆会展活动时间分布序列图

2. 宁波节庆活动的分类[①]

随着城市发展，宁波节庆活动也进入一个前所未有的蓬勃期，除了中国金鸡百花电影节等引进项目之外，宁波本土的节庆活动数量快速增长、类型丰富多样，节庆活动的主题涉及自然景观、农事物产、历史文化、民俗风情、美食餐饮、运动休闲、娱乐游憩等许许多多。进行梳理后，宁波节庆活动可按主题分为以下三大类：

（1）**综合类**。综合类节庆活动组合了文艺、商贸等多种主题，一般会期较长，内容综合，规模较大，投入较多，效益较好。宁波的这类节庆活动有宁波国际服装节、中国开渔节和中国徐霞客开游节等。这一类型的节庆活动通常是举办地的标志性大型节庆活动，对所在地区而言不仅是本地的重大节庆，也是对外扩张影响力、树立区域文化品牌的重要旗帜。

（2）**主题旅游类**。主题旅游类节庆活动以当地自然地理景观和社会风土人情为依托，或以地方特产和特色商品为主题，来综合展示城市旅游资源和社会风貌。宁波的这类节庆活动有中国梁祝爱情节、中国余姚杨梅节、中国国际海钓节等。这一类型又可细分成赏花采果类、休闲娱乐类和民俗文化类。

赏花采果类以中国余姚杨梅节为代表：宁波余姚盛产杨梅，被国家农业部命名为"中国杨梅之乡"。为在杨梅成熟季节搭建一个平台，推销杨梅，余姚杨梅节应运而生，每年六月举行，开展"杨梅之乡欢乐游"等活动，吸引浙江省内外游客到余姚，赏满山红果，品鲜梅珍奇，体验中国杨梅之乡独特的风土人情。杨梅节声名远扬，不仅解决了当地果农的燃眉之急，而且还带动了旅游、餐饮等，盘活了当地的特色产业，每年都吸引来自上海、浙江等长三角地区的游客前往观光、采摘。

[①] 参阅宁波社科院课题组：城市节事文化的整合与可持续发展——以宁波为例，内部资料。

第三章 宁波节庆业发展轨迹分析

休闲娱乐类以中国国际海钓节为代表。该节由国家体育总局社体中心、浙江省体育局主办,象山县人民政府等共同承办①,每年五月举行,已举行4届。以休闲海钓为主题,举行海钓锦标赛、休闲渔船游钓赛、群众参与性海钓相关活动以及休闲露营、篝火晚会等休憩活动,是象山县打造国际海钓基地、建设长三角休闲汽车露营地的重要载体。2008年,因海钓节,到象山旅游的游客就达6万人②。

民俗文化类以中国梁祝爱情节为代表。宁波鄞州区有中国唯一的梁祝文化主题公园,1999年底在这里举办了第一届中国梁祝爱情节(原名中国梁祝婚俗节)。该节以梁山伯与祝英台爱情为主线,以婚庆典礼为内容,展开了婚典、游园等一系列活动,以此来演绎中国乃至世界婚俗文化。至今已有上千对来自各民族、各行业的海内外新婚夫妻参加了梁祝爱情节的婚庆和游艺活动。2005年,梁祝爱情节与"罗密欧和朱丽叶"故事发生地意大利维罗纳市进行互动交流,使东西方爱情圣地第一次共展风采,达到了极佳的国际传播效果。

(3) **文体类**。文体类以"海上丝绸之路"文化节为代表。该类节庆活动以本地的生活娱乐、文化艺术等社会文化为主题,以现代娱乐文化和休闲游憩活动为形式,其中不少由民间的企业主办,市场化程度较高。近年宁波体育中心、大剧院、音乐厅、美术馆、博物馆等文体设施的兴建,也为举办各种社会文化类节庆活动起到了"筑巢引凤"的作用。该类节庆活动虽然大多规模相对较小,但也有部分节庆活动由于时间跨度长,而形成了一定的规模。如"海上丝绸之路"文化节,2001年底宁波在建城1180周年时举办了首届"海上丝绸之路"文化节。多年来,这个承载着浙东学术文化、海上丝路文化、天一阁藏书文化等特色文化的文化节年年推出亮点:"中

---

① 承办单位包括象山县人民政府、宁波市旅游局、宁波市体育局、宁波市海洋与渔业局、浙江省钓鱼协会。

② 据2009年5月14日中国新闻网,"亚洲人的海钓圣地"浙江象山5月启幕国际海钓节,http://www.chinanews.com.cn/ty/news/2009/05-14/1692736.shtml。

国海上丝路宁波共识"、"永丰库遗址"、"海外寻珍"、"傅家山遗址"、"十大历史文化名人故居",以及2006年"水下考古"和"踏寻范钦的足迹·江西行"。该文化节展示了宁波文化遗产保护和研究的新态势、新成果,规模与影响也越办越大,为宁波打造出了一个特色文化品牌。

表3-1 宁波市节庆活动主题分类及其主要代表

主题类型		节庆活动主要代表
综合类		宁波国际服装节;中国徐霞客开游节;中国开渔节;中国港口文化节;宁波旅游节等
旅游类	赏花采果类	中国余姚杨梅节、奉化桃花节、四明山樱花·红枫浪漫观赏节、"神奇人岚"茶文化旅游节、宁海长街蛏子节、天宫庄园桑果节、丹山赤水柿子节、中国奉化水蜜桃旅游文化节暨首届世界艺术家桃乡峰会、牟山湖大闸蟹休闲节等
	休闲娱乐类	中国国际海钓节、象山海鲜节、"吃在宁海"生态美食节、四明山烧烤露营节、丹山赤水帐篷节、野鹤湫欢乐嬉水节、"激流勇进、山洞探宝"四明山北溪原生态漂流节、中国渔村第三届沙滩露营文化节等
	民俗文化类	中国弥勒文化节、象山"三月三"民俗节庆活动、中国梁祝爱情节、梁祝风筝节、天下玉苑玉石文化节、中国南岙长寿节等
文体类		"海上丝绸之路"文化节、宁波国际海报双年展、天一阁中国藏书文化节;宁波网络文化节、青工风采节、音乐舞蹈节;各类社区文化节,农民文化艺术节,外来建设者文化艺术节,如海曙区商贸文化艺术节、鄞州区婚育文化节、象山沙滩影视文化节、天一巴西风情节,活力宁波2008外来务工者文化节和2008农民文化艺术节等

3. 宁波市重大节庆活动

（1）宁波国际服装节

由宁波市人民政府为主主办①的宁波国际服装节，是宁波市综合性大型文化经贸活动。依托宁波这一中国最大的服装产业集聚基地，通过举办系列的服装文化、服装经贸和艺术交流等活动，扩大宁波对外影响，丰富市民文化生活，促进了宁波国际经济合作与文化交流。同时较好的展示了宁波改革开放新形象，宣传了宁波改革开放新成就，推进了宁波改革开放新步伐，为宁波打造"服装名城"和促进经济社会全面发展，把宁波现代化国际港口城市建设全面推向新阶段作出了积极的贡献。活动内容包括开幕颁奖典礼、宁波国际服装服饰博览会、中国青年服装时尚周、服装服饰专业活动（品牌展演及趋势发布、设计大赛、产业研讨等）、市民服装服饰文化活动（具体包括群众服饰文化"扮靓港城，时尚你我"活动，"服饰时尚"系列讲座，"我与服装时尚"服饰文化征文比赛，少儿服饰文化周）等。

至2010年，宁波国际服装节已经连续成功举办了14届，并被国际节庆协会（IFEA）评为"中国最具国际影响力十大节庆"② 之一，在全国众多服装节中唯一获得这一殊荣。

---

① 主办单位包括：中国国际贸易促进委员会、国家旅游局、共青团中央、全国青年联合会、中国纺织工业协会、中国服装协会、中国服装设计师协会、香港贸易发展局和宁波市人民政府。协办单位包括：法国高级时装工会、佛罗伦萨服装协会、韩国服装协会、德国德中协会、浙江省服装行业协会。承办单位则包括：宁波市经委、宁波市文广新闻出版局、宁波团市委、宁波市外经贸局、宁波市贸易局、宁波市教育局、宁波市体育局、宁波市贸促会、宁波市会展办、宁波市外办，以及宁波各县（市）、区人民政府，宁波市服装协会。

② IFEA中国最具国际影响力十大节庆活动包括：中国吴桥国际杂技艺术节、中国金鹰电视艺术节、北京国际旅游文化节、上海国际艺术节、宁波国际服装节、青岛国际啤酒节、潍坊国际风筝节、曲阜国际孔子文化节、平遥国际摄影展、南宁国际民歌艺术节。

(2) 中国徐霞客开游节

徐霞客是中国明代著名的大旅游家、地理学家和文学家，闻名遐迩的《徐霞客游记》就是从宁波的宁海开游，由此宁波在2002年以"天下旅游、宁海开游"为主题，创办了中国徐霞客开游节。活动内容包括民俗风情大巡游、"当代徐霞客"评选及颁奖仪式、大型焰火晚会、"吃在宁海"生态食品展示以及各类高峰论坛、博览会、投资洽谈会等，近年又增加了"宁海人游宁海"的群众性活动，以及全国山地户外运动锦标赛等项目，深化、拓展了"游"的外延。借助开游节，宁波宁海县服务经济效应增强，开游节期间宁海的商贸、餐饮、旅游等行业会出现明显的兴旺，同时也坚持通过举办投资洽谈会、各类博览会等，为宁波宁海县经济的转型增长提供了更多的发展机遇。

至2010年中国徐霞客开游节已经办至第八届，逐渐成熟提升，"中国旅游日"高峰论坛的成功举办更对后来"5·19"成为中国旅游日打下了重要基础，为中国徐霞客开游节本身以及宁海旅游带来了巨大的发展契机。据不完全统计，2009年中国徐霞客开游节仅参加焰火晚会的群众就达10万余人。[①]

(3) 中国开渔节

从1996年开始，国家在沿海鱼产区实行每年六月至九月的休渔期。宁波象山县因势利导，从1997年开始，将每年开始捕鱼的时节定义为开渔，举办集文化、旅游、经贸为一体的中国开渔节。中国开渔节以保护蓝色家园、宏扬海洋文化和渔家文化为主题，在承袭当地传统习俗的基础上，经过10余年的打造，逐步形成了仪式、论坛、文艺、经贸和旅游五大板块10多个精品活动项目。庄严肃穆的

---

① 据《坚持特色创新全民办节方针 努力把开游节办成全国性著名节庆活动》，宁波宁海开游节官方网站，http://www.cnnhxxk.com/news_view.php?html=48b458482a6c209f8efabb91edaeecb0&id=217&news=508c75c8507a2ae5223dfd2faeb98122。

祭海仪式、气势磅礴的开船仪式、妈祖海上巡安仪式、全国渔歌号子邀请赛等形式多样、群星荟萃的文化活动,将有深厚底蕴的象山渔文化充分挖掘。此外,中国海洋论坛落户象山、环球皇后全球总决赛活动的加盟,把传统和时尚、地方性和国际性有机地结合在一起。此外还组织了诸如旅游开发洽谈会、象山风情摄影、黄金海岸观光游等一系列活动。目前,中国开渔节已经成为国内有影响的节庆品牌。

历届中国开渔节提出了"以节兴旅"的宗旨,一年一度的中国开渔节与其说是一次海洋的盛典,渔民的节日,不如说是一次大规模的旅游、经贸活动。

(4) 中国梁祝爱情节

古朴淡定的梁祝故里浙江宁波鄞州,因其孕育诞生了美丽的梁山伯与祝英台传说,而闻名遐迩。浙东民间有句谚语"若要夫妻同到老,梁山伯庙到一到",所以若是夫妻双双来到鄞州,梁山伯庙是必到之处。在鄞州,还有那一墓双碑的梁祝合穴冢遗迹更是令人唏嘘感叹。在这千古爱情圣地,梁祝庙会的风俗也已绵延千年。"梁祝"是中华文明的瑰宝,也成了鄞州一张独特的文化名片。

从新世纪伊始到2010年,以传播梁祝美好的爱情观、打造爱情特色文化旅游产业为主旨的"中国梁祝爱情节"已举办了6届。2009年举办的第五届中国梁祝爱情节以"蝶舞鄞州,情满人间"为主题,相继开展了"爱情嘉年华游园和第六届万人相亲会"、"'梁祝之夜、把爱唱响'中国摇滚情歌演唱会"等多姿多彩、富有创意的系列活动。中国梁祝爱情节的成功举办,有力地推动了区域经济的发展,提升了鄞州区的知名度和美誉度。鄞州已被中国民间文艺家协会命名为"中国梁祝文化之乡",梁祝传说被列入国家首批非物质文化遗产保护名录,"梁祝"正走出鄞州,走向世界。

(5) 中国宁波旅游节

中国宁波旅游节由中国旅游协会、宁波市人民政府、浙江省旅

节庆产业
　　与城市发展

游局、亚太旅游协会等主办，宁波市旅游局和各县（市）区政府承办。经过几年的努力，如今已成为宁波历史上规模最大的旅游盛会。

2009中国宁波旅游节从9月24日开幕至10月28日闭幕，共设置"世博先行"、"游在宁波"和"市民的节日"三大主题板块，在一个多月的时间里吸引了国内外游客450万人次。并突现了四大亮点：一是围绕交通做市场。在旅游节中，温州、南昌、武汉等地的游客，乘坐旅游专列到宁波及其周边地区旅游，并利用舟山跨海大桥通车的机遇，与舟山开启旅游一体化合作，推动两地市民互游。设包机邀请台湾、香港等地同胞飞赴宁波及其周边城市观光度假；二是围绕市场做节庆。十月中旬和旅游节闭幕期间还举行了自助自驾游网络公共服务平台开通仪式和第二届"节庆中华奖"颁奖典礼。旅游节期间同时举办"看世博，游宁波"长三角导游大会；三是围绕世博做旅游。旅游节开幕后，宁波市政府还与上海世博局和长三角城市会展联盟联手举办"世博与长三角区域发展"高层论坛；四是围绕旅游扩内需。旅游节期间，通过广场嘉年华、城乡城际互游等活动，激发本地市民和周边地区游客的出游和消费热情，使2009年国庆中秋长假演绎成为黄金月。

（6）中国弥勒文化节

作为中国优秀旅游城市、蒋氏故里的宁波奉化，是中国化弥勒布袋和尚出生、出家、圆寂、归葬之地，是弥勒的根本道场。2008年11月7日至9日，全球最高的坐姿铜制露天弥勒大佛造像落成雪窦山。佛教文化是中国传统思想文化的一部分，而弥勒文化又是佛教文化的重要组成部分。以慈和乐为核心的弥勒文化，对中国传统思想文化中乐观大度、兼容宽容等精神互为影响，孕育着民族优秀文化因素，镌刻着人类精神文明发展的轨迹。旅游业是宁波奉化最具特色、最具发展优势、最具发展潜力的产业，在"两岸三地"拥有很高的知名度和极大的影响力。为充分展示奉化独特的地域文化和弥勒文化，达到以节促游、以节兴游的目的，至2010年，宁波奉化成功举办了4届中国弥勒文化节。

2009中国弥勒文化节以"大慈之行,圣地之约"为主题,以建设海内外著名旅游城市,打造弥勒信仰朝拜中心、弥勒文化交流中心和弥勒文化观光旅游中心为目标,组织了中国佛教名山高峰论坛、中国城乡生态和谐发展论坛、央视"艺苑风景线"大型文艺晚会、"结缘奉化"海内外客商联谊会、"听山、听水、听佛音"弥勒圣地游等系列活动。有来自包括香港、澳门及台湾在内的两岸三地政界、商界、文化界、演艺界、佛教界、旅游界及新闻界3000多名海内外著名人士云集宁波奉化参加活动,进一步促进了与世界区域文化的交流与合作,宏扬了地域文化和弥勒文化,扩大了宁波和奉化的对外影响。

4. 宁波节庆业的基本特点

自1997年以来,宁波市的节庆活动发展迅猛,涌现出了一批颇具知名度的品牌节庆。丰富多彩的宁波节庆呈现出以下四个基本特点:

(1) **本土化**。节庆作为一个民族或者一个区域集体文化记忆的符号和载体,通过节庆,满足了人们交流、娱乐、消费、贸易甚至求偶的需求。宁波有着独特的民俗节庆文化,本土化特色塑造了属于宁波特有的节庆,注重本土化是宁波节庆具有竞争力的核心。中国弥勒文化节、中国开渔节、中国梁祝爱情节等节庆活动,依托独特优势,创造了属于自己的节庆文化。例如:第十一届中国开渔节祭海典礼的祭海仪式由公祭转向民祭,由渔民群众自己操办。青山碧海间,象山渔民以自己的方式庆祝这个属于自己的盛会。"船老大"们抬着装有大黄鱼、蟹、虾等海产幼苗的水缸向大海冲去。在人们的呼喊声中,他们把缸中的海生物放入大海,祈求平安丰收,表达了对恢复海洋生态的祈愿,具有浓郁的本土化特色。

(2) **国际化**。节庆本身就是城市形象的塑造者,是城市一种有效的公关手段。节庆只有有效地走出区域、走向全国、走向世界,实现节庆活动的国际化,才能使节庆发挥最大效益。宁波节庆注重跨时空的宣传、组织工作,开展多层次、宽领域的国际合作,节庆活动的国际化水平日益提高。宁波国际服装节已经成为宁波服装产业国际化拓展的一个极好平台。在第十届宁波国际服装节举办的意大利服装服饰文化周上,意大利佛罗伦萨市向宁波市赠送了意大利文艺复兴时期米开朗基罗的举世名作大卫雕像一比一复制铜像,成为中意文化交流的一个重要见证。中国宁波国际港口文化节依托宁波北仑深水良港的资源优势和文化特色,通过举办国际港口文化论坛等活动,推动了宁波与国际港口城市之间的交流合作,从而推动了宁波国际化的进程。

(3) **产业化**。产业化是指节庆活动依托产业、服务产业,然后自身形成产业。宁波节庆在服务产业、为产业发展推波助澜的同时,把节庆也当作产业来做,"文化搭台,经贸唱戏"是宁波许多节庆活动遵循的宗旨。如宁波国际服装节,依托宁波服装产业,为服装企业进行品牌形象宣传、国际贸易、发展品牌代理商等经贸活动搭建了良好的平台,成功地提升了宁波服装产业链。又如余姚裘皮节、宁波国际汽车产业文化节等都有力地推动了当地产业的发展。

(4) **市场化**。市场化是指节庆活动要坚持挖掘资源,利用资源和市场要素,发挥市场作用,在大型活动的策划、操作上实行市场化运作。宁波节庆坚持市场化办节的思路,着力于节庆活动开展市场化运作,保证节庆活动能够按计划有条不紊地实施。中国开渔节、中国徐霞客开游节在市场化运作上都取得了宝贵的经验。由于坚持市场化运作,通过提供注册商标、出售冠名权、媒体广告宣传、以知识产权的形式把一些主体活动推荐给企业等有效措施,使中国开渔节所需费用绝大部分由企业集资、广告赞助来解决,这既节省了办节成本,又扩大了企业的影响力。也使中国开渔节办成了一个既不劳民伤财又能招商引资,同时还可扩大知名度的盛大庆典。

5. 宁波节庆产业的形成

宁波节庆业经过近30年的发展，节庆的规模不断扩大，节庆的档次不断提升，节庆的队伍不断壮大。同时，出现了近700家从事节庆活动以及节庆相关服务的企业，如节庆策划公司、演出公司、广告公司、场馆物业服务公司、节庆中介服务公司等，为宁波全市节庆活动提供一系列专业化服务。宁波市会展业促进会和宁波市节庆联合会等节庆会展行业协会正组织开展节庆从业人员培训和职业资格证书评定等工作，并且每年开展对节庆会展活动的评估、评优。宁波大学、浙江万里学院、宁波工程学院等大专院校相继开设了会展专业、节庆策划设计专业等课程，为节庆的组织、策划、运作提供人才保障。据不完全统计，2009年全市共有从事节庆专业人员4000余人。节庆会展研究机构如宁波市会展经济研究所等，对节庆业的多个领域进行广泛深入的研究，有的学者著作颇丰。近几年创办的大型节庆活动，利用宁波市十大优势产业，立足产业、服务产业，形成节庆与相关产业互动，在推动相关产业发展的同时，不断壮大自身，涌现了如宁波国际服装节、中国宁波人才科技周、中国国际港口文化节、中国开渔节、中国徐霞客开游节、中国余姚杨梅节等一批产业关联度高的优秀品牌节庆活动。节庆对宁波经济社会的贡献正在不断增大，据宁波市会展经济研究所估算，2008年宁波市举办的各类大型节庆会展活动，为宁波市GDP贡献达196亿元人民币。节庆（会展）业已成为宁波城市现代服务业的龙头，被宁波市作为现代化国际港口城市建设的支柱产业之一，加快扶持发展。对照产业经济学之构成产业三个规定性理论（见本书导论第一节第二点关于产业的定义），表明宁波节庆已形成产业。节庆产业化，使宁波节庆走上了一条可持续发展之路。

表3-2　2009年宁波市主要大型节庆会展活动一览表

序号	名称	举办时间
1	宁波国际时尚用品展览会	3月
2	第三届中国（宁波）精品家具展览会	3月
3	第十一届中国国际机械工业展览会	3月
4	第七届中国国际文具礼品博览会	3月
5	2010（春）宁波国际汽车博览会	3月
6	2010中国藏獒展	3月
7	第八届中国国际家居博览会	4月
8	全国五金工具出口产品博览会	4月
9	宁波国际茶文化节暨农副产品博览会	4月
10	中国国际安防展览会	5月
11	中国开游节	5月
12	中国出版传媒产业博览会	6月
13	第十二届浙江投资贸易洽谈会	6月
14	第九届中国国际日用消费品博览会	6月
15	2010中国（宁波）节能环保技术与产品博览会	6月
16	2010中国宁波国际装备制造业博览会——第六届中国模具之都博览会	6月
17	中国余姚杨梅节	6月
18	慈溪大桥国际经贸旅游节暨慈溪杨梅节	6月
19	中国开放论坛	6月
20	第八届中国家居博览会夏季展家具展	7月
21	2010（秋）中国国际汽车博览会	8月
22	宁波购物节	8月
23	2010中国宁波人才科技周	9月
24	第六届宁波国际家电电子展览会	9月
25	中国国际机电工业博览会	9月

续上表

序号	名称	举办时间
26	宁波职工科技周	9月
27	中国海洋论坛	9月
28	中国开渔节	9月
29	2009中国国际旅游节	9月
30	2009中国宁波国际港口文化节	9月
31	第十四届宁波国际服装服饰博览会	10月
32	全球物流联盟高峰论坛	10月
33	第十三届宁波国际服装节	10月
34	中国弥勒文化节	10月
35	宁波慈孝文化节	10月
36	第十二届中国国际塑料博览会	11月
37	第十五届中国宁波国际住宅品博览会	11月
38	2010宁波国际汽车零部件（用品）进出口交易会	11月
39	2010宁波市城市金融展	11月
40	中国食品博览会	11月
41	中国国际粮油产品及技术设备展览会	11月
42	中国湖泊休闲节	11月
43	"制造者"外贸工厂展	12月

注：资料来源于宁波市政府大型活动办公室2009年节庆会展手册

第三节 宁波节庆业的成长战略

所谓成长战略（Growth Strategies），主要是指企业或行业通过把握外界的有利机会，发挥自身的优势资源，制定合适的战略方针，以求企业或行业快速成长和发展的一种战略。成长战略有资源整合战略、市场（产品）开发战略、纵向（横向）一体化战略等。成长战略在不同的阶段是不同的，不同的资源环境采用的战略不同。节庆业是新兴产业，节庆业的生成与发展，正受到诸多因素的影响，其中的一个重要因素，就是资源的有效利用。合理有效地利用资源，快速做大做强产业，是现阶段节庆业发展中的重要课题。要实现资源的有效利用，关键是要选择有利于加快发展的成长战略。实施资源整合战略，是中国中小城市节庆业成长战略中的一个重要选择。宁波节庆业的形成与发展，正是在宁波节庆业逐步走向成熟的阶段，选择了资源整合的成长战略，而迅速发展起来的。

1. 宁波发展节庆业的资源

（1）地理区位资源

竞争优势理论认为，自身所具有的优势是竞争的条件和基础。自然区位和资源区位对于不同区域的影响差异很大。不同的区域有不同的自然资源，不同的区域使用不同的生产要素。自然区位和资源区位的差异在相当程度上决定了区域产业的专业化和工业的分工格局。尤其是那些垄断性自然资源对区域工业竞争力的影响更大。一般而言，在其他条件相同的情况下，自然资源丰富的地区将会得到优先开发和发展。也就是说，是否具有开放的资源基础，成为一个城市乃至地区是否得到先行开发的基本前提条件。这也是具有中国特色的开放路径。中国的对外开放，首先是沿海城市（地区）的开放，沿海城市（地区）的开放，又首先是具有优势开放资源特别是港口资源的城市（地区）得到重点开放。因此，要对宁波节庆产业进行全面考察，宁波的地理区位观察是逻辑和分析起点。

宁波在气候类型上，属亚热带季风气候，温和湿润，四季分明，年平均气温 16.2℃。在地理位置上，宁波位于东海之滨，中国大陆海岸线中位，长江三角洲东南翼，宁绍平原东端。东有舟山群岛为天然屏障，北濒杭州湾，西接绍兴市，南临三门湾，并与台州相连。

全市总面积9365平方公里，约占中国大陆总面积的1/1000。四明山和天台山是宁波境内两支主要山脉。宁波有漫长的海岸线，港湾曲折，岛屿星罗棋布。全市海域总面积为9758平方公里，岸线总长为1562公里，其中大陆岸线为788公里，岛屿岸线为774公里，占浙江省海岸线的1/3，占中国海岸线总长的1/11左右。全市共有大小岛屿531个，面积524.07平方公里。宁波水系是浙江省八大水系之一，余姚江、奉化江、甬江流经该市。余姚江、奉化江在市区"三江口"汇合成甬江，流向东北招宝山入海。整个甬江流域，雨量充沛，河汊纵横，水资源十分丰富。

宁波港，水深、流顺、风浪小，是中国大陆少有、世界不多的深水良港，港口资源是宁波经济发展的最大资源优势。宁波东向面对的是东亚及整个环太平洋地区，西向连接整个华东地区及经济发达的长江流域，是中国沿海向美洲、大洋洲和南美洲等港口远洋运输、辐射的理想集散地。在历史上，宁波早在公元752年（唐天宝十一年）就已正式开埠，与当时的杨州、广州并称中国三大对外贸易港口，宋代又与广州、泉州同列为对外贸易的三大港口重镇，1840年后被辟为"五口通商"口岸之一，是一个具有1200多年历史的天然良港。在对外交往上，宁波得天独厚的地理位置，使得宁波的对外经济交往具有了悠久的历史，有"海上丝绸之路"起点之说，早在400多年前在由意大利工匠手工绘制的"世界地图"上就已经标出了中国的宁波等城市。近代1840年后，三江口成为了欧美商船云集之地，中外商家争相兴铺于岸。实际上，宁波外滩是比上海外滩更早的中国历史上的外滩。在当前，宁波是中国长江三角洲南翼的经济中心城市，濒临上海、杭州。长三角地区是东亚地理中心，处于西太平洋东亚航线要冲。随着上海国际航运中心的建设，长三角地区将成为西太平洋重要的世界级城市群和产业密集区，在亚太地缘经济格局和区域一体化进程中发挥重要作用，是中国参与全球合作和对外交流的重要窗口，是亚太地区重要的国际门户。而港口具有国际性和开放性的天然属性,尤其在经济全球化和区域经济一体化条件下,港口作为联结国际国内资源和市场的门户、结点地位将更加突出。经过20多年的发展,宁波港已经从一个地方性小港口发展成为以矿石、原油和液体化工运输为基础、集装箱运输为龙头的现代化国际港口,以港口为依托的交通运输、贸易、物流、节庆会展、中介等现代服务业发展迅速,具备了较强的竞争力和国际知名度。

宁波具有较为发达的综合交通体系。以港口和城市为龙头,民航通讯为两翼,公、铁、水三路为基础,宁波正在形成多种运输方式全方位协调发展的现代化、立体化综合交通运输网络体系。公路方面,宁波正在建设"一环五射"的高速公路网,建立起宁波与上海、杭州、金华、温州、舟山等城市以及江西、福建等周边省份更为紧密的联系,极大地拓宽了宁波及长三角城市群的经济腹地,提高了宁波作为区位中心城市的辐射力。铁路方面,萧甬铁路复线已建成,沿海铁路大通道已经动工,甬金铁路近年开工,长三角城际轨道交通从宁波经过,宁波将成为铁路交通枢纽。水路方面,随着中国大陆水运与国际海运相结合,宁波作为长三角地区重要能源、原材料基地的功能将进一步发挥,宁波将围绕港口发展要求,着重发展大吨位船舶,航运事业将大发展。宁波的空港已经开放,国际货运发展前景看好,宁波机场已与国际著名空港公司合作开展联合投资,即将建成空港保税物流园区。国民经济信息化步伐加快,宁波是中国信息化程度较高的几个城市之一。此外,杭州湾跨海大桥,在宁波市委常委、常务副市长、杭州湾大桥工程总指挥王勇的领导下,大桥工程建设者们经过5年艰苦卓绝的奋斗,建成了当今世界一流的最长的跨海大桥,为宁波乃至中国经济社会发展作出了历史性的重大贡献;该大桥建成后,进一步完善了中国大陆沿海和苏浙沪区域交通网络,大大缩短了宁波与上海及长三角城市的距离,显著地扩大了原有以港口为中心的集疏运网络的效益,宁波正成为中

第三章 宁波节庆业发展轨迹分析

国沿海大通道的重要交通枢纽和长三角区域的重要物流中心,交通战略地位正进一步提升。

(2) 历史人文资源

宁波的历史可以上溯到7000年以前,河姆渡遗址的发掘,证明宁波是世界上最早种植水稻的地区之一,公元前2000多年的夏代,宁波的名称为"鄞",春秋时为越国境地,秦时属会稽郡的鄞、鄮、句章三县,唐时称明州。公元821年,明州州治迁到三江口,并筑内城,标志着宁波建城之始。明洪武十四年(公元1381年)取"海定则波宁"之义,改称宁波,一直沿用至今。

自古以来,宁波人杰地灵,人才济济,精英荟萃,如群星璀璨。全世界宁波籍各界精英名流之多、成就之大中国少有城市能与之匹敌。在商界,"宁波帮"早已经声名远播。有从提出经济发展理论的安之介,到建立"海上王国"的董浩云、包玉刚,从"影视巨子"邵逸夫,到"毛纺大王"、"棉纱大王"曹光彪、陈廷骅等等;在科教界,自民国以来,教授(高工)以上高级知识分子中宁波籍超千名,中国科学院与中国工程院院士超过90位,均为中国各城市之最,其中不乏大师级人物。如"中国克隆之父"童第周,中国生物物理学的奠基人和开拓者贝时璋,中国遗传学奠基人谈家桢,堪称"一代鸿儒"的历史学家陈汉章等等;在文艺界,宁波籍的著名作家有:柔石、殷夫、楼适夷、冯骥才、余秋雨等。此外,还有国画宗师潘天寿、陈之佛等等;在政坛,宁波人同样声名显赫。如短短的民国时期就出了蒋介石、蒋经国、翁文灏、王正延、叶公超等数10位著名人物。还有前香港特首董建华、香港立法会主席范徐丽泰、澳门立法会主席曹其真等政要。

宁波特殊的地理位置和历史文化,孕育了宁波人独有的精神气质,造就了宁波独有的人文内涵:"粘性,搏争,仁厚,务实"。"粘性",宁波的先人们几乎世代在惊涛骇浪中捕鱼度日。与风浪搏斗的谋生方式培养了宁波人的合作精神,险恶生存环境激发了宁波人的群体意识,宁波人意识到群体是个体的依靠,因而特别注重友谊,亲靠亲帮,团结合作。这也是宁波商帮长盛不衰的一个重要原因。"搏争",民间有"灵气与水相伴而生"说法。宁波占尽了水势。宁波城内,甬江、余姚江、奉化江交汇于三江口,这在中国大陆实属罕见,三江口由是成为宁波最有特色的地方之一。此外,宁波三面临海,汹涌澎湃、一望无际的大海也极大地影响了宁波文化和宁波的人文内涵,使宁波的人文内涵更呈现出水文化和海洋文化的特征。海洋文化不同于内陆文化,海洋文化更崇尚开放、博纳、兼容,更具有"闯海"、"弄潮"的"敢为天下先"的"搏争"精神。宁波人敢说敢作,敢于吃螃蟹,敢为天下先。宁波商人朱葆三、虞洽卿等在中国筹建起第一个新型航运公司,公司于20世纪30年代成为中国大陆最大的民营航运企业;叶澄衷、严信厚、朱葆三等,于1897年创办了中国第一家银行——中国通商银行,又于1905年创办了中国第一批保险公司之一的"华兴保险公司";1920年,虞洽卿、盛丕华等创办了第一家由华人开设的证交所"上海证券物品交易所"。①"仁厚",重利是经商创业立足和发展的根本,无可厚非。但是,唯利是图却为宁波商人所不齿。宁波人常爱说的一句话"踏踏实实做事,清清白白挣钱",所以,宁波自古就有"义乡"之称。"乐善好施,造福桑梓"的"仁厚"品质是大部分宁波人的共性。取得事业成功的宁波商人总忘记不了家乡父老、桑梓故土。据统计,1984年至今,就有600余位"宁波帮"人士对宁波市捐赠了2200多个项目,折合人民币超过12亿元。他们资助创办了宁波第一所综合性大学——宁波大学,捐建中小学或教学楼400余栋,医院、门诊楼、住院楼、敬老院、托儿所、少年宫、图书馆百余个,以及道路桥梁、各种车辆等交通设施和一大批生产、科研、医疗卫生、

---

① 谢俊美:西方开埠宁波的历史回顾和宁波帮的形成,《华东师范大学学报(哲学社会科学版)》第37卷,2005年第1期。

第三章 宁波节庆业发展轨迹分析

教育设备。"务实",宁波人历来注重实效,不爱空谈,崇尚少说多做,埋头苦干,不事张扬,低调务实。改革开放初期,当很多地方还在为姓资姓社的问题争论不休的时候,宁波人却把争论先搁到了一边,热火朝天地大搞经济建设;20世纪90年代中期,当人们还津津乐道苏南模式的时候,宁波人已经无声无息地开始对乡镇企业进行了改革;21世纪初,当绝大部分地方正如履薄冰地对国有企业进行改革的时候,宁波的国企改革已经基本结束。

　　文化是经济创新的源泉,经济发展的深层推动力,也是经济竞争中决定胜负的关键力量。多元文化是文化运行、社会进步的真实动力所在。文化的发展变迁具有发明、积累、传播和调适四大因素。按照美国学者奥格本的"复利规则",新文明的文化形式只要具有效能,就会存留生成积累,而文化积累越大,则创新发明越多,经济越发达,社会进步也就越快。一座城市的文化是它综合竞争力的重要组成部分,城市之间的竞争是经济的竞争,又是文化的竞争。城市文化资源、科技力量、人才队伍更是竞争的重要内容。先进的城市文化能起到凝聚城市现代建设各方面力量的作用,能够优化各种城市资源,最大限度地调动人才队伍的积极性、创造性,快捷有效地将科学技术转化为生产力,形成强大的竞争优势和文化力。现代城市之间的竞争更多的是以文化论输赢。可以说,城市文化是城市全面发展的推动力。没有文化就没有城市发展的根基,没有文化特色的积淀就没有城市的生命。

　　宁波文化是以浙东文化为主脉络,并与宁波商帮文化及海洋文化相融合,这三者融合在一起形成了一种与众不同的宁波文化,它是多元文化相碰撞与相融合的结果。宁波文化的核心是浙东文化精神,浙东文化精神博大精深。影响绵长的浙东学术为宁波人的伦理思想和互助、慈善行为提供了理性基础。浙东学术自汉唐开始初步发展,历经宋元、明清各朝,最终在清顺治年间形成浙东学派。在这一发展历程中,先后有王充、虞世南、吕祖谦、陈傅良、陈亮、叶适、王应麟、王阳明、黄宗羲、万斯大、万斯同、全祖望、章学诚等鸿儒的发展助力,成为在中国有重大影响的区域性学术派别。尤其是明代王学的崛起,打破了程朱理学在学术界的独尊局面,影响深远。浙东文化在发展过程中,还培育了博采、求实、重史等传统,特别是其"明体达用,本末兼赅"的特点,对后世影响很大。自汉时的王充开始,就大力提倡"实知"、"知实",同时十分强调学以致用。王阳明的"知行合一"认为"知是行之始,行是知之成",主张"知行并进",在强调道德行为自觉性的同时,也注重道德意识的实践性,其实质在于提倡力行。影响深远的浙东文化造就了一代代务实诚信、乐善好施的宁波人。宁波商帮经营理念的文化基础就是浙东文化的"工商皆本"和"经世致用"的思想。

宁波文化的主线是海洋文化,宁波海洋文化源远流长。河姆渡出土的木浆、独木舟残件已说明千百年前宁波先民就已浮游于海上;宋元时期的海上丝绸之路亦以宁波为起点,也是宁波海洋文化上的光辉篇章。明清时期抗击海外列强的斗争又给宁波的海洋文化添上可歌可泣的一笔。海洋文化是一种商业文化,秉持着大海的特性:大度,有大海般胸襟与宏大的气魄,给人们以豪情、信心与力量;创新,大海亘古常新,既周而复始,又有气象万千沧海桑田的特殊;包容,"海纳百川,有容乃大。"其包容性形成了文化的多元性,兼容并蓄,交融互补,把外来文化与当地的传统文化很好地糅合在一起,形成勇于创新、善于取长补短的优势,造就了宁波海洋文化珍贵的特色。

宁波文化的重点是商帮文化。宁波有着良好的经商传统。"无宁不成市",这一方面是说明宁波自古以来商贸繁盛,另一方面也说明宁波人善于经商。走南闯北,浪迹海外的宁波商人,在人数相对集中的地方组成同乡会组织,形成了"宁波帮"。有胆有识的甬商成为中国近代继晋商、徽商之后而起的新兴商帮。宁波商帮文化对宁波的地域经济文化的发展起着积极的推动作用,也为宁波区域经济提

第三章 宁波节庆业发展轨迹分析

供了精神文化因素。在近代,尤其是宁波帮形成以来,由于宁波商人在竞争中特别看重同乡关系,他们以家庭血缘关系为核心,同乡情谊为纽带,互帮互助,在达到事业高峰的同时促进了宁波经济发展。在他们名成身就之后,不忘故乡发展,不断为故乡的发展出资献策,帮助宁波经济文化的发展。正是传统的地域文化的熏陶,才导致了近代宁波帮的崛起,他们"喝水不忘挖井人",表现了对传统美德的孜孜追求。

宁波是一座浸透着浓浓书香的城市。2009年起,宁波每年举办"全民读书月"活动。读书月期间组织报告会、书市、读者沙龙、征文、经典朗诵等各类读书活动220多项。目前,宁波已形成了"宁波论坛"、"市民讲坛"、"天一讲堂"、"宁波文化百科大讲堂"等供市民学习的重要平台,并全面推广职工书屋、爱心书屋、流动书屋、农民书屋等建设。仅2010年,"宁波文化百科大讲堂"就举办讲座96场,受众1.7万人次。

当前,在新的历史起点上,宁波正在勾画未来城市的"文化形象"。近年来,宁波市健全了公共文体服务体系,包括华东地区一流的高标准书城——宁波书城、宁波老外滩、城建馆、美术馆、音乐厅、大剧院、时代广场、江滨公园等标志性的文化休闲场所,以及在建和延伸中的湾头休闲旅游区、群众艺术活动中心、各类水上体育健身设施,与历史遗迹珠联璧合,交相辉映。大型公益性城市公共文化平台三江文化长廊展示了"文化大市"的新风采,宁波文化广场项目也在东部新城开工建设。宁波还开展了精彩纷呈的高雅艺术和大型文体节庆赛事活动。2008年举办了奥运火炬接力传递活动和世界女子拳击竞标赛等22项全国性及以上赛事和活动。中国女排训练基地、中国乒乓球训练基地、中国国际象棋训练基地、中国藤球训练基地相继落户宁波。文艺精品创作硕果累累,100余件作品获"五个一工程"奖、文华大奖、鲁迅文学奖、群星奖等中国常设性文艺大奖,20余人次获中国各类常设性奖个人奖项。今后,宁波市政府将着力推动实施"先进文化引领"战略、"公共文化惠民"战略、"文化品牌提升"战略、"文化产业升级"战略、"文化人才支撑"战略和"文化创新推动"战略,掀起文化大市建设新高潮,推动文化大发展大繁荣,进一步增强宁波城市文化软实力和综合竞争力。

(3) 特色经济资源①

特色经济就是在一定区域范围内,发挥本区域现有的自然资源、社会文化状况等生产力要素的优势,最大限度地发展经济,形成具有鲜明区域特点的经济发展模式。特色经济是有自身特点的经济,是有效率的经济,是一种能把自己的优势发挥扩大,形成一定的规模,获得高效益的经济,也是传统经济的提高和升华。作为宁波节庆重要资源的宁波特色经济,主要有港市经济、开放经济(也即外向型经济)、正装品牌经济、文性旅游经济等方面。

A. 港市经济

长期以来,港口和城市相互依存,共同促进。纵观全球,世界经济的发达地带集中在沿江、沿海区域,世界繁华大都市的发展大都与水、与港口有关。它们无不十分重视港口城市和港口的建设,如美国的五大湖工业区,欧洲的鹿特丹、马赛等,亚洲的日本、香港、新加坡等都是典型的依托港口的城市发展模式。通过对宁波发展的历史考察,可以很明显地发现宁波经济的振兴是和宁波港的开发紧密联系在一起的,宁波因港起市,由市兴港,宁波经济的第一大特色就是宁波的港市经济。宁波首先是依靠发展港口经济而兴盛的,即所谓港兴市兴。港口资源是宁波最大的比较优势和核心战略资源,是其经济中生产要素的最佳结合点。从产业视角来看,宁波港也恰好发挥了这种现代港口所具有的资源配置中心的作用,支撑了宁波产业的发展,使宁波形成了综合性、多行业的港口产业格局,

---

① 参阅顾海兵、余翔等著,《宁波经济特点、特色及创新》,北京:中国财政经济出版社,2008年6月。

第三章 宁波节庆业发展轨迹分析

进而带动了整个区域经济的整合和发展。当然，宁波区域经济的发展也反向推动了港口的发展。宁波区域经济的发展必然加快宁波的港口建设，宁波港已形成高速公路、铁路、航空和江海联运、水水中转等全方位立体型的集疏运网络。这种港区联动，成就了宁波的港市经济，已然成为宁波经济特色的主体。具体体现在"以港兴市，以市促港"，"由工促港，工港联动"方面。

a)"以港兴市，以市促港"

宁波港之所以能在经历缓慢发展后转入高速发展，得益于宁波港开发发展战略的转变，跳出了1000多年来只在市中心三江口建港的局限。从宁波港发展的历史轨迹可以看出，宁波港是在时任宁波市副市长、港务局局长叶信虎等港务局几任领导同志的带领奋斗下，由内河港到河口港，再发展为沿海港、海岛港，一步一步由内河港向海洋拓展，逐渐形成今天的集多种类型港口和功能为一体的综合性、现代化、亿吨级的深水大港，随着宁波舟山一体化进程的启动和实施，宁波将成为中国东海之滨的一座名副其实的超级港市。

ⓐ宁波港自然条件得天独厚。宁波海域面积9758平方公里，海岸线800多公里长，同时还有内陆江河丰富的水利资源。得益于舟山群岛作屏障，宁波港内流顺、浪小，全年可作业时间可达352天，且宁波港水深、不冻、不淤、路域宽广，进港航道水深在18.2米以上，是目前中国大陆惟一能接卸30万吨级散货船的港口。目前，宁波港2838米的集装箱码头前沿自然水深13.5~17米，配有30台最大外伸距达63米的装卸桥，是目前中国大陆最现代化的集装箱码头，而且很客观的说，宁波港是目前世界上水深条件最好的国际集装箱远洋干线港之一。

ⓑ宁波港腹地广阔。宁波港的地理位置优越，处于太平洋西海岸，背靠亚欧大陆，是中国大陆东部沿海与长江黄金水道"T"型结构的交汇点，因此，拥有向内向外两大腹地扇面可供开发。外向腹地，直接面向东亚及整个环太平洋地区，与香港、基隆、釜山、大

阪、神户等大港间的国际航线均在 1000 海里之内，至美洲、大洋洲、波斯湾、东非等地港口的距离也均在 5000 海里左右，是中国沿海向美洲、大洋洲和南美洲等港口远洋运输辐射的理想集散地；向内不仅可连接沿海各港口，而且通过江海联运，可沟通长江、京杭大运河，直接覆盖整个华东地区及经济发达的长江流域，以及通过不断完善的全方位、立体化集疏运系统可以延伸到内地 31 个省、市、自治区。用"得天独厚，天然良港"来形容宁波港一点也不为过，连宁波人自己都感叹港口资源是上天赏赐给宁波的"金饭碗"。

ⓒ宁波港的崛起迅速。2007 年，宁波港已拥有生产性泊位 209 座，包括万吨级以上大型泊位 48 座，其中 5 万吨级以上至 25 万吨级的特大型深水泊位 25 座，是中国大陆大型和特大型深水泊位最多的港口。拥有中国最大的 5 万吨级液体化工泊位、中国最大的可接卸第五代、第六代集装箱船的集装箱专业泊位和中国最大的 20 万吨级（可停靠 30 万吨级船）矿石中转泊位和 25 万吨级的原油码头。依托宁波港良好的深水优势，航线质量不断提高，2008 年宁波港已有集装箱航线 210 条，通航世界 100 多个国家和地区的 600 多个港口，其中国际远洋干线 118 条，干线比例达到 56.2%，国际远洋干线吞吐量占全部吞吐量 87%[①]。全球前 20 大集装箱班轮公司均登陆宁波港，基本实现了"航线全球通"。宁波港已经成为中国大陆铁矿、原油、液化品中转储存基地和华东地区主要的煤炭中转储存基地。随着中国经济对外开放的步伐加快，外向型经济在宁波市、浙江省、长江三角洲地区获得快速发展，进出口贸易额的加大对港口运输能力不断提出新的要求。从 1978 年以来，宁波的港口货物吞吐量由 214 万吨发展到 2008 年约 3.1 亿吨；集装箱吞吐量由 1990 年的 2.2 万标准箱发展到 2008 年 706.8 万标准箱，年均增长率 40% 以上，成为中国沿海港口中发展最快的港口之一。

---

① 宁波市统计局：《2008 年宁波市国民经济和社会发展统计公报》。

ⓓ宁波港的拉动作用巨大。港口业既具有规模经济的特征,还具有范围经济的特征,与港口业相配套可以产生一系列延伸产业。港口的发展需要仓储、运输、物流、加工、贸易、金融、保险、代理(船代、货代)、信息、口岸服务等相关产业的支持,同时随着港口的发展又将进一步带动人流、物流、商流、信息流的运动,促进相关产业的发展。据宁波市发改委宏观研究院鲁慧君研究员的研究计算,宁波港每增加一个标准集装箱,可增加约6000元的GDP[①]。据此可以计算得出,2006年宁波港706.8万标准箱带来的GDP效应为424.1亿元,当年宁波市GDP总额为2864.5亿元,占比高达14.8%,这说明宁波经济中近15%直接与港口相关。因此,从产业的关联和拉动作用上来看,可以说宁波港就是宁波经济的魂、宁波节庆的根。

b)"由工促港,工港联动"

过去在轻工业主导的时代,宁波等深水良港主要是作为进出口的港口这一工具存在。现在重化工业的产业结构改变了对港口原先的使用方式,大海港是发展重化工业极佳的载体,包括石化、能源、建材、汽车等重化工业,具有大运载量、大耗水量、大进大出、外向度高等特征,必须依托大海港这个载体。新加坡、日本、韩国以及中国的台湾地区,当初重化工业的长足发展,相当程度上也是归功于其临海港口资源优势[②]。

目前,宁波市已形成北仑、镇海、大榭、市区沿江四大块区域分布的以石化、钢铁、修造船、造纸、汽配、能源为重点的六大临港工业群,形成了由港航、临港工业、商贸、节庆、旅游等相关产业有机组合而成的一种工港联动经济,依港兴工,以工促港。工港

---

① 鲁慧君:宁波区域特色的港口经济发展研究报告,《经济丛刊》,2005年第5期。

② 王立军:宁波临港重化工业基地建设研究,《港城发展》2004年第5期。

联动不仅促进了产业的集聚，还促进了专业化分工与合作，使得宁波港不仅仅作为一个物流、人流中转的工具性港口而存在，更是提升了宁波的工业竞争力水平，增强了宁波经济整体的凝聚力和影响力。

宁波自身是能源矿产资源匮乏之地，所以宁波港口和交通的区位优势就显得至关重要。宁波的港口保证了宁波工业经济的发展所需的大量原材料、能源等的输入，同时也为内贸、外贸提供了良好的物流渠道。基于对港口资源的合理利用，节约运输成本，并形成工业规模、产业群，经过长期的发展、调整，宁波形成了以服装、纺织、机械等为代表的传统工业和以石化、钢铁、电力、造纸等为代表的临港型大工业体系，充分发挥了宁波港作为宁波经济核心的作用，形成了以宁波港为辐射的港口内核经济，使得宁波在浙江省、长三角地区经济发展中彰显出较强的竞争活力。目前，临港大工业已成为宁波市的主导产业，产值占全市工业总产值1/3强。并已初步形成一条绵延20多公里的临港工业带，呈现出重化工业的特征。宁波目前产业结构中呈现的重化工业特征正类似于20世纪六七十年代的新加坡和日本横滨，六七十年代的新加坡、日本横滨依托港口发展临港重化工业，为这两大港口城市的迅速发展并使之成为举世瞩目的国际一流港口城市打下了坚实的工业基础。

B. 开放经济

从经济学意义上来看，开放经济就是指一国或城市与国外有着经济往来，如存在国际贸易、国际金融往来，也就是对外有进出口和货币、资本的往来，本国（地区）经济与国外经济之间存在着密切的关系。开放经济（即外向型经济）也是宁波经济的特色之一。主要表现在：

a）发达的外向经济

悠久的经商历史是宁波发展开放型经济宝贵的人文资源。当改革开放到来时，面对汹涌的市场经济大潮，不少地区的经济主体显

第三章 宁波节庆业发展轨迹分析

得不知所措,对市场、价格、利润等概念十分陌生,轻商轻利,重人情而轻合同等,错失了许多发展机会。相比较而言,宁波由于具有历史上的对外贸易传统,又曾是近代开放口岸,故民众早已具有一定的对外贸易经验。他们的思维方式与市场经济有着天然的亲和力,对变化了的政治环境和经济环境所带来的机会,能更主动迅速地把握住。再者,宁波以一般贸易为主,不像外资带动的贸易,外资进来把国际营销网络现成地带进来,一般贸易则是靠主动出击的贸易。在当今国际、国内市场竞争如此激烈的环境下,如果没有及时抓住机遇的意识,一般贸易是难以做大的。

改革开放以来,宁波凭借其独特的港口和区位优势,紧紧抓住了每一次实施和推进对外开放的机遇,更快、更深、更广地推进对外开放,使得国际化不仅成为宁波经济30年快速发展的重要动力,也成为宁波城市经济、文化、社会建设中一道亮丽的风景。宁波经济的国际化发展得益于其拥有得天独厚的深水良港和国家赋予的超前开放的多项优惠政策。1979年,宁波港对外开放,拉开了宁波开放和经济发展国际化的大幕。进入21世纪,宁波开放和经济国际化的重点是为适应加入WTO后的环境变化,加强法制建设,大力培养专业人才,促进对外贸易规模不断迈上新台阶。2010年宁波市进出口、出口、进口总额分别达到829.0亿美元、519.7亿美元和309.3亿美元。2009年全市外贸依存度达到98.6%,出口外向度达到62.6%。"十五"期间宁波市进出口、出口、进口年均增幅分别达到34.7%、33.9%和36.5%,比"九五"期间年均增幅分别提高20.3个百分点、16个百分点和28.1个百分点。[①]

中国进入五年"入世"过渡期后,宁波深入实施科技兴贸、以质取胜、市场多元化和出口品牌化战略。宁波市对外经贸工作,在

---

① 钟昌标、陈均浩等著,《披荆斩棘走在前列——宁波经济发展三十年》,杭州市:浙江人民出版社,2008年11月,第154页。

时任宁波市外经贸委主任、现为宁波市副市长王仁洲的领导下，不断攻坚克难、开拓创新，在切实保持了对外贸易规模较快增长的同时，进一步加快转变外贸增长方式，积极调整进出口商品结构，策划组织并成功举办了浙江投资贸易洽谈会和中国国际日用消费品博览会，努力提升外贸竞争力和综合效益，不断提高了外贸外经外资对经济发展的贡献度，使宁波市对外开放和经济发展跃上了一个新的台阶。为了构建中国重要对外开放口岸、对外贸易口岸，宁波把"大通关"、"国际贸易平台"、电子口岸的建设作为战略重点，在口岸开放方面取得了重大突破；通过研发园区、科技园区、保税港区等重点区域的提升来带动对外开放再上层次；通过抓品牌、抓自主商标来提升对外经济贸易的质量。中国城市竞争力研究会根据开放程度等指标，在 2006 年对中国 289 个城市进行研究，评定宁波为"2006 中国十佳国际性城市"，这表明宁波在国际政治、经济、文化生活中具有一定的开放力、参与力、对话力、分工力和影响力。

b) 卓越的民营经济

宁波民营经济高度发达，已成为"宁波活力"和市场机制的主要源泉。诚信、务实、开放、创新的宁波人致力于经济发展，改善生活。拥有港口及对外开放的先天优势，宁波民营企业大多注重外贸出口，催生了四种海外攻略：第一，以雅戈尔为代表，在海外开设分公司，宣传自主品牌，收集当地市场信息，推动产品销售等；第二，并购成熟的海外品牌，利用其在当地或国际市场的影响力拓展海外销路；第三，先低端再高端，从东南亚、南美洲等消费层次相对低的地区入手，打开国际市场通道；第四，通过广交会等国际、国内知名展会，直接展示自己的产品品质，吸引国际销售商。宁波民营经济颇具块状特征。由于民营经济机制灵活、市场适应能力强，宁波已经逐步形成以民营企业为主体的块状经济特色。目前宁波已有块状经济 145 块，其中产值超亿元的就有 90 多块，属于劳动密集型的约占 58%，主要集中在纺织服装、小家电、塑料制品、文具等传统行业。经过改革开放 30 年的发展，宁波已经成为东部沿海经济最具活力的城市之一，并在众多行业中创造了辉煌，成为中国重要的先进制造业基地。

截至 2009 年底，宁波私营企业超过 11.44 万家，个体工商户突破 27.46 万户。有 103 家企业的 135 种工业产品销售量居中国同行同类第 1 位，成为行业"单项冠军"。目前，宁波的服装产值已占到全国的 1/12，成为中国大陆三大服装主产地之一和全球最主要的男装产地；文具产值占到全国的 1/4，已成为"中国文具之都"；塑机产值占全国的 1/3，被国家认定为"中国塑机之都"；宁波是"中国模具之都"，慈溪、北仑、宁海都是中国著名的模具生产基地；宁波还是中国三大家电主产区之一，中国 1/8 的空调和 1/3 的小家电都是宁波制造。2008 年，宁波民营经济创造的 GDP 接近全市总量的 80%，创造的利税约占全市的 70%，创造的就业岗位接近全市的 85%，其经济活力指数在中国位居前列。[①]

c）百万外贸大军

30 年前，改革开放的春风唤醒了沉睡百年的通商口岸。1984 年，宁波被列为中国大陆 14 个进一步对外开放的沿海城市之一，中国综合改革试点城市。1987 年，国务院正式批准宁波成为享有省级经济管理权限的计划单列城市。至此，宁波拥有了外贸自营进出口权，获得了直接与外商打交道的机会，开放型经济步入了发展快车道。与此同时，国家及时赋予了宁波更多的开发开放权限。1984 年，国家级开发区宁波经济技术开发区正式成立。1992 年，国务院批准设立宁波保税区。2002 年，国务院批准宁波设立出口加工区，享有特殊优惠政策。2004 年，国家又批准宁波设立保税物流园区。2008 年 2 月，国务院正式批准设立梅山保税物流港区。宁波杭州湾新区

---

① 资料来自：宁波市人民政府新闻办公室编，《中国宁波·2010》，宣传资料。

正加快建设。这些都无疑为宁波新一轮深度对外开放提供了充足的动力。

目前,宁波全市与外贸相关的制造行业和进出口企业从业人员超过百万,达到 140 万人。这意味着,每 4 个宁波人中,就有 1 人的就业与外贸息息相关。2009 年,宁波市拥有自营进出口权的企业达到 12927 家,自营进出口总额达到 608.1 亿美元,居中国副省级城市第 3 位。利用外资结构进一步优化,全年全市合同利用外资 34.2 亿美元。目前,宁波企业已在全球 87 个国家和地区设立了 1069 家境外企业和机构。2009 年,宁波对外承包劳务合作营业额达到 8.8 亿美元。①

d) 活跃的自由经济

自由经济是宁波经济走向繁荣发展的动力。由于传统经济体制的影响,在现今中国的很多地方,政府在经济中占据主导地位。在政府与企业的关系上,尤其是政府与国有企业的关系上,政府职能错位,政府往往直接干预企业决策,成为企业资源配置和制度设计的主体。从本质上说,这种政企不分的关系所反映出来的是一种"大政府、小企业"的经济模式,是一种对企业类似禁锢的不自由的经济模式。在这种经济模式下,政府的定位是成为社会经济的主导,政府代替企业成为市场的主体。多年的经济实践证明,企业在这种不自由的体制环境下,往往产权不明,缺乏激励,无法获得真正的发展。

现代市场经济的健康发展要求充分培育市场主体的自主性,而政府的定位应该是为企业创造相对自由的外部市场环境,为企业消除负的外部因素,努力降低企业的交易成本。这就是自由经济模式,是真正符合市场经济要求的模式。企业的自由并不意味着政府作用

---

① 资料来自:宁波市人民政府新闻办公室编,《中国宁波·2010》,宣传资料。

的弱化，准确地说，"小而强"正是自由经济下政府的特点。利用最有限的人力资源做最具效率的事情，并在执行过程中始终将企业的利益、社会的利益放在第一位。宁波的经济现在就处于这样一个良好的自由经济模式下，宁波的政府部门在经济中的定位准确，政企关系的融洽规范，为经济的发展注入了蓬勃的活力。

e) 独特的混合经济

活跃的自由经济，催生了独具特色的宁波混合所有制经济模式。宁波混合经济模式是在中国改革开放和建立社会主义市场经济体制的大背景下，充分利用改革开放的先发优势，宁波人民勇于创新而超前形成的。在宏观上，公有制、非公有制和混合所有制经济成分并存，并在适应其生产力发展状况的领域发挥着作用；在微观上，多元投资主体的混合所有制企业已经成为宁波国民经济的基本形式。从发展角度来看，宁波混合经济无论从其内部机制还是外部竞争力都越来越适应市场经济的发展方向，对国民经济的贡献越来越大。

从理论上看，长期以来，人们一直在讨论市场经济与各种所有制是否存在着内在的统一性和兼容性。多数人认为两者之间是可以兼容、融合、结合和磨合的，并提出了"联姻论"、"市场机制中心论"、"股份制中心论"、"混合经济公私融合论"等各种主张。从历史上看，私有制之外的其它所有制与市场经济有一段漫长的从不兼容到相对兼容，从不适应到相对适应的磨合过程。这种由不兼容到相对兼容的过程，就是混合经济理论的提出并付之实践的过程。当然，混合经济不是万灵药方，但它的实施对西方国家的经济社会发展起到了重要的作用：一方面，它是对现代市场经济运行机制的重大调整和发展，纠正了市场的缺陷，从而进一步完善了市场经济体制；另一方面，它是对资本主义生产关系的重大调整，使资本主义所有制经历了个体资本所有制——股份资本所有制——国家资本所有制这样的发展变化过程。这三种所有制形式的交错并存，形成了当前发达国家多层次的所有制结构。

宁波混合所有制经济模式既不同于"温台模式"下民营个私经济包打天下，也不同于传统"苏南模式"中乡镇集体经济独秀一方，以及新"苏南模式"中两头在外的外贸经济，更不同于青岛等地区国有成分独强的特点，而是创造性地实行"四轮驱动"的经济发展方针，即形成了以国有经济为主导，国有、集体、个私和外贸等不同所有制经济相互融合，共同繁荣发展的局面。这是宁波混合所有制经济模式在宏观层面上的特征。宁波经过1993年全市乡镇企业的全面改制，1998年全市国有企业的全面改制，以及持续不断地强力引进外资，宁波经济社会中多种经济成分共生共荣、相得益彰、共同发展的大好局面已经形成。到2005年，全市规模以上工业企业中，私营企业、港澳台商投资公司、外商投资企业公司、股份有限公司、有限责任公司和国有企业所创产值占规模以上总产值的比重分别为29.9%、18.7%、17.8%、15.0%、9.4%和6.6%。从各种所有制涉及的产业领域来看，能源、原材料、电信、港口、交通运输、城市建设等这些市场准入政策、资本门槛比较高，且都是国有经济基础比较好的行业，一般以公有制为主体。但在其他的生产领域，公有制经济大量退出，混合所有制经济已占相对的优势。

C. 正装品牌经济

根据中国服装设计师协会的解释，"正装"也叫礼服，是指在礼仪场合或重要的社交活动（晚宴、舞会、音乐会、晚会等）中穿着的特殊服装。男士礼服多为燕尾服打领结；女士礼服多为闪光面料套装或曳地长裙。在中国，男士正装是指男士着西服配领带或领结，也可以指中山装；女士正装是指女士着裙装礼服或中式礼服。宁波服装业是宁波经济的支柱产业之一。宁波装是宁波的一大特色，而以男装为主的正装则是宁波装的主要特点。通过对宁波服装业的近距离观察，可以发现宁波的正装业正在走一条名师、名企、名品相结合的道路，以品牌为潮头，以市场为导向，运用品牌影响力，提高区域品牌形象，并通过品牌效应形成了一种具有创新性的经济形式,这里称其为正装品牌经济。

品牌引导市场,品牌培育市场,品牌创造需求。对于宁波的正装业来说,品牌就是实力,品牌就是生命力。宁波据此定位,以宁波装的特点和优势为基础,通过产业名牌带动战略,结合区域经济形象的建设,有目的地进行区域品牌形象设计,不断提升产品、企业、产业和地区的知名度,吸引促进产业资源的凝聚,提高产业竞争力,并以此促进宁波经济的发展。宁波有五大招牌,即"宁波港、宁波帮、宁波装、宁波景、宁波菜",宁波装在国内声名远播,"宁波——中国服装名城"正是因为宁波装而得名。宁波服装产业在宁波经济中也占有特殊地位。"有特点,故我在;有特色,故我强",宁波装正是因为有自己的鲜明特点、特色,所以能够成就其正装品牌经济。

a) 成就了中国服装发展史上"五个第一"

宁波历来就有"纺织之乡"的美誉,宁波服装有着悠久的历史和文化,是中国近代服装业的发源地之一。宁波装的起点是"红帮裁缝"。著名的"红帮裁缝"诞生于19世纪初的宁波、奉化江两岸,是中国近代服装的第一个流派。"红帮裁缝"制作了中国的第一套中山装,第一款西服,开办了中国第一家西服店,著述了中国第一部西服理论著作。红帮的不断发展,为中国近代服装业作出了重要贡献,对宁波而言更重要的是"红帮裁缝"流传下来的制作西服、洋装的技术为其日后服装业的发展奠定了技术基础。

b) 鲜明的特色成就宁波装的优势

ⓐ宁波装的特色之一是男装。宁波男装、杭州女装、泉州的休闲装并称中国著名的三大服装品牌。宁波装以"红帮"起家,以男装闻名,以生产西服、衬衫为主,宁波男装的综合实力不仅绝对居中国同类城市之首,而且也是世界男装的重要生产基地之一。

ⓑ宁波装的特色之二是产能高。2004年,宁波市经济委员会(现改名为宁波市经济和信息化委员会)曾对宁波市服装产业作过一

次深入调研，其调研报告显示，早在2004年宁波市就拥有服装企业近2000家，从业人员30多万人，在中国服装城市中列第2位。年服装生产能力达13亿余件，占中国服装总产量的12%，其中宁波的西服生产能力达到1500万套，衬衫生产能力达到5700万件左右，是中国最大的男装生产基地。仅宁波2004年一年生产的西服和衬衫数就是给北京、天津、海南、西藏、青海、宁夏和新疆8个地方每人发一件还会多出501万件。从企业的销售收入和利润来看，宁波男装在中国也占绝对优势。据中国服装协会统计，2004年宁波服装产值300多亿元，居中国前3位，全年服装出口额262亿元，居中国第2位，其中仅鞋帽制造业主营业务收入就达132亿元，在长三角区域城市中仅次于上海，服装业生产能力远远高于杭州。从企业规模来看，部分宁波服装企业已经成为中国服装生产企业的"航空母舰"。据统计，截至2001年底，宁波服装企业平均资产规模达3677万元，是中国平均水平的1.55倍，分别是温州、杭州的2.3倍和1.73倍，两项均居中国大陆同类城市之首。年产值超亿元企业20余家。其中，雅戈尔集团、杉杉集团的资产规模已经分别达到40亿元和30亿元，当年分别完成销售收入56.6亿元和27.2亿元，成为中国服装生产企业当之无愧的"航空母舰"①。

ⓒ宁波装的特色之三是多品牌。从男装品牌来看，2004年宁波仅西服和套装类就有4个中国名牌，衬衫类也拥有4个中国名牌（当时全国仅有11个），两项品牌数量在同类中均居第1位。如今的宁波重点服装企业已进入品牌多元化、高档化、国际化的全新阶段。如杉杉集团在"杉杉"品牌之外，推出了"法涵诗"、"麦斯奇来"等系列服装品牌；雅戈尔继引进国际著名品牌"马克西姆"后，也推出了"金色雅戈尔"品牌；罗蒙集团聘请世界著名服装设计师为

---

① 宁波市经济委员会：加快宁波服装产业发展对策研究，《2004年宁波工业发展调研文集》，内部资料，第30页。

第三章 宁波节庆业发展轨迹分析

自己设计品牌。众多品牌成就了宁波装,宁波装规模强大,实力雄厚。

ⓓ宁波装的特色之四是产业聚集,而且宁波服装企业的集聚程度之高中国罕见。20世纪70年代末开始,宁波服装生产企业开始自发地逐步集中、扩大,最终形成了以西服、衬衫生产为龙头,集针织服装、羊绒服装、休闲装、童装、皮装等为一体的庞大产业。这一产业群主要集聚在从鄞州的东钱湖镇至石碶镇的鄞县大道一线,和从石碶镇至奉化江口镇的宁奉路一线。长约20公里呈"L"形的宁波服装产业园区内拥有几十家具有相当规模和品牌效应的知名服装企业,这些企业的年产值超过了百亿元,服装总产量占宁波服装总产量的60%以上①。其中,不仅有杉杉、雅戈尔这样"航空母舰"式的超大型服装企业,也有罗蒙、培罗成、洛兹、太平鸟、步云等知名企业。产业集群拉长了产业链条,形成了层次分明、优势互补的企业生态群,带动了相关配套产业的发展。同时,由于集群内配套设施齐全,商贸形式多样化,信息灵通,交易成本低,宁波服装产业在中国颇具竞争力。

D. 文性旅游经济

当今的社会是经济社会,但更是文化社会,文化与经济的联系比以往任何时代、任何时候都更加紧密。文化基因已深深融入经济发展之中,成为社会生产力发展的重要内在因素和经济增长的强大推动力。大到一个国家、一个民族,小到一座城市、一个企业,文化都是根基,是血脉,是灵魂,是先导,是旗帜,是源泉,是人们的精神家园。一个国家、一座城市的生命力、创造力和凝聚力,无一例外都注入了文化的力量。没有文化的民族,不算真正的民族;没有文化的城市,是非常乏味的城市;没有文化底蕴支撑的城市不

---

① 宁波市经济委员会:加快宁波服装产业发展对策研究,《2004年宁波工业发展调研文集》,内部资料。

可能是高品位的城市；没有文化的发展是畸形的发展，是不能长久、不可持续的发展。同时，某一地域的文化一经形成，就会以其特有的方式影响该区域内人的思维方式、行为准则、道德及价值观念，继而影响该区域的经济发展。这种地域文化对整个区域的影响，形成了特色产业，并在地区经济的发展上打上深刻的文化烙印。旅游经济必然也不可避免地体现这层关系。

　　将文化与旅游紧密联系起来，发展独特的文性旅游经济，是宁波经济的一个显著特色。笔者将宁波的这种将人文、产业和地域等方面的文化因素与旅游经济结合起来，形成的旅游经济模式称文性旅游经济。将区域内各种文化性因素进行整合开发、系统设计、整体包装，形成一个旅游产品体系，围绕整个产品体系所开展的旅游经济活动就是文性旅游经济，也即是在旅游资源的开发整合模式上融入文性内涵，体现浓厚的人文底蕴或人文精神，并由此获得经济收益。文性旅游经济更加强调以文化因素为依托，以文化因素为向导，是将旅游经济与文化因素结合起来，实质上是"经济文化化，文化产业化"。实际上，首先可以把旅游看作是一种文化现象，旅游作为一种文化现象所发生的影响，远比作为单纯的经济影响更为深远。而其中的关键在于文化因素与旅游经济的结合。宁波的文化传统是以浙东文化为主线，与宁波商帮文化以及海洋文化相融合。宁波文化精神正是在海洋文化、宁波商帮文化、浙东文化组合基础上的创新，是一种多元文化组合的结果。将宁波浓厚的文化因素和人文底蕴渗入旅游经济中，通过文性与旅游主体的结合，文性与旅游客体的结合，来发展宁波的文性旅游经济，促进宁波区域经济的发展，宁波文性旅游发展潜力不可估量。

　　作为有着悠久历史和优越地理位置的港口城市，宁波有着十分丰富的旅游资源，素有"东方大港"、"东方佛国"、"儒商摇篮"、"浪漫水乡"之称。旖旎的江南风光、海洋位势、历史传承和现代工业文明四大特点共同构成了宁波文性旅游经济。

a）旖旎的江南风光

优美的自然风光往往是一个城市让人神往的不可或缺的旅游资源，对于宁波来说，同样也不例外。宁波地处东南沿海的江南水乡，拥有着丰富而又独具特色的自然景观。宁波的自然景观资源带有浓厚的生态特点和水乡文化。其中具有代表性的包括：集人文、自然、中国第五大佛教名山于一身的国家级风景名胜区——溪口雪窦山风景区；既有"西子风韵"，又有"太湖气魄"的浙江最大的淡水湖——东钱湖风景区和以"险峰飞瀑"驰名的鄞州天童五龙潭风景区；此外还有奉化滕头生态旅游区、天下玉苑、四明山丹山赤水风景名胜区等国家4A级旅游区。

b）海洋位势

作为沿海城市，宁波的旅游离不开博大的海洋文化。宁波位于中国东海之滨，三面环海，海洋资源十分丰富，自古以来就是中国对外贸易的重要港口。宁波是天然的优良深水港，目前货物吞吐量和集装箱吞吐量分别居中国第2位和第4位。宁波港也是国家重点开发建设的四大国际深水港之一，与世界100多个国家和地区的600多个港口通航。余姚江、奉化江、甬江三江汇合、六岸环绕的宁波市中心，拥有中国最古老的中西合璧的三江口老外滩。此外，象山石浦、中国渔村、"海防重镇"石浦渔港古城、拥有华东地区最大的陆岸沙滩的松兰山海滨旅游度假区等一批具有港口和海洋文化的风景名胜构成了宁波旅游资源中一道绚丽的风景线。

c）历史传承

悠久的历史造就了宁波深厚的文化底蕴，使宁波拥有丰富的人文资源遗产。到2006年，宁波的中国重点文物保护单位有22处，其中包括具有7000年文明史的河姆渡文化遗址、中国最古老的藏书楼天一阁、长江以南幸存的最古老木结构建筑保国寺、中国青瓷发源地上林湖越窑遗址、奉化蒋氏故居、虞（洽卿）氏旧宅等。此外，宁波还有省级文物保护单位34处，市县级文物保护单位243处，市县级文物保护点 600 余处。宁波还拥有国际级历史文化名镇 2 座，省级历史文化名城 1 座，省级历史文化名镇 3 座，市县级历史文化保护区（古村）16 处。古城区确定的历史街区 11 处。就拥有的中国重点文物保护单位的数量看，宁波已位居中国 103 座历史文化名城的前列，为浙江省第 2 位，比杭州少 3 处。

d）现代工业文明

宁波现代工业的迅速崛起，让宁波的旅游带有了现代工业文明的气息，也为宁波旅游业发展提供了工业旅游资源。例如，亚洲最大的高科技环保型火力发电厂——北仑电厂，中国第一家民营汽车公司——浙江吉利汽车有限股份公司，中国规模最大、出口最多的制笔企业——宁波贝发集团，世界规模最大的注塑机制造企业——中国海天集团，亚洲最大的液化气中转基地——大榭开发区 25 万吨原油码头等。这些丰富的工业旅游资源具有十分强大的发展潜力，已经成为旅游发展的新动力。

（4）公共服务资源

公共服务就是指政府的公开、公平、公正的特性，为社会提供公共产品和服务，满足社会共同需要，为促进经济社会发展和人类全面进步营造环境。根据公共需求，提供公共服务，创造有利于城市及其生产发展的良好环境，是现代政府的主要职责和核心职能，因此，要求大力推进公共服务创新，不断提高公共服务质量和水平。公共服务创新是 20 世纪 80 年代以来西方国家行政改革的一项重要内容，也是中国政府公共服务创新的重要环节。公共服务的市场化、社会化、法治化正成为公共服务方式创新的发展方向。市场化改革要求在公共部门引入市场机制，通过招投标、合同承包、特许经营等市场运作方式向公众提供公共服务，通过市场机制来调节公共服务的供给和需求，从而达到降低成本、提高效率的目的；社会化要求打破行政垄断，逐步开放公共服务领域，鼓励各种民间组织参与兴办公益事业和社会服务。要实现公共服务的多元化和多样化，建

第三章 宁波节庆业发展轨迹分析

立以政府为主导、各种社会主体共同参与的公共服务供给格局；法治化要求在国家相关立法中进一步明确政府公共服务的职责，并为公私合作给公共服务提供制度性的保障。要进一步加强对公共服务的规范和监督，强化公共服务主体的义务和责任。

改革开放以来，宁波经济处于一种有实力、有活力、有潜力的状态，这是与宁波坚持公共服务创新，为经济社会发展营造加快成长的环境分不开。改革开放初期，在农村家庭联产承包责任制与简政放权实施后，宁波市政府率先把政府职能转变为城市规划、管理、建设以及人才引进的相关政策制定上，为市场、企业与社会营造良好的发展环境。譬如，构建企业政策支持体系，鼓励个体、私营企业发展；利用较大的自发性改革空间，尊重群众选择，引发了乡镇企业的异军突起；用"开放经济"作为一种有策动的引导，引入了大量通晓市场规则、国际规则的"三资"企业；设立国家级开发区、保税区后，国际贸易的大发展为宁波的个私、乡镇企业提供了一个走向国际化、市场化的"实验环境"；规范企业内部竞争，打击假冒伪劣产品；出台一系列政策法规；开辟中小企业融资渠道，促进企业技术进步，发展高新技术产业，鼓励产品出口；建立行政审批责任制，营造具有全国领先的社会保障制度和良好的法制环境。形成了具有交通便捷、设施完善、功能齐全的城市基础设施网络，实现了城市综合服务能力跳跃式的进步；实施独立于企业事业单位之外、资金来源多元化、保障制度规范化、管理服务社会化的社会保障体系；政府机构相对精简高效，实现政府与市场、企业、社会关系的相对和谐，凡是市场可以解决的问题，政府就不介入。根据宁波市政府经济研究中心所进行的随机抽样问卷调查，96%的企业对宁波的公共服务环境持满意态度。

宁波市政府职能转变，得益于政府多次进行自身适应性改革的努力。从1984年到1993年，宁波政府相继对计划、价格、财政、金融、投资、国有资产管理等各项体制进行了比较彻底的改革。在此基础上，宁波以审批制度改革为突破口，在推进政府职能转变方面取得了巨大成绩。目前审批事项比原来减少了64.9%，审批、核准事项之和减少了48.2%，减幅居全国领先地位。与之相配套，宁波市政府2000年7月开始设立了经济发展服务中心"阳光大厅"，这是宁波减少审批环节、规范审批程序、提高审批效能方面的一项壮举。"阳光大厅"集中公开办理与宁波经济发展相关的节庆会展举办、产权交易、工程招投标、政府采购等行政审批、核准事项达240项。这种"一厅办妥"、"并联审批"、"公开办理"的方式，为市场与企业提供了高效、便捷、透明的服务。宁波还把"廉能生效"的基本道理充分运用于实际中，切实推行"政务公开"制度，全市33个重点部门都相继制定了政务公开实施方案，121个单位作出服务承诺，承诺内容达5000余项。宁波也把推进信息行政作为建设高效廉洁政府的重要手段。60%的市级机关和90%的县（市）区政府建立了网站，财税、监察、港口、公安、统计、海关、教育、气象、防汛、社保等部门的纵向网络已成体系，其中东方廉政网是全国纪检系统最好的网站之一。[①] 宁波政府开设了一条家喻户晓的热线81890，这条民生热线"包揽"了百姓琐事。81890每天为市民无偿提供包括家政、维修、购物、培训、交通、旅游等16大类160多项服务信息：从学生的家庭作业疑难、外地游客的旅游信息乃至冷门商品的购货信息和心理咨询……几乎任何千奇百怪的问题，在这里都可以得到工作人员热心的解答和帮助。

宁波市政府不仅为全市的经济社会发展提供了良好的公共服务和外部环境，而且也为宁波节庆业的繁荣发展搭建了良好公共服务平台。其在中国首创的城市节庆（会展）公共服务体系，为宁波节庆业的快速健康可持续发展创造了良好环境，成为推动宁波城市节

---

① 张荣昌：宁波活力与政府公共服务创新，《决策与信息》，2004年第11期。

庆业加快发展的又一现实资源。宁波节庆（会展）公共服务体系伴随着宁波节庆业发展而逐步完善，并在不断探索实践中得以创新和提升，逐步从被动服务向主动服务、单一服务向多元服务、无序服务向规范服务、小服务向大服务发展，构建了政府服务节庆大平台，形成了部门、行业服务节庆两大机制，走出了一条适合宁波节庆业发展的创新服务之路。先后被权威机构授予"全国节庆业最佳管理城市"、"中国十大节庆城市"等荣获称号。

A. 构建了政府服务节庆大平台

节庆活动涉及面广、参与者多，组织要求高、难度大，需要政府建立节庆公共平台，出台公共政策，提供公共服务。于是，宁波市政府从加强节庆工作的组织领导、政策调研、目标规划、统计考核等方面入手，加大节庆业联促共推力度，提高政府公共服务水平。一是成立了宁波市政府大型活动办公室（现改名为宁波市政府会展工作办公室），负责全市节庆（会展）业的监督管理工作，承担节庆（会展）业指导管理、战略规划、政策调研、组织协调和考核评定等职能。2003年，宁波市服务业大会将发展节庆（会展）业提到新的高度，进一步完善了组织管理、服务促进、规范运作体系；宁波市所属各县（市）、区和市级有关部门相继建立健全了节庆会展工作机构，从而形成了全市节庆会展工作的组织体系。二是加强对节庆会展工作的管理协调，具体讲可用"加、减、乘、除"法来概括：所谓"加"法，即政府加强宏观管理和服务，营造全市节庆（会展）产业蓬勃发展的良好氛围，加强对节庆会展工作的考核，纳入县（市）、区和市级部门的工作目标考核内容；所谓"减"法，即政府转变职能、理顺各方面的管理关系，明确各方的权责，充分发挥市场配置作用，逐步摆脱繁琐的节庆会展具体事务；所谓"乘"法，就是做一加一大于二的文章，即追求节庆（会展）产业1:9的溢出效应，带动诸多相关产业的发展。通过精心打造品牌节庆和展会，从而推动更多的节庆会展活动提高办节办展水平，通过精心培育专业节庆会展活动,吸引大批中小企业开拓国内外市场;所谓"除"法,即简化办事程序、合并同类节庆和展会、提高办事效率。

B. 形成了部门、行业服务节庆的两大机制

一是形成常态的节庆管理和审批机制。在节庆申报、审批方面,宁波市工商、公安等部门进一步规范了节庆活动申报、登记、审批的条件、内容、流程和时限。节庆活动筹办期间,强化安全保卫及卫生防疫应急预案,切实做好安全保卫和卫生防疫工作,严防各类事故发生;制定节庆活动的具体安全实施细则,加强管理监督,严格按照国家、省、市有关文件要求,组织开展节庆活动。二是形成常态的节庆活动服务机制。在节庆活动举办期间,宁波市公安部门做到检查、措施、警力三到位,全力保障节庆活动正常有序开展;市城管、工商部门千方百计美化城市,优化环境;市卫生部门加强卫生保障工作,监督和指导宾馆、酒店做好餐饮服务工作;市文化部门主动配合节庆活动举办单位,精心办好节庆文化活动;市接待部门会同市侨办、台办、外办及其他对口部门主动做好海内外重要来宾接待工作;市财政部门在节庆资金方面给予大力支持;市发改委、经委、交通、海关、检验检疫、质监、农林、经合、信息、金融等部门,积极做好节庆活动的各项配套服务工作,为全市节庆业发展提供了优质的公共服务,从而保证了各类节庆活动的安全、有序、圆满举行。

同时,市政府提供财政支持,高起点、大手笔筹谋全市品牌节庆和会展业发展布局,加快了宁波城市硬件的升级,完善与节庆密切相关的通讯、交通、场馆、绿化、市容等设施。出资建成了大剧院、音乐厅、美术馆等一批标志性文化设施,规划建设博物馆、奥林匹克体育中心等,有力地解决了大型节庆活动的场地问题。在运输集散方面,实现与上海、杭州、南京旅游集散中心班车对开,为散客到宁波参与节庆活动提供方便,同时旅游旺季发放临时运营证,以增加旅游运力投放、满足节庆市场需求。这些配套建设直接促进

第三章 宁波节庆业发展轨迹分析

了宁波节庆业的发展,为其实现跨越式发展创造了良好的物质条件。此外,政府在对大型节庆活动的对外推介方面也起到了主导作用。宁波市外宣、外事、旅游、文化等部门相互沟通与协调,每年组织上规模、全方位的宣传推介活动,在与日、韩、东南亚和港澳台等国家和地区的交流活动中也结合宁波国际服装节、中国开渔节、中国梁祝婚俗节、中国徐霞客开游节等重大节庆和景区(点)的联合推广,并促使本地新闻媒体开辟相关专栏,为节庆活动营造良好舆论环境。

总之,由于宁波市各级政府营造了良好的公共服务环境,促使宁波实现了信用宁波、数字宁波、平安宁波、生态宁波目标,成为了全国文明城市。目前,宁波正在打造"活力城市"、"爱心城市"的同时不断深化创新型城市建设,全力推进"六个加快"战略,即加快打造国际强港、加快构筑现代都市、加快推进产业升级、加快创建智慧城市、加快建设生态文明、加快提升生活品质。这些都为宁波节庆业的发展提供了良好的资源环境和强大的动力。

(5) 经济实力支撑

节庆活动是一种历史现象,也是一种文化现象,更是一种经济现象。它是时代的产物,也是一个国家或城市现代化建设的产物。经济发展需要节庆活动。[①] 生产力的发展催生节庆业,导致一个地区和城市节庆业发展的主要因素是生产力发展水平和经济发展状况。宁波是中国长江三角洲南翼经济中心城市之一,是中国大陆14个进一步对外开放的沿海城市,又是享有省级经济管理权限的计划单列城市,也是中国优秀旅游城市、全国文明城市、国家环保模范城市、中国品牌之都和中国大陆十大最佳商业城市。社会经济发展迅速,经济实力相对雄厚。这就为宁波节庆业的发展提供了扎实的经济基

---

① 王重农著,《现代节庆活动指南》,武汉:湖北教育出版社,2002年,第13~14页。

础和强大的经济实力支撑。宁波经济主要反映在以下两个方面：

A. 较为雄厚的宁波经济实力①

a) 宁波人均 GDP 突破 1 万美元

2008 年，宁波市 GDP（地区生产总值）达到 3964.1 亿元，同比增长 10.1%，高于全国 1.1 个百分点，在中国大陆 15 个副省级城市和长三角地区 16 个城市中均位居第 5。2008 年，宁波市人均 GDP 达到 69997 元，突破了 1 万美元。

b) 居民收入和财政收入增长较快

2008 年全市实现财政一般预算收入 810.9 亿元，比上年增长 12.0%，其中地方财政收入 390.4 亿元，比上年增长 18.6%，在副省级城市和长三角城市中均位居第 4。市区居民人均可支配收入 25304 元，增长 13.4%，收入水平在长三角城市中位居第 2，在副省级城市中位居第 3。农村居民人均纯收入 11450 元，增长 13.9%，收入水平在长三角城市中位居第 4，在副省级城市中位居第 1。

c) 工业总产值超万亿

2008 年，全市实现全部工业总产值 10937.1 亿元，比上年增长 13.9%，首次跃上万亿元台阶。完成规模以上工业总产值 8891.8 亿元，增长 12.7%，其中总量居前四位的石油加工、炼焦及核燃料加工业，电气机械及器材制造业，通信设备、计算机及其他电子设备制造业，通用设备制造业等产值增速分别为 25.4%、15.3%、12.7% 和 10.4%。实现全部工业增加值 1990.5 亿元，增长 10.4%。

d) 月均社会消费品零售总额超百亿

2008 年，全市实现社会消费品零售总额 1238.0 亿元，比上年增长 19.6%，增幅比上年提高 2.3 个百分点，月均消费品零售额达 103.2 亿元，首次超过百亿元。

---

① 资料数据来自：宁波市统计局《2008 年宁波市经济社会发展综合述评》，http://tjj.ningbo.gov.cn/read.aspx?id=25639。

第三章 宁波节庆业发展轨迹分析

e）外贸出口企业超万家

2008年，全市实现自营进出口总额678.4亿美元，在副省级和长三角城市中均位居第3，增长20.1%，增速位居计划单列市首位。其中出口463.3亿美元，在长三角城市中位居第3，在副省级城市中位居第2，增长21.1%，增速位居计划单列市首位；进口215.1亿美元，增长17.9%。有对外贸易经营资格的企业超万家，达10758家。其中已有进出口实绩企业9085家，较上年新增1008家。

f）集装箱吞吐量突破千万标箱

2008年，全市完成港口货物吞吐量3.6亿吨，比上年增长4.8%，居中国大陆港口第2位，全球第4位。集装箱吞吐量突破1000万标箱，达1084.6万标箱，增长16.0%。继续保持中国大陆沿海港口第4位，超越荷兰鹿特丹港等知名港口，全球排名从2007年的第11位上升至第8位。

g）具有较强的创新能力

2008年，宁波新增国家级企业技术中心1家、省级企业技术中心18家、市级重点实验室4个、市级企业技术中心155家，引进共建技术研发机构27家。全年专利申请量16173件，授权量9882件，分别增长26.5%和11.7%。其中发明专利授权量505件，增长72.3%。新增"驰名商标"76件，累计233件；新增浙江名牌41件，累计226件，累计中国名牌61件；新增"知名商标"134件，累计733件。规模以上工业完成新产品产值1251.8亿元，增长12.4%，新产品产值率为14.1%。

h）民营经济活力进一步增强

私营企业累计105471户（含分支机构），注册资本1640.19亿元。私营企业注册资本（金）总量净增197.2亿元，比上年增长15.3%。2008年，宁波市私营企业户均注册资本（金）为168.9万元，增加15.9万元。注册资本亿元以上的企业102户，增长30.8%。民营企业累计拥有中国驰名商标162件，省级著名商标197

件，市级知名商标 522 件。

B. 未来五年宁波市经济社会发展前景

《宁波市国民经济和社会发展"十二五"规划》显示，2011年至2015年期间，宁波市人均GDP将处于1万美元向2万美元发展阶段，也就是在改革开放30年间宁波市经济保持了年均14.7%的高速增长基础上，宁波市进入工业化中期加速向工业化后期转化的发展阶段。发达国家和地区的发展经验表明，人均GDP突破1万美元后的第一个五年，将是一个经济增速有所减缓、结构逐步优化、转型升级明显的重要发展时期。从宁波市实际来看，未来五年，宁波市将紧紧围绕建设亚太地区重要国际门户和现代化国际港口城市的战略目标，以转型发展为主线，以改革创新为动力，以改善民生为立足点，更加注重港口产业城市联动，更注重生产生活生态协调，更加注重经济建设、社会建设和文化建设的统筹，构建城镇化大平台、打造集群化大产业、推进战略性大项目、培育总部型大企业，努力提升综合实力、国际竞争力和可持续发展能力，率先全面建成惠及全市人民的更高水平的小康社会，为提前基本实现现代化打下扎实基础。具体将体现在以下几个方面：

综合经济实力显著提升。在优化结构、提高效益、降低消耗、保护环境的基础上，经济保持持续较快健康发展，全市GDP年均增长10%左右，综合经济实力和经济素质进一步提升。

转变发展方式取得实质性进展。消费需求尤其是居民消费持续增长，投资结构逐步优化，外贸增长方式加快转变，经济增长由消费投资出口协调拉动；先进制造业和现代服务业联动发展，高效生态农业发展水平进一步提升，现代产业体系初步建成，服务业占GDP比重提高到48%；自主创新能力提高，率先基本建成创新型城市，研究与试验经费支出占GDP的比重达2%。

港口发展能级明显提高。港口货物吞吐量和集装箱吞吐量稳定增长，全球大宗散货和集装箱运输干线港地位进一步确立。港口集

第三章 宁波节庆业发展轨迹分析

疏运网络更加健全,海铁联运取得重大进展。港口发展方式转变成效明显,港口服务价值链进一步向高端延伸,上海国际航运中心重要枢纽港进一步巩固,国家级物流节点城市初步建成。

城乡区域统筹取得重大进展。新型城市化加快推进,"中提升"取得突破性进展,宁波大都市区框架进一步拉大,城市化率达到70%左右。新农村建设成效显著,农村生产生活环境明显改善,进一步形成以城带乡、以工补农、城乡一体的发展新格局。区域统筹取得重大进展,主体功能区布局初步形成,进一步形成定位清晰、导向明确、地区和县域协同发展的市域发展新格局。

改善民生成效显著。城乡居民收入与地区生产总值保持同步增长,家庭财产普遍增加,收入分配差距扩大的趋势得到有效控制。政府公共服务体系建立健全,基本公共服务均等化程度显著提高,配置公平、发展均衡的社会事业体系更加健全,交通拥堵、"看病难"等社会民生问题得到根本缓解,基本实现学有所教、劳有所得、病有所医、老有所养、住有所居。文化大市建设稳步推进,民主法治更加完备,社会和谐稳定的长效机制初步建立。

生态文明建设积极推进。资源节约型环境友好型社会建设取得明显成效,基本形成节约能源资源和保护生态环境的产业结构、增长方式和消费模式。节能减排取得重大进展,低碳经济加快发展,单位GDP的综合能耗、主要污染物排放低于全国全省平均水平,土地、水资源等资源要素利用效率高于全国全省平均水平。生态市建设继续推进,生态质量全国一流,人与自然和谐相处。

改革开放水平进一步提高。重点领域和关键环节改革取得重大进展,符合科学发展和转型升级要求的机制体制初步形成。开放性经济水平进一步提升,对外贸易和利用外资总量扩张、结构优化、质量提升,"走出去"步伐加快,区域合作取得新进展,基本形成内外对接、互利共赢、安全高效的开放性经济体系。

综上所述,宁波不仅具有能为节庆业发展提供强大支撑的较为雄厚的经济实力，而且还有在今后一个时期将呈现中速平稳增长的经济发展态势。宁波节庆业，正是紧紧地依托宁波独特的自然人文资源，依靠宁波经济强力支撑和产业经济提供的强大动力，以及宁波社会文明建设的大力推动而迅速发展起来的，今后也必将会在宁波市社会经济繁荣发展的大好形势和大背景下，继续健康快速可持续地发展，表现出极为广阔的发展前景。

2. 宁波节庆业资源整合战略

资源整合就是根据需要选择相关独立的资源，以某种方式进行横向集聚，使之成为能够满足需要的新的资源组合。① 目前，资源整合的方式和手段趋向多样化，主要有：①互动联合，对跨越经济领域或跨越体制的资源进行临时整合；②协调聚合，是横向一体化的重要方法，聚合的主体在保持聚合体相对稳定的同时，并不丧失自主发展的能力，产业链的整合，往往必须依靠这种整合方式；③集群组合，集合各个相关的独立领域或主体，形成群体（或集合体）的力量；④集中统合，集中单体资源，通过有效手段加以统筹整合，实现资源优势最大化。

节庆产业的特点，及其成长与发展所处的阶段，注定了资源整合战略在节庆产业发展中的重要地位。节庆业涉及面广，资源需求广泛，且要求较高，尤其是在中国节庆业逐步走向成熟的现阶段，对资源加以有效利用，借以创新节庆主题、提高节庆档次、扩大节庆规模的需求十分强烈。可以说，谁科学地把握了资源整合的方式，谁就掌握了节庆业发展的主动权。目前，中国各中小城市都在探寻加快本地节庆业发展的有效途径和战略方针。研究宁波节庆业，首先就是要研究宁波节庆业发展所选择的成长战略，可以说宁波节庆业的成长发展过程，就是一个实践资源整合战略的过程。

---

① 王之泰：解读资源整合，《理论探讨（经济界）》，2006年第7期。

第三章 宁波节庆业发展轨迹分析

宁波市凭借其雄厚的经济实力支撑,拥有丰富的地理区位资源、历史人文资源、特色经济资源和公共服务资源,运用合理有效的整合方式,实现了节庆资源优势的合理配置和有效利用,从而使起步较晚的宁波节庆业得到迅速发展,并一跃成为"中国十大节庆城市"之一。宁波节庆业在实施资源整合战略过程中,主要运用了以下四个整合方式。

(1) 运用集聚组合方式,促进了节庆活动的策划培育

通过对节庆资源的集群组合,可以充分地挖掘现有各种资源,激发资源体现其特长和优势,形成新的优势资源,从而策划培育出具有发展潜力的节庆活动。宁波为了培育新的节庆活动,把文化与旅游、文化与传统、人才与科技等各个相关方面资源进行集群组合,策划培育了一大批城市节庆活动。如,中国弥勒文化节,把作为中国优秀旅游城市、蒋氏故里的宁波奉化旅游资源,与作为浙江佛教文化重要组成部分的弥勒文化资源相结合,举办了中国弥勒文化节。该节确定了以"大慈之行、圣地之约"为主题,以建设海内外著名旅游城市,打造弥勒信仰朝拜中心、弥勒文化研究交流中心和弥勒文化观光旅游中心为目标,努力将这一节庆活动,办成充分展示奉化独特的弥勒文化与地域文化,进一步促进与世界区域文化的交流与合作,并具有国际影响力的品牌节庆活动,借以全方位提升奉化城市品牌的知名度和美誉度。又如,把宁波港口文化与近代以来宁波对外开放传统资源加以组合,策划培育了中国国际港口文化节,既充分利用了世界闻名的宁波港的影响力,得到了宁波港集团公司在人力、财力上的大力支持,又为宁波各相关经济主体对外开展贸易合作、发展事业搭建了平台。自举办以来,取得圆满成功,并已成为中国城市品牌节庆活动之一。再如,中国宁波人才科技周,把宁波人才政策优势与科技资源需求相结合,为宁波市加强城市人才科技环境宣传,多方吸引人才,加深对外人才科技交流合作搭建了良好平台。举办至今,已先后两次荣获"中国最具影响力的节庆活

动"称号。据不完全统计，目前宁波市运用集群组合方式策划培育的节庆活动已占全市节庆活动总数的 45.7%。

（2）运用协调聚合方式，促进了节庆活动提高档次

协调聚合节庆资源是调集相关主体力量，推动节庆活动按计划有序举办，提高节庆活动档次和影响力的有效手段。宁波的许多节庆活动主办单位，通过联合、联盟等各种方法，加强与国际、国家级协会团体，国家、省有关部门的联系协调，开展邀请主办、联合主办、加盟协办等合作，并充分地利用相关合作方的影响力、号召力和协调力等资源，促进节庆活动提高档次，成功举办。如 2009 中国徐霞客开游节，通过相关活动项目与中央机构合作，提升了活动的档次，其中的活动如第三届中国"当代徐霞客"评选及颁奖盛典，活动主办方与中宣部、中央文明办、团中央等 12 家中央机构联合主办；第二届中国（宁海）全国山地户外运动锦标赛，活动主办方与国家体育总局合作组织；徐霞客与中国旅游宁海论坛，活动主办方与浙江省旅游局共同主办。又如，2009 中国梁祝爱情节，通过与中国文化联合会、中国民间艺术协会合作，邀请第九届中国民间文艺山花奖颁奖活动到鄞州区同时举行，使两节相互锦上添花，山花奖因梁祝爱情节而丰富，梁祝爱情节因山花奖而升华。邀请山花奖颁奖活动联合举办，给梁祝爱情节赋予了新的内涵和活力，提高了档次和影响力。再如，中国开渔节，主办方与国家海洋局、中国海洋学会、浙江省海洋与渔业局等合作，举办了中国海洋论坛；与浙江省群艺馆、群艺学会合作，举办了浙江省公共文化论坛等活动，对提升中国开渔节影响力起到了积极作用。

（3）运用集中统合方式，促进了节庆活动扩大规模

集中统合的一个主要特征就是资源优势的叠加。通过对节庆各相关资源的集中统合，可以有效地发挥节庆资源的叠加效应，促进节庆活动扩大规模，提高效益。宁波节庆活动的主办单位，善于运用集中统合方式，将相关一些活动和形式融入到主体节庆活动中去，

第三章 宁波节庆业发展轨迹分析

使其形成几个板块几个系列的活动，不仅丰富了节庆活动的内容，扩大了节庆活动的规模，也使节庆活动的效益和影响力得到进一步的提高。如，2009中国宁波旅游节，将长三角城市会展联盟主办的"世博与长三角区域发展"高层论坛，长三角城市旅游业联合会主办的"长三角导游大会"等活动整合到该旅游节的10余项主干活动和100余分会场活动中，充分体现了预热世博、拉动内需和旅游惠民三大特征，并重点关注了自驾游等旅游新业态的发展和都市高端旅游的培育，从而将旅游节办成了迄今宁波史上规模最大的一次旅游盛会。旅游节期间，招徕会议22个，组织了太原、桂林、北京、香港等地的旅游包机15架次，武汉、南昌等地旅游专列3趟，组织了长三角"十城千车"的自驾车畅游宁波，聘任了长三角各地的千名导游担当宁波旅游世博推广使者。整个旅游节期间，宁波市共接待境内外游客530万人次，拉动旅游综合消费达50亿元。又如，2009中国余姚杨梅节，整合举办了七个大项的活动，其中将"飞天壮歌——中国载人航天展"、"香港同胞余姚杨梅原产地探秘之旅"等活动引入杨梅节，使杨梅节规模进一步扩大，效益也得到提高。据统计，2009杨梅节期间，余姚市7个乡镇160多个主要杨梅旅游观光点接待游客20.5万人次，同比增长10%，杨梅节实现旅游总收入2.1亿元，同比增长15%。① 被中华文化促进会、节庆中华协会评为第二届"节庆中华奖"优秀节庆，同时还被《亚洲财富论坛》、中国城市经济学会、新华网和《中国节庆》杂志评为"2009中国节庆产业金手指奖——十大物产类节庆"。

（4）运用互动联合方式，促进了节庆良好环境的营造

节庆业的成长与发展，需要良好的外部环境。互动联合的资源整合方式，有助于调动集聚各级政府及各有关部门的职能，形成促

---

① 资料来自：余姚市人民政府《2009年余姚杨梅节总结报告》，内部资料。

进节庆活动安全、有序、顺利举办的优势资源,是宁波节庆业资源整合战略的一个重要组成部分,也是宁波市各节庆活动成功举办的重要依托。如,2009 中国湖泊休闲节,由于活动邀请了中央、省、市领导,以及国际、国内各有关湖泊所在地城市的宾客,活动涉及面广,形式多样,且时空差异较大,该节主办单位根据节庆活动的实际情况和现实需求,把浙江省及宁波市各有关部门和单位纳入该节组委会,推动公安、卫生、城管、接待、水利等部门的互动联合。于是,为了做好该节的安全保卫工作,公安部门与卫生部门联合,加强了办节期间的社会公共安全、交通服务保障、宾客和驻地及活动场所的安全保卫工作;卫生部门则加强了对宾客及驻地、活动场所的公共疾病防控和食品卫生检查,派驻卫生监督员驻点进行全程监督,有效防止了食物中毒事件和甲流疫情发生,努力确保食品卫生安全。经过多方互相配合,按照组委会的部署和要求,确保了湖泊休闲节的圆满成功。又如,2009"中华慈孝节"举办前夕,主办单位把该活动策源地慈城古县城改造建设,作为中华慈孝节成功举办的重要环节,在策划组织该节过程中,将城建、规划、市政、交通等部门也纳入组委会,有效地推动了这些部门与公安、卫生、城管、旅游、接待等部门的互动联合。从而在不到一年的时间里,把慈城镇建成了一个独具魅力的慈孝文化主题景区。古建筑、住宅和街道都保留了古县城历史街区风貌,并修复了三娘教子井、董孝子井、拗孟公、慈孝馆等四处慈孝人文景观,完成了旅游接待中心、入口停车场、慈城古街旅游购物中心的建造,为中华慈孝节的成功举办创造了良好的基础条件。再如,2009 中国宁波旅游节,积极推动宁波市宣传部门、文化广电部门和城管部门互动联合,精心组织策划了媒体宣传和环境布置,充分运用各种宣传载体、宣传渠道和宣传形式,全方位、多层次宣传该旅游节,收到了良好的效果。旅游节期间,共邀请了 50 家新闻媒体、183 位记者专题采访报道,各级各类媒体宣传该届旅游节的报道达 1200 多篇;在环境布置方面,运用各种宣传载体和宣传方式，加强城市中心区域环境宣传，在市区主要地段、绿地、街道等2000多个点位设置宣传广告，营造了该旅游节"热烈、欢乐、喜庆"的节庆氛围。

第四节 宁波"中国节庆名城"地位的确立

成为"中国节庆名城"是当前中国中小城市发展节庆业孜孜以求的目标。对一个城市是否已成为"中国节庆名城"的评判，不仅可以反映出这个城市节庆业的发展现状、发展过程和发展成果，而且可以有效地判断出这个城市在中国节庆业发展中所处的地位。然而，迄今节庆理论界、学术界还没有一个相应的评判标准。为了深入系统地研究城市节庆产业，尤其是宁波节庆产业，准确客观地评判宁波节庆业在中国节庆业发展中所处的地位，笔者研究创立了"中国节庆名城"评判指标体系，并以此对宁波节庆业现状作了深入的分析和解剖，对宁波节庆业进行了客观的评判分析。

1. "中国节庆名城"基本内涵及特征

根据国际节庆协会（IFEA）等权威机构对中国著名节庆城市的定义，"中国节庆名城"是指中国境内拥有举办节庆活动的综合能力、城市规模、场馆设施，并具有较强的自然区位竞争力、城市开放竞争力的城市。"中国节庆名城"一般具有以下特征：节庆经济在当地国民经济中发挥着重要作用；节庆及其相关的接待服务设施比较完善，办节综合能力比较强，举办的全国性、国际性节庆活动具有较高的密集程度和影响力度；拥有吸引参节的自然或人文因素，如优美的自然风光、宜人的环境、发达的产业经济等，或者节庆业有一定的高度和深度，在当地乃至全国同行中具有较大的影响力；城市形象佳、开放度高、经济富有活力；当地居民热情好客；当地政府对节庆经济的发展在政策、法规等方面给予一定的扶持。

2. "中国节庆名城"评判主要指标选取

仅以"中国节庆名城"概念或定义作界定，还不能判定一个城市是否已成为"中国节庆名城"，因此，笔者根据中国城市节庆产业发展实际，参照结合国内外有关权威机构和专家的研究成果，选取了四个方面的城市节庆评价要素，作为"中国节庆名城"评判的主要指标。

（1）全国性、国际性节庆活动的密集程度

节庆活动的密集程度就是特定周期内举办节庆活动数量的总和，可以反映出一个城市的办节规模。举办全国性、国际性节庆活动的密集程度可以反映出一个城市的节庆业发展水平。密集程度可以通过显示在特定周期内的办节数量加以量化。作为"中国节庆名城"，该指标应居周边同类城市的前列。

（2）全国性、国际性节庆活动的影响力度

影响力度是指一事物对其他客观事物所发生作用的力度，影响力度由五个基本要素构成，即规模、时间、内容、方向和效果。"规模"决定着影响的范围和边际；"时间"决定着影响的不断变化和发展所经历的过程；"内容"是影响的载体，没有内容，影响无从谈起；"方向"也即对相关领域的影响，是影响力度的基础，是确保影响力正确与否的基本条件；"效果"是影响发生有效性问题，是衡量影响水平的尺度。全国性、国际性节庆活动的影响力度可以反映出这类节庆活动的举办，对举办地城市乃至区域、国家所产生的影响，并由此可以反映出一个城市节庆业的总体状况和发展能力。作为"中国节庆名城"，该指标应居周边城市的前列。大型节庆活动的影响力度可以通过以下几个具体指标来衡量：

A. 规模指标。活动的规模是最能反映其成功与否的指标。一般可以采用参节人数等指标。除了预期的活动规模，即设定时间长短和场馆面积这些量化参数，参节的人数是更为直观的规模指标，包括参观欣赏类活动的观众数量、参与类项目的选手数量等。商旅活动成功与否和其营业额、交易额也有非常直接的关系,故也作为一个衡量规模的重要指标。

B. 时间指标。也就是举办届数。节庆活动举办时间的长短,能反映出该节庆活动是否成熟,是否具有持久的生命力。一般举办年份时间越长,届数越多,历史就越悠久,其成熟度和可持续性就越高。

C. 内容与效果指标。衡量节庆活动的内容与效果的因素有很多,一般可以采用节庆活动的专业化程度、国际化程度、盈利情况和参与者满意度的指标。节庆活动的专业化程度是衡量其举办档次的指标。包括文化类活动中演员的层次、影响力,体育类活动中选手的层次,文博展示类活动中展出品的档次。这些都直接决定着对群众的吸引力。而比赛类项目的评委,展示类、商旅类项目中邀请的专家,其层次级别也是反应项目档次的重要因素,所以专家的数量可以作为另一个衡量其专业程度的依据;节庆活动的国际化程度包括"走出去"——向国外的宣传情况和"引进来"——国际选手和国际观众的参与情况这两个指标;项目的盈利能力是衡量其资金使用效果的重要指标,同时也是保证其可持续发展的重要因素。因为良好的盈利状况是对主办方积极工作的一种肯定和激励。盈利的状况可以从整体上盈利项目占项目总数的比例,和单个项目的平均盈利率来衡量;观众和参与选手是否愿意继续参与决定着项目是否能够可持续发展。所以观众和参与选手的满意度必须得到充分的重视,除了作为衡量当年活动效果的指标之外,也是主办方借以提升改进的重要依据。

D. 活动影响指标。若一组活动可以对一个城市乃至一个区域的经济、社会、文化方面发生积极的影响,政府和社会都将乐于看到该项目的发展和壮大,反之,则必然造成该项目的快速终结。所以活动的影响也成为衡量其是否成功的指标之一。节庆活动对于经济的影响一般可以采用对经济的直接拉动和间接拉动的指标。直接拉动主要是指在活动举办的时间范围内，该活动为社会带来的直接财富，如餐饮业、酒店业高于历史同期或高于其他时段的营业额，和对于出租车行业营业额的影响等。而间接拉动则是通过对活动主题相关的行业的带动，如节庆所在城市能够通过相关的活动获得行业地位的提升，或引起消费者对该行业的关注等来促进行业的发展，以及通过促进城市建设等能够创造更多就业机会、拉动需求的措施来实现；节庆活动对于社会的影响一般可以采用市民幸福感、城市基础设施和精神文明建设的指标，也即可以主要通过提升所在城市市民的幸福感、配合该活动所作的精神文明建设等途径来实现。此外为配合大型活动的开展而进行的城市基础设施的建设，也是活动的积极社会影响之一；节庆活动的文化影响主要体现在对所在城市的民俗文化和地域文化的保留和推广，以及对文化产业发展所产生的积极影响。

以上所述的"全国性、国际性节庆活动"，是指以城市政府与国家及国家有关部门或国际性组织联合作为主办单位，调动城市多方资源成功举办，具有国际、国内的广泛参与性和影响力的城市大型节庆活动。

(3) 节庆业的高度和深度

这是综合反映一个城市节庆业发展层次和发展水平的重要指标。节庆业的高度和深度可以通过对城市节庆业所产生的经济效益、社会效益以及节庆业所拥有的文化含量、知识含量等具体指标来衡量，从而可以从多个方面客观地评判出一个城市节庆业发展所处的地位。作为"中国节庆名城"，其城市节庆业应具有较大的高度和深度。

A. 节庆业经济效益指标。从经济学的角度看，任何活动都有投入产出比。节庆业的经济效益是反映节庆业高度的重要指标之一。经济效益指标可以某个时期节庆业对城市 GDP 的贡献程度，某个阶段节庆业对城市经济发展的推动和相关产业的带动，如可以通过某个阶段城市 GDP、人均 GDP、第三产业、旅游业收入等的增长幅度来体现，客观地反映出节庆业在城市经济发展中的地位和作用。

B. 节庆业社会效益指标。从社会学的角度看，任何活动都会对所在地生态、环境、就业、分配等社会因素产生综合影响。社会效益也是反映节庆业高度的重要指标之一。社会效益指标可以某个时期节庆业对城市文明建设、对外交流、生态环境改善等方面的促进程度，以及某个阶段节庆业对城市就业、分配方面的提升作用来体现，客观地反映出节庆业在城市社会发展中的地位和作用。

C. 节庆业的知识含量指标。知识含量就是知识因素的含有量。知识含量也是反映节庆业高度的重要指标之一。知识含量指标可以某个时期城市节庆业运用高科技手段、务实科学的策划理念、规范高效的运作管理模式、取得迅速发展的能力来衡量。从而客观地反映出城市节庆业的发展水平。

D. 节庆业文化含量指标。文化含量也就是文化因素的含有量。文化含量是反映节庆业深度的重要指标之一。文化含量指标可以某个时期城市节庆业是否拥有独特的文化内涵，是否充分地展现、发掘传统民本特色和中华人文精神，是否实现了节庆文化的整合和节庆与产业的良性互动作为衡量标准。

E. 节庆业的精神境界指标。所谓精神境界，是人在寻求安身立命之所的过程中所形成的精神状态。它指人的精神世界或精神品质的层次、水准和境域。① 人的精神境界是一个永无停滞的过程，在人的心灵面前是一个多彩的世界，人不断追求理想，不断打破、超越现存的界限，不断感知到、体验到更广大、更深刻的真实，现有的真实慢慢褪色，逐渐被新的真实所代替。在这样不断超越的过程中，人创发出新的境界，实现出新的生命。因此，精神境界以超越为前提。超越有时空观念、思想、精神之超越。精神境界指标是反映节庆业深度的重要指标之一。精神境界指标可以某个时期城市节庆业是否推动了城市文化建设的注重和加强，是否通过吸引广大民众广泛参与体验，促进了广大民众理想人格的培养和完善，是否推动了

---

① 杨振绪：论精神境界，《学术论坛》，2008年第7期，第47—50页。

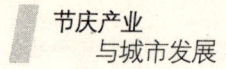

民众精神境界的超越与提升作为衡量的标准。

(4) 节庆业的综合能力

综合能力是产业发展的基础和环境,是产业未来成长与发展的前提条件。节庆业综合能力是反映一个城市节庆业可持续发展能力的重要指标。作为"中国节庆名城"的城市,应当具备较高的可持续发展能力。节庆业的综合能力可以通过城市节庆业所拥有的城市经济综合实力、区位条件和可进入性、城市节庆接待能力、保障能力和服务能力等来衡量。城市经济综合实力,即城市GDP、产业经济状况等;区位条件和可进入性,即城市的地理区位、对外交通状况等;城市节庆接待能力,即城市节庆场馆、宾馆酒店、市内交通、市政基础设施状况等;城市节庆保障能力和服务能力,即城市各级政府对公共安全保障,以及提供包括对节庆业的政策扶持等服务保障状况,城市节庆的组织经营管理能力、节庆产业链各环节的服务水平状况等。

3. 对宁波节庆业的评判分析

按照上述"中国节庆名城"的评判指标体系,笔者对宁波节庆业进行评价分析,以期判断宁波节庆业在当今中国节庆业发展中所处的地位。

(1) 与周边城市的全国性、国际性节庆活动密集程度和影响力度比较。

城市全国性、国际性节庆活动的密集程度和影响力度是反映城市节庆业发展总体状况和发展水平的指标。这里针对宁波所处的地理位置,选取周边城市:杭州、苏州、南京、上海、福州、厦门、南昌、嘉兴、绍兴、温州、合肥、台州等12个城市,对照全国性、国际性节庆活动密集程度和影响力度指标,将宁波举办全国性、国际性节庆活动的密集程度和影响力度情况与这些周边城市作比较分析。首先,对宁波及其周边城市举办的节庆活动情况作初步分析,发现有些城市至2009年止尚未举办全国性、国际性节庆活动,占所比较的周边城市数的41.6%。一些城市都举办了本地具有一定规模

第三章 宁波节庆业发展轨迹分析

和影响的节庆活动，如至 2009 年合肥市举办了 3 届合肥乡村旅游节、福州市举办了 5 届福州平潭水仙花节、温州市举办了 9 届温州旅游节、嘉兴市举办了 9 届嘉兴江南文化节、台州市举办了台州江南长城节，但由于这些城市节庆活动的主办单位层次不高，没能成为全国性、国际性节庆活动。因此，对宁波与其周边城市的全国性、国际性节庆活动的密集程度和影响力度比较应在上海、杭州、南京、厦门、苏州、绍兴、南昌之间进行，以体现可比性。

A. 从全国性、国际性节庆活动的密集程度看，首先选定一年为 12 个周期，以每月的活动数换算，求出密集度系数。密集度系数越高，则城市办节规模越大，节庆经济越发达；反之，则城市办节规模相对较小，节庆经济发达程度相对较低。根据节庆中华网提供的数据显示，宁波市及其相关周边城市的全国性、国际性节庆活动密集度系数，上海为 9.58，杭州为 5.63，宁波为 5.52，南京为 4.21，苏州为 4.17，厦门为 4.05，南昌为 3.24，绍兴为 2.23。可以看出，全国性、国际性节庆活动密集程度上海、杭州、宁波位于第一队列，南京、苏州、厦门位于第二队列，南昌、绍兴位于第三队列。宁波达到了"中国节庆名城"的相关标准。

B. 从全国性、国际性节庆活动的影响力度看，宁波的全国性、国际性节庆活动的影响力度也位居其周边城市的前列。为了能客观地了解宁波全国性、国际性节庆活动影响力度情况，这里对照全国性、国际性节庆活动的影响力度相关指标，对有关城市的全国性、国际性节庆活动进行比较分析，以观察有关城市全国性、国际性节庆活动对城市社会经济发展的影响力度；选取有关城市与节庆业相关的经济指标，进行一个时期内的数据变化的比较分析，以观察城市全国性、国际性节庆活动对城市经济发展的影响力情况。以此反映出宁波节庆业相对于其周边城市所处的地位。

a) 影响力情况的比较分析

全国性、国际性节庆活动的影响力大小，主要体现在其对当地城市的社会、经济、文化等诸方面的影响程度，也反映在一个城市与其周边城市受其影响程度的比较之中。

  首先，对照全国性、国际性节庆活动影响力指标，宁波市及其相关周边城市的一些实际指标情况已十分相似并趋同。在活动规模指标方面，各有关城市的全国性、国际性节庆活动的参节人数都已在10万人以上，其中的境外参节人数均在5000人以上，专业人士参节人数均突破万人，体现出具有较高的国际化程度和专业化程度；在活动内容指标方面，各有关城市的全国性、国际性节庆活动的内容十分丰富，都能围绕鲜明的主题举行一系列形式多样的活动；在活动效果指标方面，各有关城市的全国性、国际性节庆活动的商贸成交额逐步增加，城市的出租车行业营业额和餐饮业、酒店业营业额均比历史同期递增，节庆活动的直接和间接经济效益十分明显，同时各参与者的满意度也在逐年提高，显示出全国性、国际性节庆活动持久的生命力。

  其次，从宁波市及其相关周边城市的部分影响力指标情况看，这些城市的全国性、国际性节庆活动的影响力呈现差异性。在活动时间指标方面，由于各有关城市节庆业起步时间不同，导致各有关城市的主要全国性、国际性节庆活动举办时间长短不一。这里列举各有关城市具有代表性的全国性、国际性节庆活动举办届数，如至2009年，上海国际电影节举办了12届、杭州西湖博览会举办了9届、南京国际梅花节举办了14届、中国（厦门）国际旅游节举办了6届、绍兴公祭大禹陵活动升格为国家级举办了2届、中国（苏州）丝绸旅游节举办了10届、南昌中国（江西）国际傩文化艺术节举办了4届、宁波国际服装节举办了13届。可以看到，代表宁波的全国性、国际性节庆活动的宁波国际服装节，其举办的届数位居其周边城市的前列。在活动影响指标方面，各有关城市全国性、国际性节庆活动虽然都为促进城市的社会经济文化和精神文明建设起到了重要作用，但作用的成效和影响却各有不同。如各有关城市的全国性、国际性节庆活动提高了市民的幸福感，但在中国2007年、2008年和2009年的三次中国最具幸福感城市的评选中，宁波市及其周边城市中只有杭州、宁波、上海、南京、南昌名列其中；又如各有关城市的全国性、国际性节庆活动推动了文明城市建设。自2005以来，中国开展了全国文明城市评选活动，该活动以"廉洁高效的服务环境"、"公正公平的法治环境"、"规范守信的市场环境"、"健康向上的人文环境"、"安居乐业的生活环境"、"可持续发展的生态环境"和"扎实有效的创建活动"作为评选基本指标，对全国城市进行了综合测评。但在评选结果中，宁波市及其周边城市中只有上海、宁波、厦门、南京、苏州榜上有名。可见宁波的全国性、国际性节庆活动对城市的影响力与其周边城市相比，处于较高的水平。

b）对相关经济指标影响的比较分析

与一个城市全国性、国际性节庆活动相关的经济指标有很多，经过分析，可以抓住一些与节庆业相关性较大的指标。例如，地区生产总值（GDP）、第一产业增加值、第二产业增加值和第三产业增加值，这些指标反映了城市总体经济发展水平，它们对节庆业有一定的依存度；工业增加值、社会消费品零售总额、外贸自营进出口总额和旅游总收入，这些指标反映了城市节庆业对城市经济的推动促进作用；全社会固定资产投资额、实际利用外资额和市区居民人均可支配收入，这些指标反映了城市节庆业的发展潜力。当然，与节庆业对经济影响力有关的指标还有许多，但经分析发现它们都与上述指标相关，因此，作为相对独立的指标就取上述11项。

宁波市地处浙江省东部、经济发达的长江三角洲南翼，为了体现可比性，城市节庆业对经济影响力比较就应在同一区域经济环境中的宁波及其周边城市之间进行。宁波市及其周边城市选定为上海、杭州、南京、合肥、南昌、福州、厦门、台州、温州、苏州、绍兴、嘉兴，共13个城市。表3-1、3-2分别是2001年和2008年宁波市及其周边城市相关经济指标资料，表3-3是宁波市及其周边城市相关经济指标2001年与2008年对比基础资料，用 L_{ij} 表示第 i 个城市（$i=1,2,……13$，即依次表示13个宁波及其周边城市），第 j 个相关经济指标（$j=1,2,……11$，即依次表示11个指标）。

表 3-1 2001年宁波市及其周边城市相关经济指标资料

2001年	地区生产总值（亿元）	第一产业增加值（亿元）	第二产业增加值（亿元）	第三产业增加值（亿元）	全社会固定资产投资额（亿元）	工业增加值（亿元）	社会消费品零售总额（亿元）	外贸自营进出口总额（亿美元）	实际利用外资额（亿美元）	旅游总收入（亿元）	市区居民人均可支配收入（元）
上海	4950.84	85.5	2355.53	2509.81	1984.31	2128.3	1662.52	608.95	43.92	272.86	12883
杭州	1568.01	111.46	793.5	662.97	630.97	676.9	458.82	72.84	5.03	97.94	10896
南京	1154.44	58.75	557.61	538.08	464.91	466	465.83	95.88	9.02	180.73	8848.2
合肥	363.4	38.09	176.36	148.95	142.5	151.3	164.6	20.5	1.76	29.23	6817
南昌	485.62	35.12	187.23	136.49	96.87	182.04	160.81	141.86	3.11	17.45	7579
福州	1074.23	132.64	505.63	435.96	257.07	423.22	386.28	53.79	10.02	16.81	8675
厦门	556.39	22.51	296.96	236.92	191.89	884.32	186.55	110.79	11.53	3.11	11365
台州	748	92	439	217	222.11	397.1	201.5	15.43	5.57	47.53	10680
温州	932.08	57.63	527.83	346.62	328.66	464.6	438.45	27.18	5.51	61.8	13200
苏州	1760.28	91.41	999.89	668.98	564.85	912.11	391.54	236.62	3.02	171.49	10515
绍兴	823	81.25	478.99	262.75	286.55	428.02	238.96	24.71	1.58	62.21	10534
嘉兴	608.98	62.7	657.13	189.15	305.41	322.3	223.74	32.69	2.71	43.5	10920
宁波	1310.6	98.53	690.81	489.41	470.28	651	414.2	88.92	8.74	58.42	11991

注：资料来源于中国2001年《中国统计年鉴》

第三章 宁波节庆业发展轨迹分析

表3-2 2008年宁波市及其周边城市相关经济指标资料

2008年	地区生产总值（亿元）	第一产业增加值（亿元）	第二产业增加值（亿元）	第三产业增加值（亿元）	全社会固定资产投资额（亿元）	工业增加值（亿元）	社会消费品零售总额（亿元）	外贸自营进出口总额（亿美元）	实际利用外资额（亿美元）	旅游总收入（亿元）	市区居民人均可支配收入（元）
上海	13698.15	111.8	6235.92	7350.43	4829.46	5785	4537.14	3221.38	100.84	958.5	26675
杭州	4781.16	178.64	2389.38	2213.14	1961.72	1371.1	1558.38	480.65	33.12	707.22	24104
南京	3777.5	93	1795	1887	2154.17	1555	1651.82	405.92	23.72	714.3	23123
合肥	1664.84	105.2	834.92	724.72	1838.64	606.29	588.36	77.08	12	132.46	15591
南昌	1660.08	96.45	924.73	638.9	1086.05	543.3	528.89	272	14.11	74.03	15112
福州	2284.16	234.9	1083.92	965.34	1248.9	924.79	1134.37	203.47	10.02	157.09	19009
厦门	1560.02	21.5	818.04	720.48	928.32	705.36	418.92	453.89	20.42	303.6	23948
台州	1965.27	133.54	1037.47	794.26	759.58	935.9	709.71	138.11	2.39	208.59	22738
温州	2424.29	76.68	1286.76	1060.85	758.44	1170.4	1082.95	139.92	2.62	220.34	26172
苏州	6701	20.35	4244.65	2436	2611.16	3048.7	1551.75	228.5	81.3	724	23867
绍兴	2222.95	116.65	1329.12	777.18	242.36	1200	91.04	98.91	2.32	49.41	26155
嘉兴	1815.3	105.52	1085.29	624.45	1006.69	979.95	599.61	198.33	13.6	193.12	22481
宁波	3964.1	167.4	2196.7	1600	1728.2	1990.5	1238	1401.9	25.4	450.2	25304

注：资料来源于中国2008年《中国统计年鉴》

表3-3 宁波市及其周边城市相关经济指标2001年与2008年对比基础资料

城市	地区生产总值（亿元）	第一产业增加值（亿元）	第二产业增加值（亿元）	第三产业增加值（亿元）	全社会固定资产投资额（亿元）	工业增加值（亿元）	社会消费品零售总额（亿元）	外贸自营进出口总额（亿美元）	实际利用外资额（亿美元）	旅游总收入（亿元）	市区居民人均可支配收入（元）
上海	8747.31	26.3	3880.39	4840.62	2345.15	3656.74	2874.62	2612.43	56.92	685.64	13792
杭州	3213.15	67.18	1595.88	1550.17	1330.75	694.21	1099.56	407.81	28.09	609.28	13208
南京	2623.06	34.25	1237.39	1348.92	1689.26	1089	1185.99	310.04	14.7	533.57	14274.8
合肥	1301.44	67.11	658.56	575.77	1696.14	454.99	423.76	56.58	10.24	103.23	8774
南昌	1174.46	61.33	737.5	502.41	989.18	361.26	368.08	130.14	11	56.58	7533
福州	1209.93	102.26	578.29	529.38	951.83	501.57	748.09	149.68	0	140.28	10334
厦门	1003.63	-1.01	521.08	483.56	736.43	-178.96	232.37	343.1	8.89	00.49	12583
台州	1217.27	41.54	598.47	577.26	537.47	538.8	508.21	122.68	-3.18	161.06	12058
温州	1492.21	19.05	758.93	714.23	429.78	705.75	644.5	112.74	-2.89	158.54	12972
苏州	4940.72	-71.06	3244.76	1767.02	2046.31	2136.58	1160.21	-8.12	78.28	552.51	13352
绍兴	1399.95	35.4	850.13	514.43	-44.19	771.98	-147.92	74.2	0.74	-12.8	15621
嘉兴	1206.32	42.82	428.16	435.3	701.28	657.65	375.87	165.64	10.89	149.62	11561
宁波	2653.5	68.87	1505.89	1110.59	1257.92	1339.5	823.8	1312.98	16.66	391.78	13313

注：资料来源为经对比计算得出

第三章 宁波节庆业发展轨迹分析

为了定量地表示每一个城市的节庆业对经济的影响力，首先根据表3-3资料计算第 i 个城市，第 j 个相关经济指标指数 $LIij$。用公式：

$$LIij = \frac{Lij}{\sum_{i=1}^{13} Lij} \quad (i=1, 2, \cdots\cdots, 13; j=1, 2, \cdots\cdots, 11)$$

对于一定的 j 值，$LIij$ 表示了第 i 个城市的第 j 项指标在这13个城市的第 j 项指标总值中占的百分比，该值越大，说明该城市在第 j 项指标中越突出，从一个方面说明它较多地受到了节庆业的影响。表3-4列出了 $LIij$ 的计算结果。

用 $LSWi$ ($i=1, 2, \cdots\cdots, 13$) 表示第 i 个城市的节庆业对经济的影响力指数。这是一个相对意义上的指数，表示了该城市对节庆业的需求程度和城市节庆业对经济的影响力度。该指数越大，表示该城市与其它城市相比较，它的节庆城市地位越突出。用公式：

$$LSWi = \sum_{j=1}^{11} LIij \quad (i=1, 2, \cdots\cdots, 13)$$

计算结果（见表3-4）表明了在13个宁波市及其周边城市中，宁波市的节庆业对经济影响力指数排在第3位，仅次于上海、苏州。说明宁波节庆业特别是全国性、国际性节庆活动对城市经济影响力在周边城市中处于前列，其全国性、国际性节庆活动的影响力度较大，在中国大陆经济发达地区的周边城市中所处的地位已十分明显。

（2）宁波节庆业的高度和深度分析

节庆业的高度和深度是反映一个城市节庆业发展层次和发展水平的重要指标，是评判一个城市节庆业发展所处地位的重要依据。考察宁波节庆业的高度和深度，也要从节庆业的经济效益、社会效

表 3-4 宁波市及其周边城市相关经济指标指数和节庆对经济影响力指数

城市	地区生产总值	第一产业增加值	第二产业增加值	第三产业增加值	全社会固定资产投资额	工业增加值	社会消费品零售总额	外贸自营进出口总额	实际利用外资额	旅游总收入	市区居民人均可支配收入	节庆对经济影响力指数 LSWi
上海	0.272	0.053	0.234	0.324	0.187	0.287	0.279	0.451	0.247	0.179	0.087	0.236
杭州	0.100	0.136	0.096	0.104	0.088	0.055	0.107	0.070	0.122	0.159	0.083	0.102
南京	0.082	0.069	0.075	0.090	0.111	0.086	0.115	0.054	0.064	0.139	0.090	0.089
合肥	0.040	0.136	0.040	0.039	0.112	0.036	0.041	0.010	0.044	0.027	0.055	0.053
南昌	0.036	0.124	0.044	0.034	0.065	0.028	0.036	0.022	0.048	0.015	0.047	0.045
福州	0.038	0.207	0.035	0.035	0.065	0.039	0.073	0.026	0.000	0.037	0.065	0.056
厦门	0.031	0.002	0.031	0.032	0.048	0.014	0.023	0.059	0.039	0.078	0.079	0.040
台州	0.038	0.084	0.036	0.039	0.035	0.042	0.049	0.021	0.014	0.042	0.076	0.043
温州	0.046	0.039	0.046	0.048	0.028	0.055	0.063	0.019	0.013	0.041	0.081	0.044
苏州	0.154	0.144	0.196	0.118	0.135	0.168	0.113	0.001	0.340	0.144	0.084	0.145
绍兴	0.043	0.072	0.051	0.034	0.003	0.061	0.014	0.013	0.003	0.003	0.098	0.036
嘉兴	0.037	0.087	0.026	0.029	0.046	0.052	0.037	0.029	0.047	0.039	0.073	0.046
宁波	0.082	0.139	0.091	0.074	0.083	0.105	0.080	0.227	0.072	0.102	0.084	0.104

注：资料来源按文中公式计算得出。

第三章 宁波节庆业发展轨迹分析

益、知识含量、文化含量和精神境界等几个方面加以分析研究，以判断宁波节庆业发展所处的地位。据此，笔者收集了大量基础资料，对宁波节庆业进行综合分析，对宁波节庆业在高度和深度方面作出以下评价。

A. 宁波节庆业具有良好的经济效益

宁波节庆业在城市对外开放和市场经济活跃以及经济高速增长的环境里，自身产业经济发展迅速，不仅产业规模不断扩大，2008年举办大型节庆会展活动比上年增长34%，而且取得的经济效益也十分显著，为当年宁波市 GDP 贡献196亿元人民币。节庆业对宁波经济的带动作用也十分明显。2001年至2008年正是宁波节庆业加快发展和提升的时期，在节庆业的推动下，据宁波市2001年和2008年统计公报显示，2001年宁波市地区生产总值（GDP）为1310.6亿元，2008年达到了3964.1亿元，增长了202.4%；2001年宁波市人均 GDP 为24121元，2008年达到了69997元，增长了190.1%；2001年宁波市第三产业增加值为489.41亿元，2008年达到了1600亿元，增长了226.9%；与节庆业相关产业增长迅速，2001年宁波市旅游总收入为58.42亿元，2008年达到450.2亿元，增长了670.6%；2001年宁波市住宿和餐饮零售额为17.77亿元，2008年达到59.9亿元，增长了237%；2001年宁波市全社会消费品零售总额为414.2亿元，2008年达到1238亿元，增长了199%。一些特色节庆活动如旅游节、购物节、狂欢节等很好地发挥了扩大消费的综合作用。宁波购物节较为全面地展示了节庆在刺激消费欲望、改善消费环境、对接供需关系、凝聚消费人气等方面的综合性作用，举办3年来，参节商家从100多家猛增到1000多家，销售额从4.5亿元人民币增加到9.5亿元人民币以上。[①]

[①] 资料来自：《宁波日报》2009年8月10日，对话《节庆：为扩大消费助力》，第11版。

B. 宁波节庆业具有良好的社会效益

节庆业具有强大的社会功能。宁波节庆业为宁波市社会和谐、文明进步起到了良好推动作用。

首先,节庆业推动了宁波城市形象的提升和影响的扩大。节庆活动大大提升了宁波的城市形象,如"海上丝绸之路"文化节,不仅打造了富有地域特色的宁波历史文化品牌,也加快了"海上丝绸之路"申遗进程,扩大了"历史文化名城"宁波的影响力;因为中国开渔节,象山原生的渔文化重新焕发了活力:石浦妈祖信仰及迎亲习俗、象山开洋与谢洋节、象山晒盐技艺、徐福东渡传说被列入第二批国家级非物质文化遗产名录,象山被命名为"中国渔文化之乡",并被批准建立"中国渔文化研究基地";中国徐霞客开游节把《徐霞客游记》的开篇之地宁海绚丽多姿的风情、独特深厚的历史文化底蕴展示给五湖四海的宾朋,"天下旅游,宁海开游"的口号响彻全国;国际河姆渡文化节使余姚"河姆古渡、文献之帮、东南名邑、山水城市"的美名远扬;中国弥勒文化节的举办,让奉化传统的弥勒文化在"开明开拓、和谐和乐"的城市精神中得到升华;还有海曙区的购物节、江东区的美食节、江北区的慈孝文化节、鄞州区的中国梁祝爱情节、北仑的中国国际港口文化节、镇海区的金秋旅游节等,伴随着各具浓郁地方特色的节庆活动,各个县(市)区底蕴深厚的传统文化在潜移默化中得到保护和传播。

节庆活动也为宁波市和世界各地架起了一座友谊的桥梁,推进了宁波城市国际化进程。在第十届宁波国际服装节举办的意大利服装服饰文化周上,大卫复制雕像落户宁波,次年宁波的"文臣武将"复制雕像正式落户意大利佛罗伦萨。在第三届中国梁祝爱情节上,宁波和"罗密欧和朱丽叶"的故乡——意大利维罗纳市缔结友好关系,由此朱丽叶铜像落户宁波,"梁祝化蝶"雕像也飘洋过海安家维罗纳市,这不仅传播了东方文化,也进一步确立宁波梁祝故事发源地的地位,为申报世界非物质文化遗产打下了基础。第十一届宁波国际服装节上举办了"德国文化周"活动,德国的"足球城雕"来到宁波,中德经济文化得到了交流。中国国际港口文化节则通过举办港口文化论坛等活动,推动了宁波市与国际港口城市之间的交流合作。

其次,节庆业推动了宁波市就业环境的改善和市民收入的提高,为社会和谐稳定和可持续发展起到重要作用。有统计资料显示,在与宁波节庆业大发展时期相对应的2004年至2008年期间,宁波市与节庆业相关的行业从业人员数均有大幅增长。其中,2008年,交通运输、仓储和邮政业从业人员91420人,比2004年增加37822人,增长70.5%;批发和零售业从业人员218088人,比2004年增长58.9%;住宿和餐饮业从业人员56638人,比2004年增长27.6%。[①]这一时期,宁波市民的收入也在不断增加,至2008年,宁波市区居民人均可支配收入达到25304元,比上年增长13.4%,农村居民人均收入11450元,比上年增长13.9%。

第三,节庆业推动了宁波城市的文明建设。宁波市举办的大量具有影响力的节庆活动,不仅促进了各级政府加强城市的基础设施改造和城市的绿化美化工作,2008年全市城市基础设施投资达110.0亿元;而且也促进了社会生态环境的改善,推动了文明城市的建设,2008年宁波市举办了多种有利于城市开放文明的节庆活动,如举办宁波和睦邻里节,举办地江东区百丈街道社区居民向全市市民发出了"争当文明市民、共建和睦邻里、共享和谐家园"倡议,开展了"邻里情、邻里乐、邻里助、邻里学"为主要内容的和睦邻里活动。节庆活动的开展,有力地提升了城市的文明程度和社会和谐。2008年,宁波市区社会综合服务体系建成,所有街道都建立了劳动救助、保障服务机构,所有的社区建立了服务站。由节庆业催生的志愿者队伍逐步壮大,2008年全市志愿者人数已达67万人。

---

① 资料来源:2010年宁波市第二次经济普查主要数据公报(第三号)。

2008年4月，宁波市社会经济调查中心在全市11个县（市）区，对2200个有效样本组织进行"和谐宁波"群众感知度调查，得出的结论是：市民高度认同宁波社会总体和谐，市民幸福指数达98.8%。2008年，宁波市已成为"全国文明城市"、"国家环保模范城市"、"国家园林城市"、"国家卫生城市"和"公众首选宜居城市"。①

C. 宁波节庆业具有丰富的知识含量

知识含量的丰富与否，事关城市节庆业的发展水平。宁波节庆业的发展过程中，自始自终体现了其丰富的知识含量。一是广泛运用高科技手段，提高节庆质量和影响。许多节庆活动的开幕式，采用声光电技术以达到精彩的现场效果，如第四届中国弥勒文化节开幕式，在雪窦山弥勒大佛坐像前，主办方请来了2009年北京奥运会和2010年上海世博会的策划编导团队，运用声光电和大型焰火燃放，演绎了一出雄伟壮观的精彩开幕式，提升了弥勒文化节的档次和对外影响力。二是坚持并实践了务实科学的策划理念，扩大了节庆规模和持久发展余地。如中国梁祝爱情节在策划丰富的活动内容的同时，将策划目标定在梁祝文化公园评级和"梁祝传说"申报非物质文化遗产上，通过策划成立中国梁祝文化研究会、建立中国梁祝文化网、发行《民间传说——梁山伯与祝英台》特种邮票和编纂出版200多万字的《梁祝文化大观》等，使梁祝文化公园于2006年被评定为国家AAAA级旅游区、"梁祝传说"进入首批国家级非物质文化遗产名录，主办当地的鄞州区，2007年被中国民间文艺家协会授予"中国梁祝文化之乡"美誉。许多宁波节庆活动的策划还突出了节庆当地的基础建设，以及对外交往互赠城市雕塑或艺术品，以保留每届节庆活动特色，拓展了节庆活动的发展空间，如宁波国际服装节期间意大利大卫复制雕像、德国"足球"城雕，中国梁祝爱

---

① 资料源自：宁波市人民政府新闻办公室编，《中国宁波·2009》，宣传资料。

情节期间意大利朱丽叶铜像落户宁波；中国国际港口文化节的中国首个区域性水下文化遗产保护基地、大型港口博物馆的奠基等。许多节庆活动策划还注重广大民众的参与性，组织了能让大众参与的如中国开渔节祭海和开船仪式、中国徐霞客开游节大巡游、宁波国际服装节的百姓服装时尚秀等，增强了节庆的社会基础和生命力。三是采用规范高效的运作管理模式，提高了节庆活动的效率和效益。如中国徐霞客开游节、中国开渔节等宁波主要节庆活动都不同程度地借鉴了国际节庆协会（IFEA）推荐的国际节庆活动的效益管理方法，积极开展市场化运作，吸引社会资金投入节庆活动，对一些活动项目实行服务外包，开展招投标活动，努力提高节庆资金使用效率。许多节庆企业积极引入 ISO 国际质量管理体系，参与国际展览联盟（UFI）等组织的认证，有效地提高了节庆企业的管理水平和效益。目前，宁波市已有中国国际家居博览会和宁波国际服装节中国国际服装服饰博览会成为浙江省仅有的两个通过国际展览联盟（UFI）认证的节庆展览活动。

D. 宁波节庆业具有较高的文化含量

文化是节庆的重要基础。宁波节庆业凭借其丰富的文化资源，如服装文化、佛教文化、港口文化、海洋文化、梁祝文化等等，通过节庆文化的整合和节庆与产业的良性互动，策划推出了一个个有影响力的全国性、国际性的大型节庆活动，彰显出宁波节庆业所拥有的独特文化内涵，并充分展现、发掘了传统民本特色和中华人文精神。如宁波国际服装节，凭借宁波作为"红帮"服装发祥地的历史渊源，通过对服饰文化和服装产业的有机整合、互动，策划组织了国际服装服饰博览会、青年服装时尚周等一系列的文化经贸活动，弘扬了宁波独特的服装文化，展示发掘了中国传统服饰文化特色，推动宁波特色服装产业的快速发展；中国开渔节，凭借传统渔文化的历史渊源，通过对渔俗渔业、海洋景观旅游和海鲜美食的有效互动整合，策划组织了祭海仪式、开船仪式、妈祖海上巡安仪式和

"蓝色保护"海洋环保等一系列活动,体现了独特的渔文化内涵,展示挖掘了中国传统渔文化和海洋文化,以及中华民族不屈不挠的人文精神;中国国际港口文化节,凭借主办方地处宁波港北仑港区,多年来以港口和文化为纽带的"海洋经济"发达的资源,通过对港口文化和海洋产业的互动整合,深度挖掘港口文化的多元价值,以"港口、城市、文化"发展为主题,策划组织了开幕式、中国首个区域性水下文化遗产保护基地、中国大陆首个大型港口博物馆奠基、中国大陆首个港口与城市文化研究会成立等系列活动,使中国国际港口文化节成为宁波建设"海洋经济强市",加快发展的重要推手;中国梁祝爱情节,凭借主办当地拥有始建于1600多年前的东晋梁山伯与祝英台古墓及梁山伯庙遗址的资源,对中国四大民间故事之一梁山伯与祝英台的爱情故事进行了深入挖掘,策划组织了99对新婚夫妇的玫瑰婚典、中国56个民族的56对新人在梁祝文化公园举行百合婚典、与"罗密欧与朱丽叶"的故乡意大利维罗纳市结为友好交流关系城市,实现了世界东西方两个爱情圣地的"联姻"等一系列活动,积极弘扬梁祝美好的爱情观,展现中国特色婚俗婚庆,把打造爱情特色旅游产业与梁祝文化申报世界非物质文化遗产相结合,使中国传统文化,以及梁祝传说,不断向世界各地、中国各个地区、各个民族流传辐射。

E. 宁波节庆业推动了民众精神境界的提升

城市节庆业是否有深度,要看节庆活动是否促进了市民精神境界的提升。随着宁波节庆业规模不断扩大、档次不断提高,对城市文化建设的影响日益加大,丰富多彩的活动也在不断地吸引广大民众积极参与其中。广泛的参与和体验,不仅融洽了人与人之间的关系,促进了社会和谐,而且推动了宁波市民理想人格的培养和完善,以及民众精神境界的超越与提升。

首先,节庆文化活动促进了宁波文化设施建设。近年来,宁波市区的中山广场、雅戈尔体育中心、时代文化广场、天一广场、宁波大剧院、宁波美术馆、宁波音乐厅、宁波博物馆、宁波游泳健身中心、社区健身路径等相继建成,农村村落(社会)文化宫也全面建成,"十五分钟文化圈"使百姓在家门口就能享受文化、参与文化、创造文化。

其次,节庆文化活动搭建了群众参与的平台,极大地丰富了群众的文化生活。无论在剧院、广场、美术馆、博物馆,还是在社区、村落、旅游景点,每年春节、"五一"、"十一"等节假日,都要举办"广场文化天天演"、"活力宁波"系列等各类群众文化活动2000多场,参与群众上千万人次,内容各异的节庆文化活动令宁波市民目不暇接。杨梅节、欢乐城乡游、农民文化节、乡村青年文化节、外来务工者文化艺术节、海鲜美食节以及枇杷节、桑果节、蛏子节等传统农家节庆,创造了农民和外来务工者娱乐发展的空间,对丰富农民和外来务工者文化娱乐生活、促进社会和谐发展起到了积极的作用。

第三,节庆文化活动"贴近群众、贴近生活、贴近实际"成为百姓汲取精神养料的殿堂。每年宁波国际服装节期间,专家学者走进社区、学校,面向市民传播服饰时尚知识;2009宁波全民读书月期间,500多项群众性读书活动次第开展,百万人次参与,令宁波市民尽情享受阅读的快乐;海上丝绸之路文化节,在一个半月的时间里,举办了航标灯塔展、篆刻艺术讲座、文化遗产普查成果特展、欧洲玻璃陶瓷精品展等42项系列活动,令市民走进了历史文化的大课堂,在热烈、喜庆、典雅的文化氛围中感知宁波深厚的历史文化底蕴。宁波众多的节庆文化活动营造了全民同乐的愉悦氛围,使"人人参与文化、人人建设文化、人人享受文化"这一理念得到了充分体现,让市民深深感到幸福与自豪。2007年11月,宁波市被评选为"中国最具幸福感城市"。

节庆活动的参与和体验、人际和谐,使爱心涌动,培养提升了宁波市民理想人格和精神境界。多年来,宁波市民培养了海纳百川的包容之心,2008年,宁波已拥有300多万外来务工人员。宁波市民把外来务工人员亲切地称为新宁波人,在各方面给予"同城待遇",使外来务工人员对这座城市产生了强烈的认同感和归属感。在慈善活动方面,宁波也正在演绎着"倾城之爱",据统计,2006年有1万多宁波市民结对助学1.5万名贵州贫困学生;2007年7月底,宁波市县两级慈善机构收到了60多人次的隐名爱心捐款,总额达到600多万元,位列浙江省之首;2008年,宁波市县两级慈善机构收到善款7.7亿元,救助支出达到4.8亿元,向灾区捐赠款物8.3亿元,受助群众达到26万人次。①

(3) 宁波节庆业的综合能力分析

判断一个城市节庆业是否可持续发展,就要对城市节庆业的综合能力加以分析。宁波节庆业经过十多年的发展,已具备了较高的综合能力。

首先,宁波拥有较强的城市经济综合实力。如本书第三章第三节所述,2008年,宁波市GDP达到3964.1亿元,人均GDP突破1万美元,在中国大陆15个副省级城市和长三角地区16个城市中均位居第5;全市财政收入810.9亿元,其中地方财政收入390.4亿元,在副省级城市和长三角城市中均位居第4;市区居民人均可支配收入25304元,收入水平在长三角城市位居第2,副省级城市中位居第3;全市工业总产值超万亿,达到10937.1亿元;外贸出口企业超万家,全市自营进出口总额678.4亿美元,在副省级和长三角城市中均位居第3。②

其次,宁波拥有良好的区位条件和可进入性。宁波地处东海之滨,中国大陆海岸线中位,经济发达的长江三角洲南翼,有中国大陆少有、世界上不多的深水良港宁波港,并形成了发达的对外交通,

---

① 资料源自:宁波市人民政府新闻办公室编,《中国宁波·2009》,宣传资料。

② 资料来自:宁波市统计局《2008年宁波市经济社会发展综合述评》,http://tjj.ningbo.gov.cn/read.aspx? id=25639。

以港口和城市为龙头，民航通讯为两翼，公、铁、水三路为基础的多种运输方式全方位协调发展的现代化、立体化综合交通运输网络体系正在不断地完善。

第三，宁波拥有较强的节庆接待能力。近年来宁波的节庆活动基础设施正在不断完善，市区的国际会展中心、中山广场、体育中心、时代文化广场、宁波大剧院、美术馆、博物馆、音乐厅等节庆文化设施为节庆活动的举办提供场地保障；全市酒店宾馆量质提升，2010年全市拥有星级饭店198家，为海内外宾客，尤其是参加节庆活动的宾客提供服务，市内交通和市政基础设施和环境全面改善，先后荣获国家环保模范城市、优秀旅游城市等称号，城市的节庆接待环境和接待能力也在不断提高。

第四，宁波拥有较好的节庆保障能力和服务能力。宁波市政府重视节庆会展业发展，专门组织建立了节庆会展公共服务体系，搭建了有利于举办节庆会展活动的"一站式"服务、活动组委会综合协调服务以及节庆公共安全保障服务等公共服务平台；调动节庆业行业协会、大专院校等单位的资源开展节庆业的培训和评级评估活动，提高了节庆举办企业的经营管理水平，以及节庆从业人员的素质和服务水平。

总之，"中国节庆名城"是当前中国中小城市的不懈追求，衡量一个城市是否已成为"中国节庆名城"，有诸多的因素和条件指标。笔者研究创立的"中国节庆名城"评判指标体系，以及对宁波节庆业的评判分析，是研判中国中小城市节庆业发展地位的一个尝试。从总体上看，目前，宁波节庆业已达到"中国节庆名城"的标准，在众多中国城市中其"中国节庆名城"地位已经确立，并正踏上健康快速可持续发展的道路。

4. 中国节庆经济的宁波模式初显

（1）政府准确定位，有所为，而有所不为

节庆经济是随着社会分工和生产力的发展而发展的，它是一个涵盖范围更广的概念，主要是指因节庆活动的存在和节庆产品的交易而引发的经济活动。节庆业首先是一种经济行为，因为它已经形成为一种可以直接带来经济福利的现代服务业，而经济行为就必须遵循经济规律。所以节庆业的发展必须以市场为主导，进行市场化运作。而政府作为经济活动的组织机构具有显著的特征：政府对社会成员拥有强制性的权利，政府可以"命令"社会成员从事各种经济活动。但是在政府与市场的关系中却存在着"市场失灵"与"政府失灵"现象。

中国节庆业在各级政府的热情关心下成长起来，节庆活动中的政府色彩一直比较鲜明，甚至绝大多数节庆活动主要是"官办"。政府与节庆经济的紧密联系是中国节庆业发展的先天特色，政府对具体节庆经济事务的热衷，以及以各级政府为依托的节庆企业普遍存在的软约束问题。

而宁波在市场化进程中，在节庆业发展过程中，有一个"管得少，管得好"的地方政府。宁波市政府在宁波的经济建设中，定位明确，始终起到的是一个服务和引导的作用。政府的这一定位，反映在宏观经济运行中，就是理顺政府与企业、市场和社会的关系，推动政府工作重心加快转移到调节经济、市场监管、社会管理和公共服务上来，提高办事效率和工作透明度；反映在微观经济运作中，即以强化服务，创造良好的硬件环境，提供便利的城市配套服务为己任。

对宁波大型节庆活动的统筹、协调和管理，政府"有所为"。出台了一系列政策措施，因势利导，充分保障，强力推动各项大型节庆活动有效开展。宁波市政府成立了大型活动办公室，宏观管理，服务保障以宁波国际服装节为代表的大型城市节庆活动，起到了总体策划、总体协调、总体宣传、总体监督的作用。每年政府对宁波国际服装节的组织形式、内容管理、资金预算、工作方案的重组与规划，以及工作的连续性、系统性、可持续发展性都进行实时跟踪，

第三章 宁波节庆业发展轨迹分析

并专门成立由市委办、市府办、市经委、工商、外经贸、财政、交通、公安、卫生等部门组成的组委会班子,各职能部门各司其职,各司其责,以确保宁波国际服装节每年都能圆满成功并都有新的发展与提高。政府还加大财政对宁波城市硬件建设的投入,完善了与宁波国际服装节等大型城市节庆活动密切相关的通讯、交通、场馆、绿化、市容等基础设施。

对宁波大型节庆活动的运作,政府"有所不为"。注重发挥市场的作用,通过引导节庆活动市场化运作,充分调动各种群体的积极性,使节庆活动在群众广泛参与的基础上产生实效,走出了一条"政府引导,社会参与,市场运作"的节庆发展路子。政府在节庆活动运作的角色不是包办,而是起到宏观定位、统筹管理的作用,运作过程引入市场化操作,交由市场解决。宁波国际服装节从第一届开始就引入了市场化运作机制,大到大型开幕式文艺晚会经费,小到会刊编印、资料袋制作都吸纳了企业的赞助费广告费等。第十届宁波国际服装节的"同一首歌"走进宁波活动,由罗蒙集团投资进行市场化运作取得圆满成功,达到了企业推介品牌、扩大影响,政府丰富节庆内容、扩大节庆规模的双赢目标。第十届宁波国际服装服饰博览会推动展会市场化,把展会的经营权外包给宁波市专业展览公司即华博展览公司运作,有效地推动了该展会的发展,也直接为第十三届宁波国际服装服饰博览会成功获得国际展览联盟(UFI)的认证打下了良好基础。

由于宁波市政府在节庆业发展中坚持了"有所为,有所不为",有效地实施了战略与战术的分离,从根本上解决了机制和体制的约束与限制,宁波国际服装节因此有了健康发展的根本保障。

(2) 充分利用当地资源

节庆项目的设立应该与节庆所在地本身的优势经济及产业发展特点密切相关。发展节庆经济,必须依据节庆举办地自身经济发展方向,树立区域节庆品牌,依托本区域的优势特色产业,开发有特色的节庆项目。

有什么样的城市，就有什么样的节庆。宁波是一座工商业城市，节庆更注重经济性、产业化。产业化是指节庆活动结合产业、服务产业，然后自身形成产业。宁波节庆在服务产业，为产业发展推波助澜的同时，节庆自身也当作产业来做。节庆直接推动了相关产业的发展，同时节庆自身也得到了发展。走向产业化，使宁波找到了一条现代节庆可持续发展的道路。

发展节庆业，找准定位是关键。那么，宁波节庆业如何定位呢？与上海相比较，宁波节庆业"做大"没有优势，因此，宁波考虑"做精做强做优"。于是，宁波市依据地处长三角核心经济圈，依托港口资源，把促进节庆业发展作为宁波市现代化国际港口城市建设的一项重点战略来重视，在中国节庆格局上把宁波节庆业定位在长三角南翼的国际节庆名城。并在节庆业的发展工作中，紧紧围绕把宁波现代化国际港口城市建设全面推向新阶段这个大目标，为推动以进出口贸易为龙头的临港型现代服务业的大发展提供支撑、搭建平台，优先发展与进出口商品贸易相关的节庆会展活动。

在具体节庆项目的策划、组织上，宁波市提出了"依托产业，服务产业，提升产业"的办节思路，根据自身的资源特点，加以充分利用和整合。于是，依托独特而十分发达的服装产业，宁波市举办了宁波国际服装节。自第一届举办14年来，宁波国际服装节利用宁波服装工业历史悠久，服饰文化底蕴深厚，在中国纺织服装行业居举足轻重地位的资源优势，顺应服装企业从规模生产、创建品牌、国际贸易、形成产业集群，直至转型升级的不同时期的发展需求，同时，也促进了宁波国际服装节自身的不断做大做强。同时，依托相关产业资源，宁波也举办了众多的品牌节庆活动。如象山县利用海洋渔业资源丰富的特点，借国家规定休渔期的特殊情况，举办了中国开渔节；宁海县利用生态旅游资源丰富的特点，借拥有古代旅行家徐霞客从宁波宁海为游历中国名山大川的起点这一名闻遐迩的特殊典故资源，举办了中国徐霞客开游节；东钱湖管委会利用拥有面积大于杭州西湖3倍的东钱湖资源，借东钱湖加大开发建设力度时机，举办了中国湖泊休闲节；余姚市利用盛产杨梅特点，借当地大力开发建设生态农业的机遇，举办了余姚杨梅节等等。有力地促进了各地节庆资源的利用、整合和相关产业的发展。

(3) 文化经贸互动发展

从文化发展的角度看，节庆活动是展示城市历史和特色的重要文化景观。学者徐李全研究提出，无论哪种城市节庆都是以地方大众文化为"基质"(matrix) 的文化景观"斑块"(cultural landscape patch)，成功的城市节庆活动可吸引本社区和异域的游客，最终实现跨区域的文化景观"斑块"间多种"流"的互动，形成独特的具有一定导向的景观文化过程，是一种拉动"景观文化经济"、构建区域经济强大的精神力量。① 因此，城市节庆活动，是一种有主题的公众庆典文化，它是一个城市综合实力的集中体现，在城市文化建设中扮演着越来越重要的角色。

从对外贸易方式看，节庆活动又是一种重要的国际贸易方式，它为买卖双方了解市场，建立和发展贸易、技术、经济合作关系，促进文化交流，增进友谊提供了条件。节庆活动期间，往往同期举办相关的展览会，特别是大型的国际贸易展会，可以吸引世界各地、各地区的客商，增加了各国买卖双方接触、了解、交流的机会，便于企业进行贸易活动，有利于促进国内企业将自己的优势产品、技术出口，或购买先进的生产技术、设备等，从而能够直接增加外贸进出口额，推动对外贸易的快速发展。

节庆活动只有把文化和经贸联系起来，实现互动发展，才能使节庆活动扩大对外影响，增强发展后劲，取得社会效益和经济效益

---

① 徐李全：地域文化与区域经济发展 [J]，《江西财经大学学报》，2005年第2期。

最大化，促进城市节庆产业健康快速发展。

　　宁波市充分利用当地特色资源，依据自身拥有的特色文化和特色产业，对城市节庆的活动文化性和特色性进行了深度挖掘，在处理文化与经贸关系时，坚持"文化搭台，经贸唱戏"，实现了文化经贸互动发展，推动了宁波节庆业的长足发展。

　　宁波有着独特的民俗节庆文化，本土化特色塑造了属于宁波特有的节庆，注重本土化是宁波节庆具有竞争力的核心。宁波国际服装节、中国弥勒文化节、中国开渔节、中国梁祝爱情节等节庆活动，都是依托宁波当地独特的优势，创造了属于宁波自己的具有浓郁本土特色的节庆文化。节庆的文化以及文化经贸的互动发展，又推动着城市节庆的繁荣。宁波国际服装节作为宁波大型综合性文化经贸活动，每届都要举办大型经贸活动宁波国际服装服饰博览会。第十三届宁波国际服装节在举办"欢乐中国行"走进宁波大型文艺晚会、中国青年时尚文化周、中国时装设计大赛、时尚走进社区群众文化服饰活动、服装时尚品牌发布等活动的同时，举办了第十三届宁波国际服装服饰博览会，吸引了来自全球56个国家和地区，全国28个省（市）、自治区9660余名境内外采购商和专业客商到会采购、洽谈，达成成交意向116个。采购商、专业客商、时装设计者，服装业界和企业代表、团体，在参加服装产业对接洽谈交流的同时，充分地领略宁波民俗文化特色和节庆文化活动，参观城市旅游景点和城市风貌；大型经贸活动的举办为节庆活动带来了经济效益和社会效益，可以对节庆文化活动提供资金支持，尤其是有实力的企业介入所提供的赞助、广告投入等。文化活动与经贸活动的互动促进、互动发展，不仅给宁波国际服装节带来了生机和活力，也增强了持续发展的后劲，推动着着宁波国际服装节等宁波节庆在全国众多节庆活动中脱颖而出。

　　（4）按市场化、专业化、国际化要求运作

　　中国节庆长期以来，在政府的严格审批、深度参与的条件下发

第三章 宁波节庆业发展轨迹分析

展，政府色彩浓厚。随着市场经济的发展，节庆逐渐变成一种社会化经济活动，节庆活动的组织工作也逐渐专业化和市场化。在节庆业的发展过程中，宁波市政府的角色也正从节庆的组织者和参与者转变为推动城市节庆业发展的扶持、监督、服务和促进者，以市场化、专业化、国际化要求运作节庆活动，尤其是其中的展览活动，为节庆业提供一个良好的发展环境。

节庆业生存与发展的灵魂是品牌。一个节庆活动如果没有一个品牌就很难在竞争中立足，这是因为节庆业是一种需要长期市场选择，最终形成稳定市场布局的行业，必须依存具有自身特色的品牌节庆，在特定地域和行生产业重要影响后才能确立自身在节庆业中的中心地位。要实现节庆品牌化，就必须推动节庆活动的运作，首先实现市场化、专业化和国际化。

从宁波国际服装节发展轨迹看，其中的宁波国际服装服饰博览会展览面积、贸易观众、成交额三个衡量展会质量的指标历届都有创新，就与市场化、专业化、品牌化组合运作手段导入展会主题分不开。从第一届宁波国际服装节开始，组织者就顺应现代节庆内在的发展规律，将市场机制引入，在活动策划、操作上实行市场化运作，并针对产业需要，把准企业脉搏，开展全方位的服务，为服装企业的长久发展打造了坚实平台。专业化形成差别化，差别化形成竞争优势。第三届宁波国际服装服饰博览会开始从综合性展会向专业性展会转变，使展会在市场细分的基础上，更好地把握客户的需要，在招展、邀请买家、展会组织等过程中更加准确有效。专业化要求不但提升了展会的质量，而且也提升了展览的科技含量。用高科技手段改进服务，极大地增强了博览会的竞争优势，互联网、电子商务系统和网上博览会等为参展商带来了高附加值的展会服务。

节庆经济赋予了宁波城市新的发展内涵。除一年一届的中国宁波国际服装节及其宁波国际服装服饰博览会外，近年来举办各类节庆和展览活动增多，已形成了若干定期举办的较大规模的品牌节庆和展览活动。如中国开渔节、中国余姚杨梅节、中国宁波国际茶文化节、宁波购物节、宁波国际旅游节等30多个与产业高度关联的专业节庆活动，宁波国际服装节带动了专业展会的发展，依托区位和产业优势，出现了节能展、汽车展、家电展、模具展、文具展、机电展等一批有一定规模和影响力的专业展会。在2008年宁波市举办的专业展中，展览面积超过2万平方米、展位数在1000个以上的有21个，占全年专业展总场数的25.6%左右。据中国国内会展业专家委员会评估，2009年宁波市展会规模位列中国会展城市第4位，仅次于我国会展一线城市北京、上海和广州。

第四章

宁波国际服装节现状及发展前景

"宁波国际服装节以自身丰富多彩的活动内容,不断拓展商机,演绎得非常成功,这是当选'中国最具国际影响力十大节庆'之一的理由",在2005年11月29日举行的节庆颁奖典礼上,国际节庆协会(IFEA)总裁史蒂文如是说。在 IFEA 的中国最具国际影响力十大节庆评选中,宁波国际服装节名列第5,是中国唯一获得这一殊荣的服装节。宁波国际服装节经过14年的发展,如今不仅是宁波节庆业的典型代表,而且正快速成为中国顶级节庆活动。2009年的第十三届宁波国际服装节,举行了国际服装服饰博览会、时尚风——魅力宁波系列评选、中国青年时尚周、群众服饰文化、中央电视台大型文艺晚会"欢乐中国行"走进宁波活动,共有来自全球46个国家万余名来宾参加了这届服装盛会,参与服装节人数达20余万人。① 宁波国际服装节何以能够迅速发展,或者是在怎样的条件和环境下通过什么方式得以迅速发展起来,其发展前景又是怎样的,这些值得深入考察探究,以进一步研究宁波节庆产业,对中国中小城市节庆产业的发展形成借鉴作用。

---

① 数据资料由宁波国际服装节组委会提供。

节庆产业
与城市发展

第一节　宁波国际服装节的发展环境分析

1. 宁波国际服装节发展轨迹

1997年10月6日，宁波人民迎来了历史上第一个以文艺搭台为形式、服装展评为媒介、经贸交流为内容的大型综合性城市节庆活动——宁波国际服装节。之后的10多年来，在两任宁波国际服装节组委会主任：时任宁波市副市长吕国荣和现任宁波市委常委、副市长余红艺的领导指挥下，宁波国际服装节从无到有、从小到大、从蹒跚学步到日益成熟，规模不断扩大，参节人数不断增多，档次不断提高，影响力不断提升，在成为中国著名优秀节庆活动的同时，为宁波与全国以及与世界各国之间架起了一座桥梁。通过这座桥梁，宁波服装企业加快了走向全国和世界的步伐，宁波现代服务业得到了有力的推动和发展，宁波在海内外的知名度和影响力大大提高。宁波国际服装节的发展轨迹可分为三个时期：

（1）第1届至第4届：初创期

1997年9月，为了扩大城市的影响力和知名度，宁波市政府提出要举办大型城市节庆活动。经过多方论证，选择了举办服装节，这一宁波具有强大服装产业作为依托的、贴近群众的、容易与城市文化相结合的节庆活动。这一时期，宁波国际服装节经过最初的尝试，初步建立起规范有序的策划、组织、协调、实施的运作体系，活动的内容和规模逐步丰富扩大。

1997年第一届宁波国际服装节，宁波市成立了宁波国际服装节组委会，组委会下设常设机构办公室，首位办公室主任由现为宁波市政府副秘书长的陈国强担任。在组委会办公室的精心策划组织下，宁波首次办节即摘得累累硕果。从《东方霓裳》大型文艺晚会到服

第四章 宁波国际服装节现状及发展前景

装博览、经贸招商等活动，均办得有模有样，声势不小。其交出的成绩单上，32.2 亿元的成交额，241 家展商到会，450 个展位，5000 名买家，丝毫不逊于当时国内兄弟城市举办的同类活动。

1998 年第二届宁波国际服装节，《相聚在宁波》开幕式立意高远，《红帮故事》、《缤纷世界》和《梦幻未来》等节目将中外服饰文化之美、宁波地域文化之美和人生感情之美融于一体。共成交 35.6 亿元，比首届增长 10.56%，有 21 个国家和地区的客商参节、交易。宁波服装博物馆开馆，这是中国当今第一家服装专业博物馆。

1999 年第三届宁波国际服装节，在举办"霓裳海"开幕式晚会等活动的同时，注意引导市民共同参与，举办了"维科杯"第五届中国服装设计"新人奖"大赛。该奖是全国服装院校学生参加角逐的服装设计最高奖项。设计大赛在现场直播的同时，"新人奖"电视观众有奖竞猜也同时进行。此外，"华联杯"最佳服饰搭配艺术大奖赛上，市民可现场投票评选出自己心中最佳服饰搭配方式，当一回服饰设计师。共有 5200 个外地贸易买家参节，成交额 40.2 亿元。

2000 年第四届宁波国际服装节，在继续举办服装博览、经贸招商活动的同时，举行了"海洋风"象山渔乡风情展演、德国 NRW 青年交响乐团广场交响音乐会、黑龙江龙江剧院"黑土情"综艺表演、大型朗诵音乐会、江南丝竹表演、"壶王迎客"茶艺表演、"千秋月湖"京剧擂台赛、戏曲专场、名人讲座等活动连绵不绝。来自海外 14 个国家和地区，国内 13 个兄弟省市和宁波的 348 家企业，100 多个著名品牌，1 万多名客商云集，累计成交额达 44.5 亿元。

（2）第 5 届至第 8 届：成长期

这一时期，宁波市办节的条件和环境已大为改善，形成了科学完善的节庆公共服务保障体系。宁波国际服装节华丽转身，国际化程度得到较大提高，一些活动包括展览活动开始尝试市场化运作，引进并同期举行了国家级大型节庆活动。由于活动的丰富多彩，市民的参与度不断提高，宁波国际服装节被社会各界、国内外广泛赞誉和认同。

2001年第五届宁波国际服装节，与此同时拉开帷幕的还有另一场盛会——第十届中国金鸡百花电影节。两个盛会同在宁波"双节合一"，双星闪耀。期间，43部优秀国产影片和15个国家的优秀电影参节，8000余位海内外客商参加服装博览会交易，总成交额超过48亿元，协议利用外资2.13亿美元。成为中国加入WTO前夕的一次"盘点"。

2002年第六届宁波国际服装节，世界服装名城巴黎、佛罗伦萨、米兰、大邱以及国内的香港等时装界"巨头"齐聚宁波。来自法国、意大利、德国、日本、韩国、美国、越南、蒙古、澳大利亚、加拿大、比利时及中国港、澳、台14个国家和地区，国内20多个省、市、区及宁波的500余家企业、100多个著名品牌参节参展，展位总数3000个，2.12多万人次的专业客商齐觅商机，成交额53.56亿元。最出彩的活动当数"时尚十月"大巡游，在宁波市旅游局副局长陈民宪等业内专家的精心组织下，大巡游万人空巷、炫丽缤纷，为服装节画上了浓彩一笔。俄罗斯普希金芭蕾舞团、德国北莱茵州交响管乐团、智利国家民族歌舞团冒雨巡游，赢来看客掌声不断。而来自菲律宾的重金属乐队和法国的理查德·克莱德曼钢琴演奏更让人如痴如醉。

2003年第七届宁波国际服装节，围绕着"合作与发展"的主题，精心组织举办了宁波国际服装服饰博览会，并使其跃居为国内第二大规模服装展会，享誉海内外。太平鸟斥资200万，打造服装节首届"时尚颁奖典礼"，发布经典女装，试行国际化新路；维科连挥大手笔，在镇海工业园区、北仑工业园区、杭州湾工业园和宁海能源工业园四大园区开设分厂；此外，意大利"乌萨玛"、"圣堡龙"、"波姆斯"、"梵尚"等十余品牌商越洋而来。尽管这一年有非典影响，宁波国际服装节依然有来自15个国家和地区及国内22个省、市、自治区140多家服装企业的160多个服装品牌参展，与会

第四章　宁波国际服装节现状及发展前景

专业买家超过2万人。

2004年第八届宁波国际服装节，走过了七年历程的宁波国际服装节开幕式文艺晚会，在这个年头悄悄地"变脸"：服装节开幕式与文艺晚会掰成了两瓣；一台大制作晚会变成了几场高雅艺术演出以及丰富多彩的群众服饰文化活动；演出场馆也由体育场（馆）转移到了大剧院。没有明星歌星大腕，却有更多的客商、"洋面孔"；没有"一夜辉煌"的开幕式晚会，却有一份份更为厚实的订单。不请明星、开幕式告别晚会和专业秀多、时尚发布多成为第八届宁波国际服装节的最大亮点。与此同时，首届中国青年服装时尚周隆重上演，吸引了全国各地百万余名青少年直接或间接的参与。

（3）第9届至第13届：发展期

这一时期，宁波国际服装节开始转型升级，每届与一个国家及其城市合作举办一个国际服装服饰文化周，提出了打造宁波国际服装之都的目标。各项活动的市场化运作走向成熟，并得到宁波节庆相关企业和研究机构的服务支撑。宁波国际服装服饰博览会通过国际展览业联盟（UFI）的认证。崇尚大众时尚，服务服装产业，宁波国际服装节规模不断扩大，档次不断提高，对外影响力不断提升，进入了加快发展时期。

2005年第九届宁波国际服装节，提出宁波要打造国际服装之都，举办了韩国服装服饰文化周。数万客商云集宁波，给宁波市民和服装企业带来了对外交往的机会和意料之外的商机。这一届宁波国际服装节开始渐趋转型。在服装节办一个有中国特色的热闹型展会，或是办一个与国际接轨的专业型展会，不同的城市有不同的选择。在全国200多个服装类型展会中，宁波国际服装节选择了后者，改变会名、调整展期、压缩时间、扩大展品范围、限制展位面积，广邀国际买家。这一系列大胆革新举措的推出，在全国节庆业界引起了震动。该届服装节共有91个国家或地区的外商、全国10余个城市600多家企业参节参会，专业客商达3.8万人，境外客商约3500

人，分别比上届增加92%和近8倍。

2006年第十届宁波国际服装节，十年大庆，该届服装节增添了时尚焰火晚会、中央电视台综艺节目《同一首歌》走进宁波、文艺演出进社区等大型活动。举办了意大利服装服饰文化周，宁波和意大利佛罗伦萨这两座服装名城的文化、经贸交流引起了海内外的广泛关注。在时任宁波国际服装节组委会办公室主任俞丹桦的精心策划组织下，大卫青铜雕像落户宁波，并创下了多项纪录：这是意大利佛罗伦萨市政厅第一次向国外赠送大卫雕像复制品；这是中国接受的迄今最大的青铜雕像作品。随着大卫青铜雕像的到来，意大利美食周、意大利服饰文化节、意大利喜剧等都成了宁波国际服装节的一部分。在中国服装论坛上，宁波服装业的几大巨头，如雅戈尔、杉杉、洛兹、太平鸟、博洋、培罗成等首次聚会，共同探讨宁波服装业走向高端、提升产业的话题，达成了提升产业、做强设计、营销和品牌的一致意见。全国各地服装主产区的行业协会也首次聚首甬城，发表"宁波共识"，谋划行业合作、区域合作。2007中国春夏流行趋势发布会首次在宁波举行，并有意长期落户宁波，使宁波成为了时尚流行的另一个发布中心。而宁波女装，也在该届服装节上首次举起了品牌大旗，表达着另一种"宁波时尚"。

2007年第十一届宁波国际服装节，以"大众时尚"为主题，凸现市民节日、行业盛会、贸易平台、友谊桥梁的办节理念，举办了七个系列40余项服装文化和服装经贸活动。宁波国际服装服饰交易会围绕"融入全球化，提升产业链"的办展目标，共设展位2200个，展出面积4.5万平方米，共吸引观众7万余人次，境内外专业采购商2万余名。其中，境外采购商6150名。展览规模、产业合作规模均居全国前列，荣获"最具行业影响力专业展会"的大奖。该届服装节举办了德国服装服饰文化周，接待了超过200余名的外国城市代表团，德国11个城市联合向宁波市赠送了一尊玛瑙制成的大型足球雕塑；中德会展合作与发展论坛是在宁波举行的会展大国与

第四章 宁波国际服装节现状及发展前景

会展强国的首度对话；开幕招待会文艺晚会，秉承"多请商、少请客"办节理念，将服装节开幕式、招待酒会、文艺晚会合而为一；文化活动重点体现了"贴近群众"理念，全市各地广场社区文化活动丰富多彩，服装节期间有近50万市民参与和观看；中国服装论坛以"国际机遇与模式创新"为主题，就服装产业集群的创新与提升、中国男装的发展模式等内容展开深入交流与探讨。

2008年第十二届宁波国际服装节，是在国内外宏观环境发生深刻变化，宁波服装产业既面临严峻挑战，也蕴藏良好机遇的新形势下举办的。共安排了五大板块、20余项活动内容，在宁波大剧院举办了第十二届宁波国际服装节开幕式暨颁奖典礼——《美丽之路》。开幕颁奖典礼回顾了改革开放30年来，尤其是宁波国际服装节举办12年来宁波服装产业所走过的奋进历程和取得的可喜业绩；重点表彰了举办宁波国际服装节十二年来，教育、新闻、文艺、传播、企业和国际友人、友好机构等方面为推动宁波服装产业发展、为历届宁波国际服装节筹办和圆满成功作出突出贡献的先进单位与个人。这是宁波服装界首次由政府组织的表彰活动。第十二届宁波国际服装服饰博览会共设2200余个展位，参展企业共345家，包括58个国家、地区和国内26个省（市）、自治区的9200余名专业客商及100余个重要贸易团组到会采购洽谈，参观人数达7万余人次。100余家超市、商场和专业市场及800余家境内外贸易公司专程到会洽谈采购。陈国强主编出版了《中国服装产业蓝本寓言——宁波服装观察》。

2009年第十三届宁波国际服装节，举行了中央电视台"欢乐中国行"走进宁波、宁波国际服装服饰博览会、太平鸟·时尚风——魅力宁波系列评选活动、中国青年时尚文化周以及系列服装服饰文化活动等4大板块20余项大型活动。第十三届宁波国际服装服饰博览会共有386家企业参展，比上届增加12%，全球56个国家和地区采购商和专业客商到会采购、洽谈，参观人数达6万余人次，共达成成交意向 116 个，意向金额达 5.2 亿元，有意加盟、代理宁波市服装品牌的客户 125 个。太平鸟·时尚风——魅力宁波系列评选活动通过对推动宁波城市时尚的人物、品牌、地标、达人的评选表彰，展示宁波城市多元时尚元素。

表 4-1　第十三届宁波国际服装节主要活动一览表

序号	活动名称		时间
1	太平鸟·时尚风——魅力宁波系列评选活动		8月26日—9月28日
2	浙江纺织服装职业技术学院流行与设计讲座活动		10月18日
3	浙大宁波理工学院生活彩妆与服饰搭配技巧讲座活动		10月19日
	浙江医药高等专科学校服饰色彩与搭配讲座活动		
4	浙江工商职业技术学院服饰品扮靓生活讲座活动		10月21日
	孔浦街道白杨社区个人服饰色彩的选择讲座活动		
5	绍相现代医学模拟教学试验中心落成典礼		10月21日
6	2009中国（宁波）青年时尚文化周暨宁波市第九届少儿服饰文化节开幕式		10月21日
7	第十三届服装节开幕式暨颁奖典礼		10月21日
8	2010女装流行趋势解析		10月21日
	宁波城市职业技术学院服装风格与品牌鉴赏讲座活动		
9	宁波时装周·系列品牌发布	"月涌三江" smalto 风尚之夜	10月21-24日
		Hello, color (tonlion) 你好，色彩	
		LOVE. FASHION 爱.时尚 (F4)	
		Dada&co 专场	
		HIDOC 专场	
10	第十三届宁波国际服装服饰博览会开展仪式		10月22日

第四章 宁波国际服装节现状及发展前景

续上表

序号	活动名称	时间
11	海曙云丰街道联南社区服饰品扮靓生活讲座活动 宁波工程学院个人形象与价值讲座活动 宁波大红鹰学院生活彩妆与服饰搭配技巧讲座活动	10月19日
12	第十三届宁波国际服装服饰博览会	10月22日-25日
13	10/11秋冬中国纺织面料流行趋势发布静态展示	10月22日-25日
14	2009中国国际布料设计大赛作品展示	10月22日-25日
15	Iffair2009纺织服装人才专场招聘会暨浙江服装行业企业与人才对接会	10月22日-25日
16	第十三届服博会时尚展演	10月22日-24日
17	中韩服装企业交流会：品牌提升与产品优化	10月22日
18	2009中国（宁波）青年创意设计作品展	10月22日
19	爱尔妮·2009中国国际服装产业发展论坛	10月22日
20	第二届国际服装产业合作宁波圆桌会议	10月22日
21	2009中国（宁波）创意产业先锋论坛	10月22日
22	"欢乐中国行"文艺演出活动	10月22日
23	宁波服博会'09全国服装经销商大会暨第22届中国服装经销商财富论坛	10月23日
24	庄市街道兴庄路社区服装风格与品牌鉴赏讲座活动 海曙云丰街道联南社区服饰品扮靓生活讲座活动 宁波大学服饰色彩与搭配讲座活动	10月23日
25	宁波服装博物馆新馆开馆仪式	10月23日
26	2009'东盟—宁波服装产业对接会	10月23日
27	"中国时尚百年"主题服装发布会	10月23日
28	红帮文化与宁波服装高峰论坛	10月23日
29	鄞州区华泰剑桥社区女性日常着装设计讲座活动	10月23日
30	2009中国（宁波）服装企业电子商务论坛	10月24日

续上表

序号	活动名称	时间
31	2009中国宁波三江情大红鹰玫瑰婚典暨青年婚庆服饰秀	10月24日
32	宁波市图书馆"天一讲堂"服装艺术与流行元素讲座活动	10月24日

注：此表由宁波国际服装节组委会提供

2. 宁波国际服装节的发展条件

节庆业对社会经济文化有巨大的拉动作用，节庆经济作为一种多要素、多产业融合，跨区域、多空间扩张的新经济形态，节庆产业规模扩张将对整个经济体系产生影响，促进经济一体化发展。宁波经济实施"以港兴市，以市促港"战略，遵循"依托产业，服务产业"方针，大力发展以节庆会展业为龙头的现代服务业，经过几十年的发展，宁波社会经济蓬勃繁荣，城市综合竞争力跃居中国同类城市前列。宁波国际服装节是宁波经济发展到一定程度的产物，其产生和发展有一定的基础条件。

（1）国内外大环境影响

节庆业是经济全球化进程中出现的新兴产业。来自不同地区的各种经济实体或其他机构，通过节庆活动实现商品、技术和信息、文化的交流，带动商业、旅游业、交通运输业、信息服务业等多种产业的发展，对国际和地区的经济增长产生了巨大的拉动作用。

世界经济全球化进程的加快，要求资本技术、人力资源能够跨国界、区域流动。要素流动配置范围的扩大，使得以要素流动为主要经营目的的节庆企业经济活动的地域空间扩大，形成全球化节庆产业类型。节庆产业的全球化反过来又进一步加速全球经济一体化的发展步伐。

中国节庆业是随着改革开放的不断深入和社会主义市场经济体

第四章 宁波国际服装节现状及发展前景

制的建立和完善而迅速发展起来的一个新兴行业。加入世界贸易组织（WTO）以后，中国与世界各国的经济贸易往来进一步加强，节庆作为国际贸易经济的桥梁和载体，对国民经济发展起着不可替代的促进作用。在中国加入世贸组织以后，面对经济全球化进程加快和中国经济形势持续发展的形势，随着国家经济总量的增长和内外交流的扩大，高新技术的进步，信息产业的发展和国内外贸易的扩大，节庆业的发展得到有力的支撑，中国节庆业迎来了更为广阔的发展空间。

中国许多城市，尤其是沿海开放城市，为了加大国际、国内的交流，促进对外贸易技术和经济合作的发展，提出了宣传城市、经营城市的理念。青岛、大连、南京、杭州等城市相继策划组织举办城市节庆活动，在推动城市经贸发展的同时，扩大了城市的知名度和竞争力。

宁波国际服装节的产生和发展正是顺应了这种国内外大环境的影响，经过十几年的积累和发展，已经成为中国节庆业的新亮点，是带动宁波经济发展的新的增长点，宁波已经将以宁波国际服装节为龙头的节庆业作为"以节促贸，以节引资，以节会友，以节兴市，以节扬名"的支柱产业而推动其发展。

（2）区域特色产业的需要

节庆业的发展是生产力发展到一定阶段的产物，生产力发展水平和经济发展状况是一个地区和城市发展节庆业的主要因素。奥运会等大型节庆活动，其举办地都是选择在经济发展有一定基础的国家和城市。2010年上海世博会，也是以上海乃至中国长江三角洲地区快速发展的经济为基础的。强大的经济实力给城市节庆业加足了动力。节庆业的形成与发展又是满足产业发展和市场需求的结果，推动着产业的升级换代，为产业的发展提供可持续的动力。

以宁波国际服装节为龙头的宁波节庆业的发展同样需要宁波经济的支撑。以服装产业为代表的区域特色产业发展的需要成为宁波

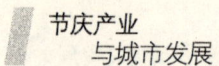
节庆产业
与城市发展

节庆发展的另一个有利条件。

服装产业是宁波的特色产业和优势产业。宁波的服装工业历史悠久,尤其是以"红帮裁缝"名闻遐迩。宁波是中国1000年前"海上丝绸之路"的始发港,在中国海外交通史上的地位举足轻重,且历来是中国纺织服装的重要生产基地。宁波诞生了中国第一个近代服装流派——"红帮裁缝"。宁波"红帮裁缝"创造了中国"第一套西装"、"第一件中山装"、"第一家西服店"、"第一部西装裁剪书"、"第一部服装理论著作"。因此宁波堪称是中国近代服装的发祥地,而今的"东方商埠,服装之都",具有历史的传统优势和深厚的服饰文化底蕴。

现代宁波服装产业起步于20世纪70年代末、80年代初。乘改革开放之东风,汲服装之乡之灵气,不断抢抓机遇,创新进取,经过二十多年特别是近十年的迅猛发展,宁波服装已从红帮裁缝的手工业作坊生产转向机械化大工业生产。在70年代末80年代初,由于国际服装加工业的转移以及国内服装市场的繁荣,宁波服装加工业初步兴起。进入90年代,宁波服装进入辉煌的创名牌时期,崛起了一批知名的服装企业和著名品牌,如杉杉、雅戈尔、罗蒙等,形成了国内少见的服装名牌群星璀璨的局面,在中国服装工业中具有一定的代表性。宁波"服装大市"的美称也日益响亮,已具备了较强的国际竞争力,并构建了鲜明的产业和比较优势。

20世纪90年代末期,宁波服装产业开始进入创品牌时期,服装行业和企业寻求从数量型发展向品牌经营跨越的路径,企业自主创新意识觉醒,品牌意识和依托品牌获取效益意识十分高涨,涌现了一批"中国驰名商标"和"中国名牌"服装产品,服装企业外向开拓需求加大,一些有实力、有潜力的企业开始走出去,进军国际市场,并着力提高企业自身国际化自主营销的能力和水平;服装产业集群正加速形成,产业的块状经济特色日趋明显,至20世纪90年代末,已形成了一个容纳几十家大企业,方圆20公里的行业集聚区,形成了以西服、衬衫生产为龙头，集针织服装、羊毛羊绒服装、童装、皮革服装之大成的庞大产业集群，年服装生产能力16亿件（套）。

正是由于宁波服装业在国际国内具有较大的影响力，而且提出了开拓市场和引进技术进行产业提升的强烈要求，在宁波市需要举办一个大型城市节庆活动的背景下，宁波国际服装节自然一炮走红，产生明显的拉动效应和辐射效应。

3. 宁波国际服装节发展的经济环境

（1）宁波市主要经济数据分析

宁波国际服装节发展依托宁波经济，对宁波主要经济数据的分析可进一步了解宁波国际服装节产生的原因和发展动力。笔者根据宁波市统计局国民经济与社会发展统计公报整理从2001年至2008年宁波国民经济与社会发展的部分数据并进行扼要分析。

A. 综合指标分析

宁波紧紧围绕建设现代化国际港口城市目标，牢牢把握各个时期社会经济发展的有利时机，加快推进经济结构调整和城市一体化进程，努力促进出口和扩大内需，实现社会经济全面协调和可持续发展，国民经济持续保持快速增长，其中增幅最大为2004年，达到15.5%，远远超出全国8%的平均增长率。在经济结构上，第一产业的比重持续下降，第二、三产业比重增加。至2006年，第三产业的比重就突破40%以上，服务业的比重日益明显。①

B. 工业指标分析

近十年以来，宁波生产快速增长。从2008年数据显示，就工业结构方面分析，按轻重工业分：2008年轻工业产值2895.8亿元，增长11.8%；重工业产值5996.0亿元，增长13.2%；轻重工业增长幅度比较协调。按生产规模分：全市规模以上工业总产值8891.8亿元，增长12.7%，其中总量居前4位的石油加工、炼焦及核燃料加

---

① 数据来源：宁波市统计局统计资料。

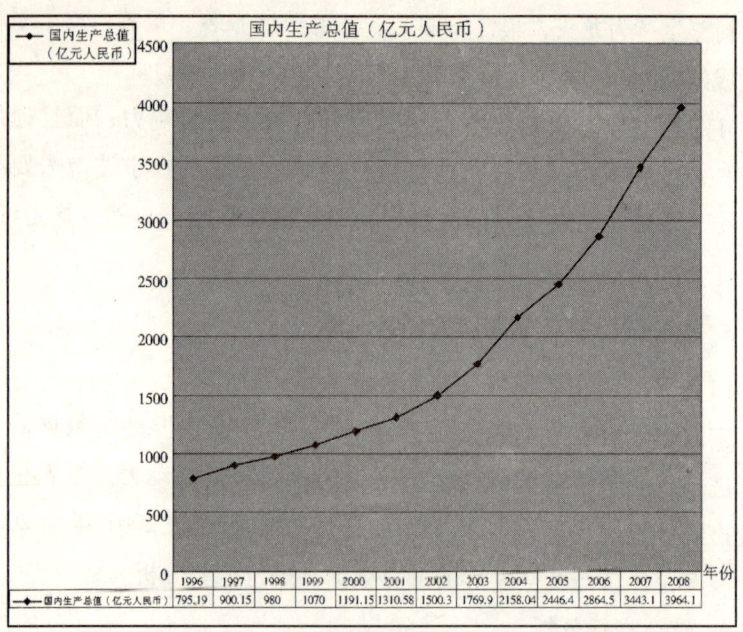

图4-1　1996-2008年宁波市GDP的增长

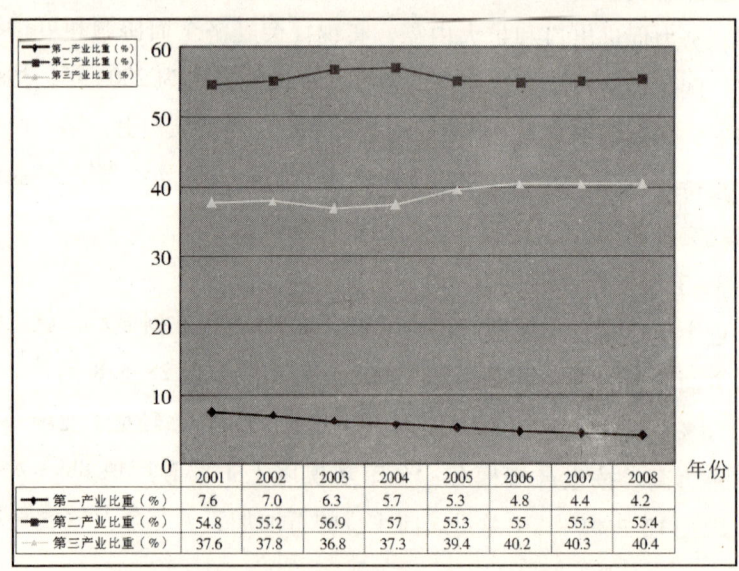

图4-2　2001-2008年宁波市国民经济结构图

第四章 宁波国际服装节现状及发展前景

工业,电气机械及器材制造业,通信设备、计算机及其他电子设备制造业等产值增速分别为25.4%、15.3%、12.7%和10.4%。

在工业生产快速增长的同时,工业企业的生产和核心竞争能力进一步增强。2008年,规模以上工业企业实现增加值1698.6亿元,增长14.2%;规模以上工业企业科技活动经费支出76.4亿元,增长22.1%;完成新产品产值1251.8亿元,增长12.4%,新产品产值率达14.1%。2008年,全市新增国家级企业技术中心1家,省级企业技术中心18家,市级重点实验室4家,市级企业技术中心155家,引进共建技术研发机构27家;新增授权专利9882件,增长11.7%,共有477家企业通过国家高新技术企业认定,新增"驰名商标"76件,新增浙江名牌41件,共有中国名牌61件,新增"知名商标"134件。①

C. 交通运输与旅游业指标分析

宁波在过去的几年里,在交通上投资较大,交通运输业稳步发

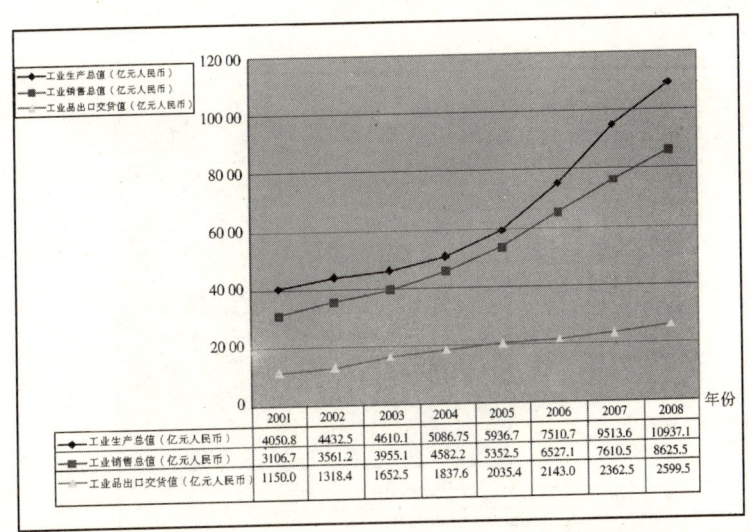

图4-3 2001-2008年宁波市工业生产数据

---

① 数据来源:宁波市统计局统计资料。

展。建设公路里程最长的是2006年，一年新增公路建设787公里。投资方面，2008年全年公路建设投资82.6亿元，增长52.9%，创历史最高。2008年建成杭州湾跨海大桥工程，全市累计公路里程达9572公里，其中高速公路里程366公里。全社会运输量稳步增长。全年全社会客运量达3.2亿人次，增长2.3%。民航旅客吞吐量357.4万人，增长83.0%。货物吞吐量6.0万吨，增长7.8%。港口生产持续发展，全年全市完成港口货物吞吐量3.6亿元，增长4.8%，居中国大陆港口第2位，全球第4位，集装箱吞吐量达1084.6万标箱，增长16.0%，继续保持中国大陆沿海港口第4位，全球排名进入前10位。

旅游业增长较快，全年接待国内游客3465万人次，增长12.7%。实现国内旅游收入415.9亿元，增长19.4%。接待入境游客78.7万人次，增长14.2亿元。入境游客外汇收入4.9亿美元，增长13.8%。①

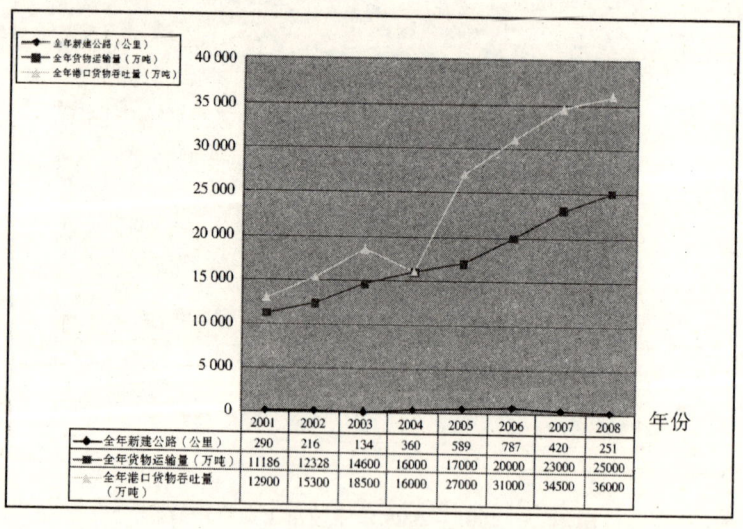

图4-4　2001-2008年宁波市交通运输数据

---

① 数据来源：宁波市统计局统计资料。

第四章 宁波国际服装节现状及发展前景

D. 贸易指标分析

消费品市场持续走旺，消费结构逐步升级。2008年全社会消费品零售额1238.0亿元，增长19.6%，增幅提高2.3个百分点。其中批发业零售额94.1亿元，增长17.1%，零售业零售额1005.0亿元，增长19.6%，住宿和餐饮业零售额138.6亿元，增长20.9%。商贸业规模效应进一步显现，消费热点继续向高档消费品转变。在限额以上批发和零售业零售额中，汽车类增长1.7%，金银珠宝类增长38.7%，粮油类增长34.7%，肉禽蛋类增长33.6%，服装类增长23.1%，石油及制品类增长21.6%，化妆品类增长14.7%，均大大高出一般消费品的增幅。

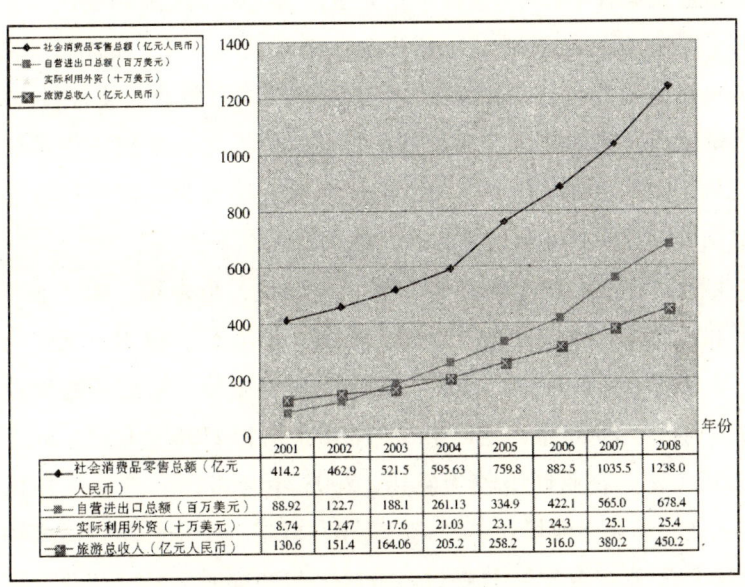

图4-5 2001-2008年宁波市贸易业数据

对外贸易快速增长，利用外资形势良好。2008年，宁波市实现口岸进出口总额1401.9亿美元，增长25.5%，自营进出口总额678.4亿美元，增长20.1%，其中出口463.3亿美元，增长21.1%，进口 215.1 亿美元,增长 17.9%,加工贸易进出口额 182.7 亿美元,增长 23.0%,一般贸易进出口额 463.7 亿美元,增长 18.9%。机电产品和高新技术产品出口分别增长 26.5% 和 49.0%,快于出口平均增速 2.3 和 21.6 个百分点,进口产品中机电产品和高新技术产品分别增长 27.7% 和 84.9%,均快于进口平均增速。外贸企业增长迅速,全年新增外贸经营备案登记企业 1900 家,累计突破万家,达 10758 家。利用外资结构优化,全年全市合同利用外资 41.2 亿美元,实际利用外资 25.4 亿美元。①

(2) 宁波的产业背景②

宁波是一座以港兴市、产业兴市的商埠。在近代史上,宁波新兴工商业发展较早,"宁波帮"更是蜚声海内外。发展到现代,宁波拥有了厚实的产业基础,具有五大临港工业:化工、钢铁、能源、造纸及修造船工业,以及传统优势产业如纺织服装业、装备制造业、电子信息业、精细化工与生物医药业、文具业等。并成为中国的品牌之都、文具之都、模具之都、服装名城,这也为宁波节庆业的发展提供了一个颇具优势的平台。

目前,宁波不仅是浙江省重要工业基地,也是粮、棉、油经济特产和水产品的重要产地。全市已形成了以石化、电力、纸业为主体,机械、电子、冶金、建材、轻工、纺织服装、医药等协调发展的工业体系。2008 年,全市第二产业增加值为 2196.7 亿元,比上年增长 10.0%。农业经济较为发达,2008 年全市第一产业增加值为 167.4 亿元,比上年增长 4.1%。宁波农村是一个稻棉生产、多种经营和乡镇工业综合发展的农村经济区。与此同时,第三产业取得了较快发展,2008 年全市第三产业的增加值达到 1600.0 亿元,比上年增长 11.0%。当今的宁波是一个港口设施比较先进、工业门类比较

---

① 数据来源:宁波市统计局统计资料。
② 资料来源:宁波市统计局《2008 年宁波市经济社会发展综合述评》,http://tjj.ningbo.gov.cn/read.aspx?id=25639。

第四章 宁波国际服装节现状及发展前景

齐全、农业经济综合发展、内外贸易比较发达的沿海港口城市。

A. 宁波农业

宁波农业有悠久的历史,据余姚"河姆渡文化"遗址考证,早在七千年前我们的祖先就在这里狩猎和种植谷物,在七百多年前就开始种植棉花。农副产品门类众多,是浙江省农产品的重要产区和出口基地。宁波农业资源丰富,全市有耕地33.81万公顷,林业用地42万公顷,河流湖泊4.9万公顷,浅海面积43.3万公顷,滩涂资源9.6万公顷。全市气候温和湿润,雨量充沛,是一个多宜性的农业经济区。

近年来,宁波市加快了农田水利基础设施建设,积极实施"科教兴农"战略,有力地促进了农业生产的稳定发展。2008年全市实现农林牧渔业总产值263.3亿元,粮食总产量86.0万吨。全市森林覆盖率为49.6%,森林蓄积量950万立方米。农业产业化发展步伐进一步加快,全市基本形成了蔬菜、蔺草、水果、茶叶、蔬菜、水产、禽蛋、生猪、竹笋和花卉等十大主导产业,主要名特优农产品品种有余姚杨梅,奉化水蜜桃、芋艿头,慈溪黄花梨,浙东白鹅,宁海牡蛎等,不少产品享誉海内外。宁波濒临东海,发展渔业生产条件优越。境内有象山港、三门湾、杭州湾,还有面积广大的河流、水库等淡水资源。宁波渔业以海水养殖、淡水养殖和海洋捕捞为主,海、淡水名特优产品的养殖逐步形成规模。2008年全市海、淡水养殖面积达69274公顷。

B. 宁波工业

宁波是中国近代工业的发源地之一。改革开放以后,宁波被国家和浙江省列为重点投资地区,工业进入快速发展时期。2009年,全市共有工业企业超过10万家。按年销售收入500万元以上企业统计,年产值在100亿元以上的行业有纺织服装、机械、轻工、化学,年产值在50亿元以上的行业有电子、电力、冶金。此外,建材行业和医药行业也已形成了较大的规模。至2015年,宁波工业将紧紧围绕工业现代化目标，全力推进经济结构的战略性调整，不断提高国际竞争力。积极发展以石化、造纸、电力、钢铁为重点的港口工业。大力发展高新技术，加快发展以电子信息、新材料、海洋生物医药为重点的高新技术产业。改造提升现有产业，重点培育壮大纺织服装、日用家电、输变电、塑机及模具汽车零配件等传统优势行业。继续在建筑业中推广新技术、新工艺、新材料。

C. 宁波商业

宁波作为历史上著名商埠，一向以发达的商业著称于世。2008年，全市实现社会消费品零售总额1238.0亿元，比上年增长19.6%。人均消费服务性支出16379元，列浙江省第一、全国前列。批零贸易、餐饮业增加值达到361.9亿元，占GDP比重9.1%。2008年，全市共有商品市场865个，年交易额1912亿元，其中，年成交额超亿元的市场96个，对带动地方块状经济、特色经济发展发挥了重要作用。全市商业营业面积1490万平方米，营业面积超过1万平方米的大型零售企业网点44个。2008年，全市拥有连锁经营企业156家，连锁门店2030个，实现销售320亿元，占全市社会消费品零售总额的25.8%。在改革开放的推动下，商贸流通领域的活力进一步释放，社会民间资本加快融入，多种经济成份、多种经营方式、多条渠道并存的流通格局全面形成，市场竞争更加充分。麦德龙、家乐福、好又多等大型跨国商业集团先后进入，各种商业业态、经营方式及先进的经营理念和管理技术的引入，促进了宁波商贸流通业在竞争中提高组织化程度和经营管理水平。

D. 宁波金融业

目前，宁波市金融组织体系逐渐完善，金融业在筹集和运用社会资金方面发挥着越来越大的作用，至2008年底，全市金融机构本外币存款余额为6353.6亿元，本外币贷款余额为5820.8亿元。银行业是宁波市金融机构存款吸储、信贷投入和提供金融服务的主渠道。各家银行信贷投向涉及工业、农业、高新产业、建筑业、第三产业等。宁波金融业发展目标是，逐步形成资信优良、竞争有序、高效便捷、功能完备的区域金融体系和国际金融中心，进一步加快金融机构多元化的步伐，提高宁波市金融业的整体竞争力。

E. 宁波旅游业

宁波旅游业经过十几年的发展，旅游接待人次和旅游收入水平都取得了长足的进步，实现了量的扩张和质的提升。2008年，全市共接待境外游客78.7万人次，接待国内游客3465万人次，旅游创汇4.9亿美元，旅游总收入450.2亿元，占全市GDP总值比重为11.3%。旅游景区（点）和服务配套设施等旅游业发展要素经过近几年的重点建设，也已具备一定的规模和档次。2008年，宁波市比较成熟的旅游区有溪口风景名胜区、滕头生态旅游区、天一阁、松兰山滨海旅游度假区、东钱湖风景区、五龙潭、天童寺等10多处，其中溪口风景名胜区和滕头生态旅游区、天一阁、松兰山为国家4A级旅游区。至2015年，宁波旅游业将在继续完善旅游基础设施，提高行业管理水平，开发特色旅游资源的基础上科学规划，合理布局，突出东钱湖、河姆渡、溪口等有较大影响的旅游"亮点"，重点构建以都市观光旅游圈为核心，姚江文化旅游带、奉化名人山水旅游带、东海海滨旅游带、南部温泉古镇生态旅游带为支撑的"一圈四带"大旅游格局，为宁波市实现旅游大市的发展目标打下坚实的基础。

（3）宁波与周边的横向经济比较

A. 宁波与浙江省其他城市横向比较

笔者根据2008年浙江省年鉴和浙江省各地市统计局国民经济和社会发展统计公报整理出各地市相关的经济指标并作横向比较。具体数字详见表4-2。

根据表4-2中数据显示，2008年度宁波各项经济指标均位列浙江省各地市前列，其中宁波市人均GDP达到69997元，位居全省第一。宁波市在浙江省各地市内处于经济领先地位，处处彰显作为经济强市的实力。

表4-2 浙江省各地市2008年度各项经济指标情况表

指标名称	单位	杭州	温州	嘉兴	湖州	绍兴	金华	衢州	舟山	台州	丽水	宁波
地区生产总值	亿元	4781.16	2424.29	1815.3	1034.89	2222.95	1681.85	580.05	490.25	1965.27	505.68	3964.1
地区生产总值增长率	%	11.00	8.50	10.70	10.60	9.00	10.60	13.00	14.50	9.60	11.80	10.10
第一产业增加值	亿元	178.64	76.68	105.52	82.63	116.65	89.61	61.71	49.18	133.54	55.26	167.4
第二产业增加值	亿元	2389.38	1286.76	1085.29	593.56	1329.12	903.07	317.85	226.44	1037.47	245.84	2196.7
第三产业增加值	亿元	2213.14	1060.85	624.49	358.7	777.18	689.17	200.49	214.63	794.26	204.57	1600
工业增加值	亿元	2618.17	368.13	979.95	534.98	1200	801.48	265.62	164.19	935.9	207.71	1990.5
交通货物运输总量	亿吨	2.25	1.83	1.55	1.66	1.13	1.32	0.98	1.47	1.35	1.21	2.50
金融业	亿元	11333.4	4262.31	2186.24	1013.73	3263.1	2576.31	577.65	746.65	2371.7	683.2	6353.6
房地产业	亿元	596.63	219.39	181.23	103.29	199.65	140.54	45.62	38.95	126.25	39.99	307.8
人均生产总值	元	60414	31555	43129	36764	50909	36538	26076	46936	34374	22053	69997
私人汽车拥有量	万辆	56.52	41.63	18.6	9.87	18.3	15.3	5.38	3.72	29.91	17.5	34.86

第四章 宁波国际服装节现状及发展前景

续上表

指标名称	单位	杭州	温州	嘉兴	湖州	绍兴	金华	衢州	舟山	台州	丽水	宁波
市区每百户居民汽车拥有量	辆	17.84	29.3	11	5.5	11.5	9.5	3.6	2.3	15.4	10.1	30.5
邮政业务收入	亿元	10.93	6.12	3.49	2.4	4.17	5.38	2.71	1.5	3.4	1.3	7.4
电信业务收入	亿元	115.59	96.01	56.3	23.34	41.52	52.03	9.18	10.62	61.21	14.12	29.11
本地电话年末用户数	万户	428.57	334.56	184.97	117.97	240.78	244.15	72.46	58.68	211.86	62.67	338.24
移动电话年末用户数	万户	880.19	771.48	356.5	190.45	334.02	425.08	141.41	95.89	554.13	201.69	821.58
国际互联网用户数	万户	139.61	110.4	54.09	29.21	150.1	56.1	15.67	17.47	64.65	17.02	145.7

B. 宁波与中国同类城市的横向比较

中国与宁波市的同类城市是指除北京、上海、重庆、天津、广州之外的沿海开放城市、计划单列市、副省级省会城市，即包括深圳、杭州、南京、青岛、大连、厦门、合肥、宁波、武汉、南昌、昆明、郑州、南宁、沈阳、长春、长沙等16个城市。GDP是宏观经济中最受关注的经济统计数字，是一个最重要的且国际通用的经济度量指标，对判断宏观经济运行状况，衡量国民经济发展情况有着十分重要的意义。为此，根据中国16个同类城市2008年度GDP年报数，从GDP总量指标、人均指标、速度指标，以及三个产业结构状况作一简要对比分析（见表4-3）。GDP总量是反映一个地区经济规模的指标，从GDP总量显示，2008年宁波在16个城市中位居第4位，且较2007年位次没有变化。而人均GDP则反映一个地区经济发展情况，从人均GDP显示，宁波经济发展位居16个城市第2位，且较2007年位次没有变化。从整体增幅看，宁波市不占优势，位居16个城市之末。

表4-3 2008年中国16个同类城市GDP对比表

城市	2008年				2007年				GDP2008年比2007年可比价增幅（%）
	总量（亿元RMB）	位次	人均（元RMB）	位次	总量（亿元RMB）	位次	人均（元RMB）	位次	
杭州	4781.16	2	60414	5	4103.89	2	52638	4	11.00%
南京	3775	8	50327	8	3275	5	46129	6	12.10%
合肥	1664.84	12	34482	13	1334.2	15	28125	14	17.20%
武汉	3960.08	5	44290	10	3141.5	6	35500	9	15.10%
南昌	1660.08	13	36105	12	1390.1	13	30464	12	15.00%
厦门	1560.02	15	62651	4	1375.26	14	56595	3	11.10%
长沙	3000.98	10	45765	9	2190.25	10	33711	10	15.10%
昆明	1605.39	14	25826	15	1393.69	12	22578	15	12.00%

第四章 宁波国际服装节现状及发展前景

续上表

城市	2008年				2007年				GDP2008年比2007年可比价增幅（%）
	总量（亿元RMB）	位次	人均（元RMB）	位次	总量（亿元RMB）	位次	人均（元RMB）	位次	
郑州	3004	9	40617	11	2421.2	9	33169	11	12.20%
南宁	1316.21	16	19142	16	1062.99	16	15685	16	14.50%
沈阳	3860.5	6	54106	6	3073.9	8	43499	8	10.30%
深圳	7806.54	1	89814	1	6765.41	1	79221	1	12.10%
青岛	4436.18	3	52677	7	3786.52	3	45399	7	13.20%
大连	3858.2	7	63198	3	3131	7	51624	5	16.50%
长春	2561.9	11	34193	14	2089	11	28131	13	16.50%
宁波	3964.1	4	69997	2	3433.1	4	61032	2	10.10%

4. 宁波国际服装节发展的政治环境

"有关政府经济关系的问题既是政治学，也是经济学的核心问题，无论对计划经济还是市场经济都同样重要"① 对政治与经济发展关系的研究历史渊源久远，最早可以追溯至法国孟克列钦重商主义思想，18世纪，亚当·斯密、李嘉图为代表的古典经济学说对政府与经济关系研究产生了重大的影响并为今后政治经济学的发展奠定了基础，19世纪末20世纪初，随着资本主义国家政治经济的发展变化，一些新的经济学学说不断涌现出来。例如，德国的新历史学派、美国的制度学派、边际学派、数理经济学派，以及阿弗里德·马歇尔1890年出版的《经济学原理》为代表的"新古典政治经济学"。20世纪30年代之后，随着凯恩斯主义的兴起，在国际学术领域，政府干预主义思潮与自由放任主义思潮一直主导着政府与经济发展的研究。在具体实践过程中，各个国家依据本国不同的实际情

---

① [美]查尔斯·林德布洛姆蒂著，《政府与市场：世界的政治—经济制度》，北京：三联书店，1992年，第1页。

况,在处理政府与经济发展关系中采取了不同的理念模式,如美国的自由资本主义发展模式、德国的社会市场发展模式、瑞典民主社会主义发展模式、日本法人式以及东亚的政府主导型发展模式等。不同的政府干预经济的模式对各个国家政治经济以及社会发展产生了不同的影响。

英国著名经济学家阿列克·凯恩克劳斯在论述到市场与政府的关系时,提到"当今,需要思考的是如何更多地利用市场,以便减轻国家过重的负荷,尤其是在一个动态的世界中"①。根据宁波这座城市的自身特点,从20世纪70年代末、80年代初开始,至90年代末,宁波服装业发展迅速,不仅生产规模持续扩大,而且规模以上服装企业和品牌不断涌现,还构建了鲜明的产业集群特色。服装行业和企业进一步开拓市场,寻求区域合作,参与国际竞争的呼声日高。宁波国际服装节正是在这样的背景之下,在充满政府利导和支持的和谐政治环境中迅速发展起来。

(1) 政府主导力

在纺织服装市场发育过程中,宁波市政府秉持"有为政府,无为而治"的理念,通过加强管理和合理疏导,引导、规划和培育纺织服装市场的成长,为纺织服装企业提供了一个十分宽松的发展环境。为了让宁波服装企业加快走向全国和世界,进一步扩大宁波的影响力和知名度,宁波市政府于1997年筹划组织主办了第一届宁波国际服装节。

这是宁波历史上第一个大型经贸活动,是一届以文艺搭台为形式、以服装服饰展示评论为媒介、贸易交流为内容的综合性大型城市节庆活动。此后,每年一届的宁波国际服装节成为宁波经济文化领域的大事件,为宁波与全国以至与世界各国之间架起了一座桥梁。

---

① [英] 阿列克·凯恩克劳斯著,《经济学与经济政策》,北京:商务印书馆,1990年。

第四章 宁波国际服装节现状及发展前景

多年来,在宁波节庆活动的举办中,政府定位思路明确,没有错位和越位。比如,宁波城市资源、公共资源的开发和建设,宁波城市与宁波国际服装节的宣传与推介,宁波国际服装节举办期间的治安、交通、后勤接待、城市管理、文艺晚会、群众文艺活动等公共事务非企业所能胜任的,都由政府出面解决。市委、市政府还从增强服务意识,提高办事效率,改进工作作风入手,对节庆文化活动审批及外商的管理等,提供主动、快捷、优质的服务。同时,加大公共资源管理扶持力度,创造良好的节庆配套环境。投资近百亿元人民币建成了宁波国际会展中心和宁波大剧院、音乐厅、美术馆等一批标志性文化设施,为节庆活动的开展创造了良好的条件。

对于经贸方面的活动,宁波市政府及有关部门则坚持推动走市场化道路,不直接对具体的展览事务进行参与,而是通过间接协调的方式,提供展会以及相关的服务与支持,从根本上解决了机制和体制的约束与限制,宁波国际服装节及其宁波国际服装服饰博览会因此有了健康发展的根本保障,从中也体现出符合国际节庆业的市场化运作,体现了政府在节庆业中的重要作用。

(2) 企业主体力

宁波市政府在发展节庆业的过程中始终坚信市场的主体是企业,因此,在把握宏观调控的同时,将节庆活动的具体实施下放给企业。

首先,利用企业财力和投资进行市场化运作。宁波国际服装节在举办期间往往会策划举行大型文艺演出。通过大型文艺演出,可以烘托节庆气氛、扩大城市影响、促进社会和谐。但由于这类大型演出活动投资巨大,政府投入仅为一夜辉煌显然非长远之计。宁波市大型民营企业众多,且实力雄厚,有许多企业都有意愿出资借举办宁波国际服装节之机宣传推介自己。因此,政府适时退出,让大型民营企业投资举办大型文艺演出,采用市场化运作,从而收到了良好的效果。如第十届宁波国际服装节期间,由宁波罗蒙集团公司投资举办的中央电视台大型文艺晚会"同一首歌"走进宁波,在宣传企业品牌、扩大企业和城市影响的同时，为市民和参节宾客献上了一台精彩纷呈的文化大餐，实现了政府与企业的双赢。

其次，政府服务，企业唱戏。在宁波国际服装节及其宁波国际服装服饰博览会组织中，多年来一直坚持展览事务市场化运作，政府只是给予宏观指导、整体宣传推广、公共资源配置和大型配套活动的组织。市政府扮演的只是"服务"的角色，在服务过程中选择适当时机从具体的展览事务中退出，停止直接参与展览的"错位"和"越位"行为，转而采取"补位"和"到位"行动。如作为宁波国际服装服饰博览会承办单位的宁波市经委着重科学制定相关的产业发展政策，监督展览活动按规划有序进行，努力为展览创造良好的会展配套环境。

此外，实行服务外包，促进运作专业化。对于宁波国际服装节的广告、设计、制作、礼仪等相关工作，政府实行服务外包，让广告公司、策划公司、演出公司等节庆活动相关的专业企业来承包完成，既提高了工作质量，也提升了工作效率，有效地推动了节庆相关产业的发展。

（3）社会推动力

节庆活动是一个民族或者一个区域集体文化记忆的符号和载体。只有首先满足当地居民的需要，才可以在每一次活动的举办中取得持续的发展，才可能挖掘出丰富的内容，展现出持久不衰的魅力。宁波市政府在宁波节庆业发展中，十分重视社会的文化需求。宁波具有独特的民俗文化，宁波市民对节庆活动的举办具有强烈的认同意识、本土观念和通过举办活动来丰富文化生活的愿望。因此，宁波市政府在研究确定城市节庆活动时，总是要求市有关部门把握节庆活动的群众性，举办活动要贴近百姓生活，努力提高群众的参与度。使宁波市的许多节庆活动植入了面向群众的广场文化活动，还把一些活动导入到社区里去。如宁波国际服装节每届都举办群众性服饰文化活动，专门组织服装表演进入社区，零距离与社区居民互动。通过这些活动，使市民真正参与到宁波国际服装节活动中来。每当进入宁波国际服装节筹备阶段，许多市民通过各种渠道为活动尤其是群众性活动的策划献计献策，街道社区则建立起活动组织机构，酝酿策划社区相关活动，并与宁波国际服装节组委会加强联系沟通，以确保群众文化活动顺利开展。通过参与节庆活动，激发了人们对本地区的认同、关注和责任感，唤起人们对本土地域文化保护的自觉意识，传统和文化得到保护和发展，节庆活动也得以扎根群众、扎根民间，受到社会各界广泛重视和支持，获得更持续而深厚的生命力。

第二节　宁波国际服装节的绩效评估

节庆活动具有文化现象与经济内容的双重载体功能。[①] 举办节庆活动的实质是以发展为宗旨，以加快人流、物流、资金流、信息流的转换为手段，以促进经济、文化和社会全面进步为其追求的目标。从经济学的角度看，任何节庆活动都有投入产出比，也有交易费用的比较问题，即投入与产出之间是否有剩余。产权和交易费用经济学家克莱茵、哈特、威廉纳森等认为：剩余是一种特殊投资或专门性投资的租金。因此，节庆活动也是节庆经济。[②] 宁波国际服装节的举办，同样在有力促进社会和谐、展示城市形象的同时，也获得了良好的文化艺术、经贸和旅游等多种效益。对宁波国际服装节进行绩效评估，将有助于较为全面地了解宁波国际服装节的现状，以及对宁波节庆产业和宁波经济社会发展的影响。

[①] 石玉凤，单博诚：对节庆活动文化与经济内涵的思考 [J]，《科技进步与对策》，2001 年第 18 期。

[②] 张伦书：论节庆经济持续创新力与评价指标体系，《桂海论丛》，2002 年 6 月第 11 期。

1. 宁波国际服装节竞争力分析

宁波国际服装节的发展既有许多优势，也面临一些障碍。运用SWOT分析方法对宁波国际服装节竞争力进行分析，是客观地评价现状、科学可持续地发展宁波国际服装节的前提。宁波国际服装节发展的SWOT分析基于节庆经济的内部条件和外部环境，对SWOT诸要素进行综合分析和系统评价，为分析宁波国际服装节对城市经济和产业结构影响奠定基础，并为宁波国际服装节的进一步发展提供最佳的经营发展战略。

（1）优势分析

A. 区位优势明显

交通条件在社会发展和经济进步中起着巨大的作用，是影响区域经济发展的重要因素之一，也是社会经济活动过程中的一个枢纽。上世纪初，德国经济地理学家A·韦伯从部门布局优化出发，提出了工业生产布局的区位理论，认为影响工业布局的主要因素有五个，其中一个因素即为运输状况。前苏联学者提出工业布局应遵循的六个原则中，其中有一个因素也为运输费用情况。因此，运输是生产在流通过程中的继续和流通本身的继续，是社会生产、商品流通和社会经济周转的物质基础，是一项重要的区位因素。运输将工业生产的原料、燃料的供应地和生产地，以及生产地与市场区联系起来，这就涉及运输能力和运输费用，运输便利、运费较低对降低生产成本，便于组织生产是必要的前提条件。

交通的便利对一个城市的节庆产业同样具有重大的推动作用。亚当·斯密（Adam Smith）从市场发展的角度分析，由于水路运输比陆路运输更为便利，因此，水上交通便利的地区更能扩大市场范围，由此使沿江尤其是沿海的产业分工更快，商品经济的发展自然首先发生在这些地区。[1]

---

[1] ［英］亚当·斯密著，《国民财富的性质和原因的研究》，北京：商务印书馆，1972年，上卷第16~20页。

第四章　宁波国际服装节现状及发展前景

中国自唐中后期，海运事业有了长足的进步，宋代新兴的商业城市中不少是海港城市，沿海的一些市镇规模大大超过内地的普通州县城市。[①] 明代初期，规模空前的郑和下西洋标志着当时海运事业异常发达，它带动了沿海民间私人海外贸易和民间手工业的兴起，并且推动了东南沿海市镇经济的进一步繁荣。[②] 1840年以后，沿海口岸陆续开埠，海外贸易更盛，沿海工业发展较快，至1915年，中国工业中的62%在沿海，1937年则中国约80%的工业在沿海。[③]

宁波地处中国大陆海岸线中段，当今中国经济发达的长江三角洲南翼。宁波的历史可以上溯至7000年以前，河姆渡遗址的发掘，证明宁波是世界上最早种植水稻的地区之一。公元前2000多年的夏代，宁波名为"鄞"，唐时称明州。公元821年，明州州治迁到三江口，宁波正式建城。细察宁波的历史，港口如一根绵长的生命线，贯穿始终。地处宁波的春秋战国时期的句章港，是中国九大港口之一；唐时明州港，为当时四大港口枢纽之一；至宋元时期，则为三大国际贸易港之一；明朝时期，是中日勘合贸易的唯一港口；清代，中国四大海关之一的"浙海关"便设在宁波。

宁波港是一个集内河港、河口港和海港于一体的多功能综合性的现代化深水大港，沿海岸线总长872公里（其中深水岸线170公里），是当今中国大陆岸线条件最为优越的深水良港，有甬江、北仑、镇海、大榭、穿山、梅山、象山港、石浦8个港区，共有100吨级以上泊位298个，其中万吨级以上泊位67个，国际集装箱泊位15个。2010年，共有集装箱航线228条，其中远洋干线122条，近

[①] 吴承明著，《中国资本主义与国内市场》，北京：中国社会科学出版社，1985年，第220页。

[②] 万明著，《中国融入世界的步履——明与清前期海外政策比较研究》，北京：社会科学文献出版社，2000年，第149~164页。

[③] 李若建著，《从黄金海岸到黄土高坡——改革开放中的沿海与内陆》，广州市：广东教育出版社，1995年，第48页。

洋支线54条，班轮通达世界100多个国家和地区的600多个港口，全球排名前20位的集装箱班轮公司均已登陆。港口货物吞吐量突破4.1亿吨，居大陆沿海港口第2位、进入世界港口前6强；集装箱吞吐量1300.4万标箱，居大陆沿海港口第4位、全球第8位。2008年，全市内河航道里程为927.41公里，通航里程891.82公里。拥有客货运船舶738艘、6067客位、310.04万载重吨，货船运力规模居全省第一，其中万吨级以上船舶82艘、212.79万载重吨，占总运力的68.6%，平均船龄控制在7.2年。

宁波公路四通八达，2010年，全市公路总里程达到10198公里，公路密度103.9公里/百平方公里。已建成的高速公路有杭甬高速、甬台温高速、甬金高速、杭州湾跨海大桥及南岸接线、绕城高速西段，在建的有绕城高速东段、大碶疏港高速、象山港大桥及接线。农村公路除纳入高山移民、城镇建设和园区建设等规划的行政村外，100%的行政村实现了通达四级公路。2008年，全市共有道路运输服务企业33492家，拥有营运汽车6.5万辆，其中集装箱车辆6670辆，占全省总量的59%，名列全国副省级城市前茅。已开通快速（高速）客运线路112条，基本形成市内通达、连接省内外主要城市的快速客运网络；快速货运专线118条，基本形成通达除西藏、台湾以外全国各地主要城市的货运网络。2008年公路完成客运量3.01亿人次，旅客周转量123.27亿人公里；完成货运量1.36亿吨，货物周转量85.67亿吨公里，位居全国副省级城市前列。

宁波铁路网络齐全，2008年，市域内共有铁路里程186.7公里，其中国家铁路102公里、地方支线84.7公里，构成以萧甬铁路复线为干线，内通宁波港区，外接浙赣、沪杭线的铁路网。现已开通北上吉林、包头，南下广州、南宁，西进成都、贵阳、武汉、西安等8条长途旅客列车线，每日开行杭甬城际客运列车7对。铁路已成为宁波连通内陆腹地的重要通道、宁波港口集疏运网络的重要组成部分。2010年，宁波铁路运输货物发送量2059.9万吨，旅客到发量

第四章　宁波国际服装节现状及发展前景

1770万人以上。

宁波民航于2005年"升格"成为长三角地区继上海、南京、杭州之后的第四个国际机场。2008年共开行航线31条，每周航班650班次，航线网络基本覆盖全国各大城市。2010年完成旅客吞吐量451.7万人次，货邮吞吐量8.1万吨。另外，从上海浦东国际机场到宁波2小时车程，杭州萧山国际机场到宁波1小时车程。①

总体上，"十二五"期间宁波将彻底改变交通末端地位，基本建成长三角南翼综合交通枢纽；到2020年，形成以港口为龙头、城市为中心，公路、铁路、水路、海路、空路、管道等多种运输方式协调发展的立体综合的现代化交通运输网络体系，实现交通现代化。

发达的海陆交通网络体系为宁波的经济发展和城市功能提升提供了强劲的动力，也为宁波节庆产业的发展，特别是宁波国际服装节的持续发展奠定了良好的基础。

B. 发展态势良好

从1997年宁波市主办第一届宁波国际服装节开始，宁波市的节庆经济正式迈向了快速发展的道路。如图4-6所示，宁波国际服装节的参节人数从1997年的4万人，增加到2009年的22万人，12年内增加了5.5倍；规模以上活动项目数逐步增加，从1997年第一届的6个，增加到2009年第十三届的32个，增加了近6倍；市外参节人数从1997年的4000人增加到8400人，增加了2倍多。② 这说明宁波国际服装节的发展态势良好，依然有继续攀升的趋势。

其次，宁波国际服装节的主体经贸活动宁波国际服装服饰博览会发展迅速。凭借着宁波本地雄厚的服装产业优势，早在1997年首次亮相时，就跻身中国服装展前5强，14年间，宁波国际服装服饰

---

① 以上资料数据来自：宁波市统计局《2010年宁波市国民经济和社会发展统计公报》和《2008年宁波市经济社会发展综合述评》，http://tjj.ningbo.gov.cn/read.aspx?id=25639。

② 数据资料源自宁波国际服装节组委会总结材料。

博览会沿着国际化、品牌化、专业化、市场化的路子，不断扩大规模，提升档次，在国内外专业展会中声誉日隆，先后被评为"A级展会"、"中国十大知名品牌展会"等，并成为当今浙江省第二个取得国际展览联盟（UFI）认证的展会。如图4-7所示，宁波国际服装服饰博览会展览面积从1997年的4050平方米增加到2009年45000平方米，12年内增加了11倍。期间，2003年由于现代化多功能的宁波国际会展中心建成投入运行，使宁波国际服装服饰博览会从此有了良好的场地设施，其展览面积7年来保持了4.5万平方米，展位数也保持了2200个，有力地推动了宁波国际服装服饰博览会的加速发展。参展企业数波动较大，2008年和2009年参展企业数回落，但展览面积和展位数不变，说明展位的质量有了较大提升。

第三，判断宁波国际服装节的社会经济效益最重要的指标是其经济收入。宁波国际服装节为宁波市带来了可观的展会交易、参节参展者消费等经济收入。宁波国际服装服饰博览会至2009年办展13年，从数量增长上看，其成交量一直呈增长态势，2009年成交额达69.7亿元人民币，成为中国最大的服装服饰专业展会，预计在今后的几年内仍会有较大幅度的增长。但从增长速度上看，增幅波动较大，但一般不会改变持续增长的方向。

宁波国际服装服饰博览会的国际性和专业化程度较高，市场外向度达到40%以上。如图4-9所示，宁波国际服装服饰博览会专业买家从1997年的5000人增加到2009年的31000人，12年增加了6.2倍；专业参展商虽在2002年和2009年分别下降了48.4%和30.9%，2002年由于有非典爆发等因素影响展会举办而出现波动，2009年在展览面积和规模保持不变的情况下专业参展商相对减少，但总体来看，整个宁波国际服装服饰博览会的专业参展商基本保持增长趋势，且档次逐步提高。境外客商从1997年的227人增加到2009年的8107人，从第一届至第十三届增加了35.7倍。境外参展商也从第一届的108个开始持续增加到第十三届的289个，增长

第四章 宁波国际服装节现状及发展前景

167.5%。说明宁波国际服装服饰博览会的国际化趋势十分明显。[①]

第四，宁波市民对宁波国际服装节的认同感和参与热情日趋提高。据2009年1月对2500名各个行业和居住区域的市民的问卷调查，2008年宁波市民参与宁波国际服装节的情况，如图4-10所示，有40%参观宁波国际服装服饰博览会，有37%观看了宁波国际服装节的文艺晚会、时装发布展演、广场文艺演出等，有14%直接参与了宁波国际服装节的文化经贸等方面活动的组织和实施，说明宁波市民对参与宁波国际服装节具有较高的热情。如图4-11所示，对宁波市民对宁波国际服装节的满意度调查结果，有21.3%表示非常满意，有55.2%表示满意，满意以上的占76.5%，表明宁波市民对宁波国际服装节具有较大的认同感。

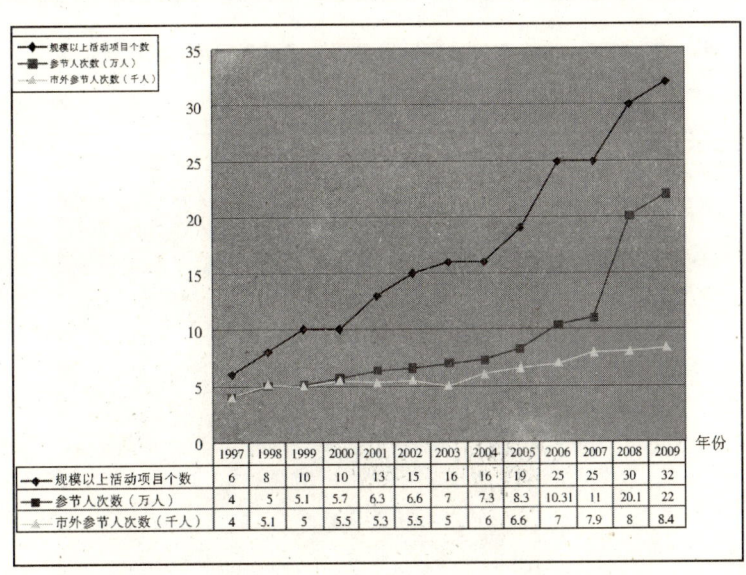

图4-6　1997-2009年宁波国际服装节参节人次数据

---

① 有关数据源自宁波国际服装服饰博览会组委会统计资料。

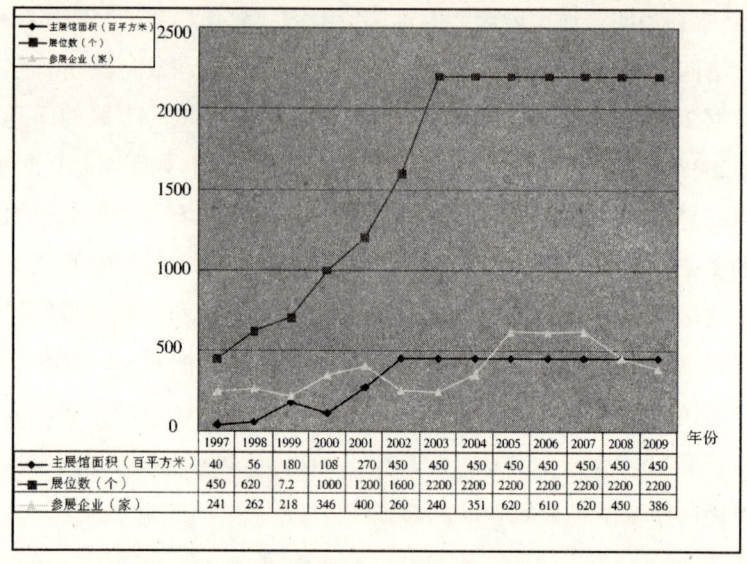

图 4-7　1997-2009 年宁波国际服装服饰博览会展馆面积和展位数据

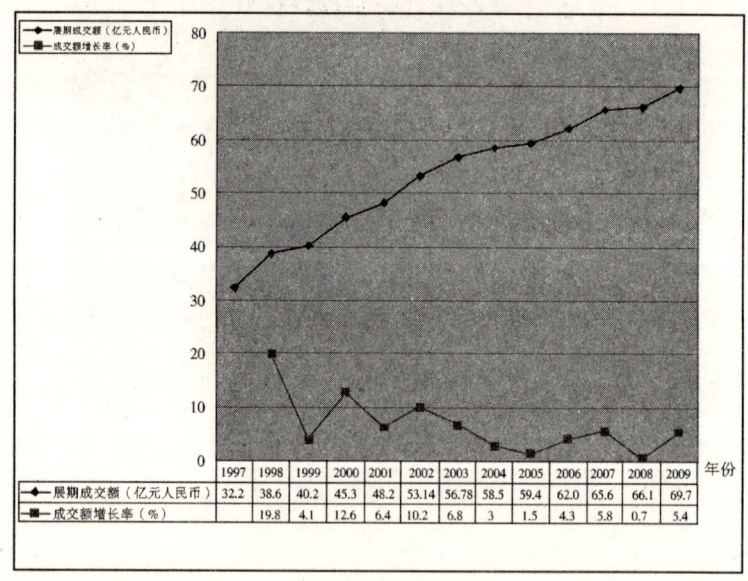

图 4-8　1997-2009 年宁波国际服装服饰博览会成交额及其年增长率

第四章　宁波国际服装节现状及发展前景

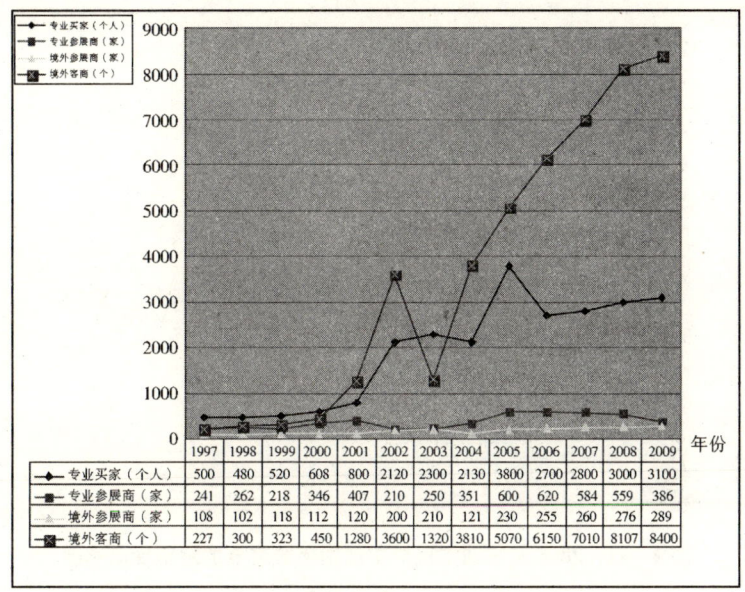

图4-9　1997-2009年宁波国际服装服饰博览会展商客商数据

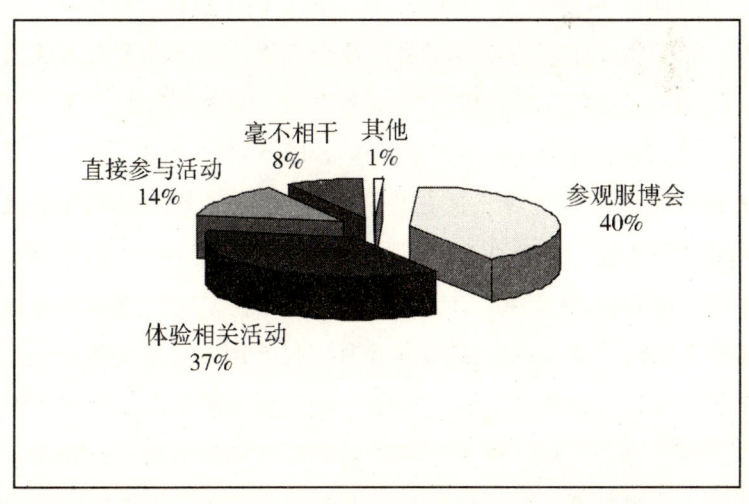

图4-10　2008年宁波市民参与宁波国际服装节情况调查图

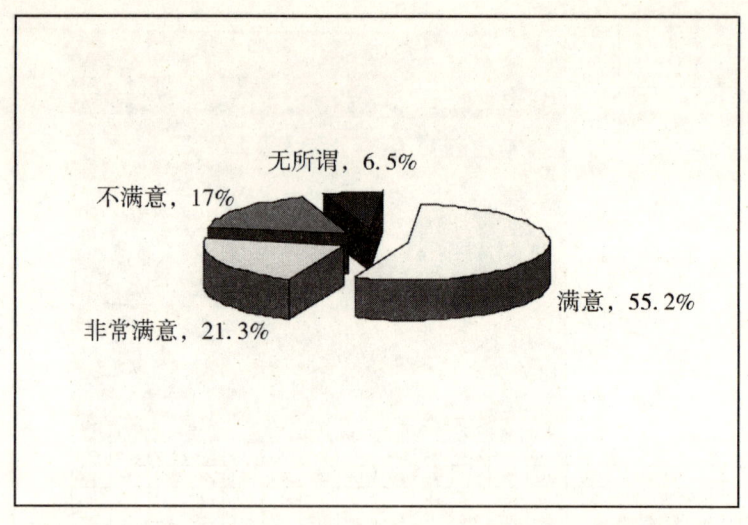

图 4-11 2008 年宁波市民对宁波国际服装节的满意度调查图

此外，宁波拥有现代化的国际会展中心和相关文化基础设施。宁波国际会议展览中心是宁波市政府投资建造的大型现代化展览场馆，占地面积 44.4 公顷。2003 年竣工的首期工程建筑面积 9 万余平方米，主要由 6 座环绕型常规展馆及会议楼、商务楼等八大建筑组成。其中 1 号馆展厅净面积达 5400 平方米，室内净高 25.2 米；其它各展厅净面积合计 29410 平方米，净高 16.5－18.1 米，其中 2 号馆承重能力达 3 吨/平方米，适宜展示超重型设备。会议楼和商务楼设有多功能厅 1 座，能容纳 500 余人；能容纳 50 至 140 人的中型会议室 8 间；能容纳 20 至 40 人的小型会议室 8 间。二期工程即 7 号馆建筑面积 7.8 万平方米，于 2006 年 6 月交付使用。展示交易中心大楼分展览展示区和商务办公区。其中一至三层为展览展示区域；四至六层为商务办公区域。展示交易中心周边常年设有海关、国检、物流运输、金融结算、检测认证等完善的配套服务；入驻企业享受优惠政策。三期工程将在商务楼西侧增建数座展馆计国际标准展位 1800 个，目前已基本建成。2009 年，在宁波国际会展中心举办大型

第四章　宁波国际服装节现状及发展前景

展会35个，且主题众多，内容丰富，产业特色明显。

宁波大剧院是宁波市一座标志性文化建筑，总占地面积13.6万平方米（204亩），建筑面积约5.2万平方米，投资达6.5亿元人民币。设有1500座大剧场和800座多功能剧场各一个。大剧院的功能设置、技术标准及关键舞台设备，均按国际先进水平配置，跻身国内外一流剧院行列。建成以来，即成为举办各种大型节庆活动的理想场所，是展示国内外优秀艺术的一个重要窗口。

宁波国际会展中心和宁波大剧院等一批现代化的节庆基础设施，为宁波节庆业的长足发展奠定了坚实的基础，也为宁波国际服装节的持续健康发展创造了良好的条件。

C. 产业支持强劲

节庆业的持续发展和繁荣，需要有产业的坚强支撑。宁波国际服装节之所以能在第一届举办当年即"一炮走红"，并经年历久不衰，就在于宁波国际服装节不是一个人造的孤立的节庆活动，而是紧紧地与宁波服装产业的发展联系在一起，坚持了"依托服装产业，服务服装产业，提升服装产业"的办节宗旨，在为服装产业提供服务发展平台的同时，也得到了服装产业的强大支撑，从而赋予了宁波国际服装节强大的生命力和发展后劲。

宁波的服装产业历史悠久，实力雄厚。现代宁波服装业起步于20世纪70年代末、80年代初，凭借深厚的服饰文化底蕴和改革开放的先发优势，经过了跨越式的发展。目前，宁波已成为服装产业大市和中国服装业的代表，宁波市服装产业具备了一定的国际竞争力，构建了鲜明的产业集群特色，且发展势头强劲。主要表现在：

a）产业资源向大企业流动。根据国家统计局对宁波市规模以上服装企业统计显示，2008年工业总产值同比增加14.80%，出口交货值同比增加7.50%，资产规模同比增加16.21%。规模以上企业平均产值、平均出口交货值、平均资产、从业人员平均人数增幅较大，产业资源加速向大企业流动。

b）产业升级初见成效。2007 年以来企业在科技活动经费上的支出和购置技术成果的费用大幅增长，分别同比增长 887.30% 和 150.2%，开发新产品的产值同比增长 589.79%。2008 年数据显示，这一趋势正在延续，2007 年购置的技术成果也正在消化应用中。2008 年新产品产值达 133737 万元，同比增长 39.73%，可见产业升级已初见成效。①

c）产业（区域）名牌明显提高。据统计，2008 年，宁波市规模以上服装企业工业销售产值 3019933 万元，同比增长 7.92%，市场销售较为平稳。到 2008 年底，宁波市纺织服装业已获"中国驰名商标"25 个、"中国名牌"20 个，另有 10 个省名牌和 14 个市名牌产品。宁波市纺织服装方面的注册商标总数已达 3000 余件。2007 年，中国品牌研究院首次公布了 145 件中国行业标志性品牌名单，宁波市 13 件参评品牌中有 5 件上榜，数量名列浙江省第一，其中服装类有两件，分别是"雅戈尔"衬衫和"罗蒙"西服，宁波市行业标志性品牌数居浙江之首。

d）参与国际市场竞争。为开拓国际市场，宁波服装企业一方面与国际品牌"联姻"，一方面大胆"走出去"，在国外投资办厂或注册自主品牌商标。据不完全统计，宁波市目前拥有的 1500 多个涉外注册商标中，服装类的有 200 余个。通过"多品牌、国际化"适应复杂的经济背景和日益加剧的竞争，以兼并、联合为手段，以服装、投资、科技为立足点，启动与世界 500 强的联合；通过同世界知名服装巨头合作摘取产业价值链的高端成果，拓展新型的外贸模式，已形成较高的国际外向度，建立了多层次、宽领域、全方位的国际分工合作。如雅戈尔成功并购美国 KELLWOOD 旗下香港新马集团，是迄今为止我国纺织服装行业最大的海外并购。杉杉集团有限公司

---

① 数据资料来自：宁波市统计局《2008 年宁波市国民经济和社会发展统计公报》。

第四章　宁波国际服装节现状及发展前景

与日本伊藤忠商事株式会社展开全面合作，借助其在人才、产业、技术、管理等方面的领先优势加快发展。同时，宁波市纺织服装出口量年年攀升。（见表4-4）

表4-4　2005~2008年宁波服装行业规模以上企业出口交货值一览表　　万元，%

指标	2005年		2006年		2007年		2008年	
	金额	同比	金额	同比	金额	同比	金额	同比
出口交货值	903088	17.43	1014317	20.96	1609566	22.19	1745603	7.50

e）在全国、全省的地位稳步提高。宁波市服装企业长期保持着在全国、全省的领先优势，同国内主要服装城市和地区相比主要有以下鲜明特点：产品多样化，面料高档化；产业链建设逐步完善；服装企业已形成较高的国际外向度；产业集群形成。（见表4-5、表4-6）

表4-5　2004~2007年宁波市规模以上服装企业有关经济指标占全国比重　%

	产量	工业总产值	销售产值	利税总额	利润总额
2004年占全国比重	8.1	5.7	6.0	9.5	10.4
2005年占全国比重	7.4	3.5	3.5	6.1	6.9
2006年占全国比重	6.8	3.1	2.7	4.4	4.9
2007年占全国比重	7.5	4.3	4.3	5.0	6.3

表 4-6　2004~2007 年宁波市规模以上服装企业
有关经济指标占全省比重　%

	产量	工业总产值	销售产值	利税总额	利润总额
2004 年占全省比重	40.86	33.1	27.1	32.3	33.2
2005 年占全省比重	39.4	18.2	18.0	35.0	41.4
2006 年占全省比重	36.3	17.3	15.0	21.9	23.3
2007 年占全省比重	37.2	24.9	21.3	24.2	26.2

从 2007 年宁波规模以上服装企业各项指标的增幅看，均高于全国水平。（见图 4-12）

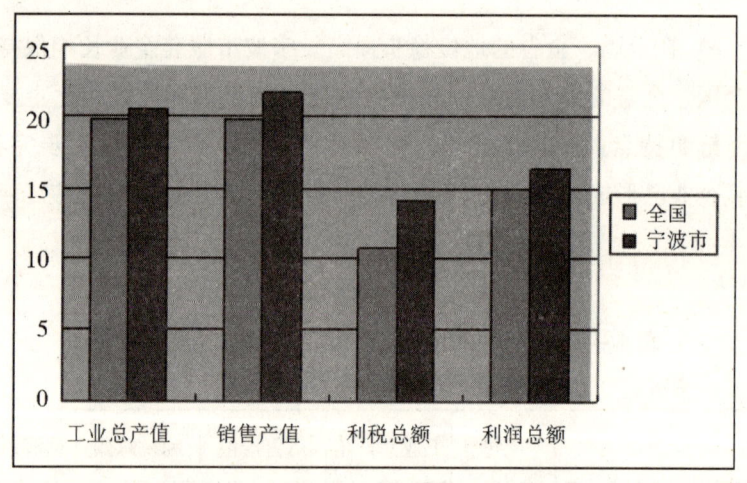

图 4-12　2007 年宁波市规模以上服装企业与全国增幅比较

D. 文化时尚助推

文化，是民族凝聚力和创造力的重要源泉，是综合国力竞争的重要因素。城市节庆活动离不开文化，需要文化时尚的推动而不断发展。因此，城市的文化基础十分重要。宁波所具有的良好文化基础，为宁波国际服装节的成功举办和发展提供了保障。至 2010 年，

第四章 宁波国际服装节现状及发展前景

宁波基本建成了覆盖城乡的县（市）区、乡镇（街道）、村落（社区）三级公共文化服务设施；文艺精品创作进一步繁荣，有9部作品获全国"五个一工程"奖；文化产业加快转型升级，已逐步形成现代传媒、演艺、创意、动漫游戏等一批现代文化产业群，已建成2个全国文化产业示范基地、2个省级文化产业示范基地、20个市级文化产业示范基地；宁波国有经营性文化单位如宁波歌舞团有限公司，通过体制机制改革，焕发出新的活力，成为宁波市举办宁波国际服装节等大型节庆会展活动文艺演出的主力军，其倾力打造的民俗风情舞剧《十里红妆·女儿梦》还登上了国家大剧院的舞台。宁波国际服装节的活动内容之所以丰富多彩，就是得益于坚实的文化基础和活跃的创意时尚的推动。

城市节庆活动，同时也是促进文化交流与发展的重要载体。作为城市的大型节庆活动，历届宁波国际服装节都要举行一系列的文化活动，如开幕式文艺晚会、"时尚十月"群众服饰系列文化活动、中国服装流行趋势发布会、服装设计大赛、服装时尚论坛等等。在举办文化活动时，还加入了时尚元素，使文化活动更加富有创意，更加贴近百姓生活，为群众所喜闻乐见而积极参与。如第二届宁波国际服装节举行了《相聚在宁波》大型文艺开幕式，期间在宁波搭起了一座座T型台，来自海内外的服装服饰专业人士演绎了几十场时装秀，一时间让宁波国际服装节秀成了霓裳羽衣共舞的海洋，流行时尚洋溢的舞台，也让宁波市民有了与时尚的一次又一次最亲密的接触，更让时尚从东海之滨传向更远、更多的地方。又如第八届宁波国际服装节，从这一届开始，每届都要举办中国青年服装时尚周，该项活动由中国青年联合会、团中央主办，面向全国，把丰富的时尚语言与青年这个社会群体相结合，为宁波国际服装节的时尚版块增添了更深的文化内涵和更多的亮色；这一届还举行了社区文化艺术节，全市百家社区搭建了百个T型台，以"突出服饰文化，反映城市时尚"为主题，开展了内容多样的"百姓时尚"服饰展演活动,"唐装风采"、"夕阳晚晴展风采"、"竹苑风情"、"漂亮娃娃"、"外来民工服饰展演"等时装秀均由市民自编自演,使时尚流淌到了宁波市的街道、社区。

通过时尚文化活动的推陈出新,宁波国际服装节还有力地推动了宁波城市的对外交往。第九届宁波国际服装节,宁波首次尝试举办中韩服装服饰文化周活动,开展了韩服展览和展演、中韩歌舞表演、社区巡演、艺术展览、影视播映、时尚体育、韩国美食节等活动,使该届服装节的国际化程度大大提高。不仅使更多的宁波市民增加了对韩国的了解,丰富了文化生活,而且也让宁波国际服装服饰博览会的到会外商人数大大增加。据统计,该届服装节期间,宁波市区四星级以上宾馆外商入住率超过50%。之后的历届服装节相继举行了中德服装服饰文化周、中意服装服饰文化周等活动。

宁波国际服装节的举办,也带动了宁波文化建设。目前,宁波正在进一步健全公共文化服务体系,积极打造"十五分钟文化活动圈"、"东海文化明珠"工程,老百姓在家门口就可以基本满足文化及健身需求。2009年底,总建筑面积3万余平方米,投资2.5亿元人民币的宁波博物馆正式开馆,向市民免费开放;投资18亿元人民币,总建筑面积达18万平方米的大型公益性城市公共文化平台宁波文化广场项目正在加紧建设。宁波市正兴起文化大市建设新高潮,把推动文化大发展大繁荣作为城市发展的战略目标之一,努力增强宁波城市文化软实力和综合竞争力。这些都将有力地推动宁波国际服装节的持续发展。

（2）劣势分析

A. 宁波国际服装节劣势比较

2009年第十三届宁波国际服装节圆满完成了城市大型文化经贸节庆活动的使命,达到了圆满成功。但是,如果将其与大连国际服装节和青岛国际啤酒节比较分析,就会发现:宁波国际服装节的规

第四章 宁波国际服装节现状及发展前景

模和参节人数与大连国际服装节和青岛啤酒节相比有较大差异。2009年,第十三届宁波国际服装节参节人数达到22万人次,比上届增加了9.4%,而第二十届大连国际服装节通过举办大型广场文艺晚会、巡游狂欢和大型焰火晚会等众多项目的活动,使参节人数达到60多万人次,高于宁波国际服装节2.5—2.8倍;第十九届青岛国际啤酒节也通过大规模的各种活动,如大型文艺晚会、艺术巡游、全国饮酒大赛等活动,吸引市民广泛参与,使参节人数达到了370万人次,高于宁波国际服装节16.8倍。

B. 基础设施有待改进

一般来说,具有一定规模和先进的基础设施是举办大型节庆活动、加快发展节庆产业的物质基础和先决条件。青岛为了举办一年一度的青岛国际啤酒节,建造了占地35公顷的亚洲最大的国际啤酒都会青岛国际啤酒城。每年啤酒节期间,就成为万众瞩目的焦点,游客总数超过200万人。① 宁波市却没有这样的办节场地。虽然近些年投入巨资兴建了适合举办大型展览会的场馆,但能够容纳2万人以上举办较大规模节庆活动的只有宁波雅戈尔体育中心。该中心地处繁华闹市地段,建于上世纪八十年代末,目前该中心设备老旧,虽设计容纳人数3.5万人,但由于极少停车位、停车即使占用周边道路还是不能满足需要等原因,使这一场所最多只能举办1.8万人规模的大型节庆活动。基础设施的落后,已严重制约了宁波国际服装节等大型节庆活动的扩容和发展。

C. 国际化程度尚待提高

节庆已经成为中国许多城市选择的经济增长点之一。但是由于种种原因,国际化程度普遍不高。宁波国际服装节由于其自身依托的主要是服装产业,虽然宁波国际服装服饰博览会的国际化水平近年来有了较大的提高,但对于打上国际称号的宁波国际服装节来说,

---

① 数据源自青岛国际啤酒节组委会统计资料。

其较之国际节庆标准还有较大的距离,且国际化程度与青岛国际啤酒节等国内品牌节庆相比也有较大差距。2009年青岛国际啤酒节参节海外游客达到8.5万人次,是宁波国际服装节的10-12倍。

D. 节庆资源仍可进一步整合

当前,节庆业的蓬勃兴起和发展,不可避免的出现了各地节庆活动同质化的倾向,一定程度上造成了恶性竞争和资源浪费。大规模激烈竞争之下,资源整合能力的不足,将会导致节庆活动的难以为继,最终使节庆活动的竞争优势难以进一步发挥。宁波国际服装节虽已成为宁波市最具"名片性"的一个大型综合性节庆活动,但放眼全国每年大大小小的节庆活动中,号称"国际服装节"的大型节庆活动就有几百个,尽管宁波国际服装节以后起之秀的姿态从这众多"国际服装节"中脱颖而出,获得IFEA"中国最具国际影响力的十大节庆",但由于在节庆资源整合上尚有欠缺,而影响了自身优势的进一步发挥。如宁波国际服装节仍具官办色彩,导致民间资源整合不够,特别是民间人才和民间资金的主动、普遍参与和聚集不足,许多基层文化企事业单位、文化工作者的积极性和能动性无法得到发挥;同时也导致了公众参与度不够高,一些群众参与性活动也出现了只是走走看看,既不深入,也不互动的现象等,而公众的参与性的强弱恰是直接影响宁波国际服装节等节庆活动生命力和竞争力强弱的重要因素之一。

(3) 机遇分析

A. 世界经济一体化和中国"入世"的契机

世界经济一体化和中国加入世界贸易组织的契机,让中国经济步入了一个快速增长期,长江三角洲在其中扮演着举足轻重的角色。与此同时,节庆经济作为区域经济的"晴雨表",也表现出了强劲的增长态势,这为宁波国际服装节乃至整个宁波节庆业的发展提供了一定的产业环境。

第四章　宁波国际服装节现状及发展前景

B. 加快进入长三角节庆经济带

节庆经济的发展依赖节庆所在区域的经济发达程度。长三角经济带作为中国最重要的经济带，是节庆城市孕育的摇篮，正在形成以沿江、沿海为两翼的发展格局。

首先上海作为中国最具现代化气息和城市综合实力的大都市以及金融中心，具有良好的城市基础建设，便利的交通条件，政策环境相对宽松，竞争优势明显，在汽车制造、生物工程、微电子等行业所占有的全国巨大的市场份额和顶尖的产业优势，许多跨国公司甚至亚太中心或公司总部落户上海，使得上海成为中国走向世界，世界了解中国的窗口。尤其是2010年上海世博会的成功举办，使上海一举成为全国节庆会展大市和国际会展大都市，并辐射华东地区的各大城市。

江苏省是华东地区仅次于上海的大商埠。2000年以来，随着江苏三大国际会展中心以及一批大型文化体育基础设施的建成并投入使用，江苏省节庆业的发展有了显著的提高。观察南京市的节庆业，现已达到国内节庆城市的先进水平。

浙江省有发育完备的市场体系，门类全、专业性强且规模大、辐射力强；有优势明显的特色产业，纺织、服装、轻工、工艺、皮革制造产业发达，总体规模优势明显，市场占有率高；也有日益明显的节庆效应，便利的交通，丰富的旅游资源，发达的餐饮休闲产业，节庆业对相关产业的拉动作用巨大。杭州市节庆业凭借良好的人文环境和旅游资源以及政府的重视，已走在国内节庆城市的前列。

宁波市节庆业近年来发展势头强劲。伴随着宁波改革开放和社会经济快速发展的步伐，宁波节庆业已成为宁波经济社会发展的一个新的增长点。在举办数量方面，2005年举办大型节庆活动85个，2006年举办大型节庆会展活动148个，2007年举办大型节庆会展活动206个，2008年举办大型节庆会展活动276个，2009年举办大型节庆会展活动367个。从2005年至2009年仅5年时间就增加了4.3倍。在办节规模方面,仅就宁波国际服装节而言举办12年就翻了6倍,参节人数方面翻了5.5倍(详细数据见图4-6)。这些数据都充分说明宁波节庆业增势强劲,已从国内节庆城市中脱颖而出。

宁波依托制造业、杭州依托休闲旅游、南京依托古都文化等形成了长三角节庆经济带,节庆城市有明确的定位,有利于实现节庆城市之间的"整合"和"联动"。

C. 宁波综合经济的迅速上升

"我国东南沿海重要的港口城市、长三角南翼经济中心、国家历史文化名城"。这是经国务院批复的《宁波城市总体规划(2006—2020年)》确定的宁波城市性质。改革开放以来,宁波市依托区位优势、港口优势、产业优势、人文优势,全力以赴抓经济,千方百计促发展,社会经济各项事业取得全面进步。特别是近几年来,一批事关宁波长远发展的重大项目建设取得突破性进展,显著提升了宁波的核心竞争力和后续发展能力。杭州湾跨海大桥、甬台温铁路等建成通车,使得宁波从区域交通末端跃升为交通枢纽;宁波钢铁、大乙烯项目等成功投产,正式建立起具有宁波特色的临港产业体系;梅山保税港区成功获批并封关运作,为拓展港口功能、推进转型升级提供了支撑;宁波轨道交通、杭甬客运专线等顺利开工建设,有利于增强城市功能、提高城市品位,进一步提升城市辐射带功能。宁波经济表现出了前所未有的雄厚实力。

a) 注重产业结构的调整。改革开放以来,宁波注重产业结构的合理调整,经济迅速发展。1980年宁波市GDP仅为29.53亿元人民币,其中农业总产值为11.3872亿元人民币,占GDP的38.56%,产业结构不合理,第一产业比重过大,第二、第三产业比例较轻。2008年宁波市GDP为3964.1亿元人民币,较1980年增长了134.2倍,三大产业比例更趋合理,为4.2∶55.4∶40.4。

b) 经济实力雄厚。根据宁波统计年鉴中的数据分析,一是就

第四章 宁波国际服装节现状及发展前景

GDP（地区生产总值）而言，宁波市 GDP 由 2001 年的 1310.58 亿元人民币，增长到 2008 年的 3964.1 亿元人民币，年增长率为 10.1%。这一数字明显大于全国 GDP 的增长率；二是就产业结构而言，第一产业、第二产业、第三产业的产值不但每年以一定的比例递增，而且其产业结构也在发生变化，从 1980 年的 29.4:52.6:17.98，发展到 2001 年的 7.7:54:38.3，再到 2008 年的 4.2:55.4:40.4。说明三大产业中第二产业和第三产业的比例都在不断提高，并趋于稳定；三是就人均 GDP 而言，宁波市人均 GDP 也在一直不断地快速提升，由 2001 年的 24121 万元人民币，增长到 2008 年的 69997 元人民币，其增长率明显高于全国平均水平。总之，通过十多年的发展，宁波经济发展迅速，国民经济各项指标均超过了全国平均水平。

（4）挑战分析

业内人士普遍认为浙江会形成中国次一级的区域节庆中心。在浙江，杭州、宁波这两个城市节庆经济发展态势良好，两大城市均有望成为中国次一级区域节庆中心，已经形成激烈竞争局面。从目前形势看，宁波除以较为雄厚的产业为支撑而成功举办节庆活动外，其他方面节庆较难与杭州竞争。近年来，为做大做强节庆，杭州和绍兴在杭州西博会和大禹文化节等大型节庆项目的合作成效显著。能否准确定位，突出特色，进而寻找互赢的合作伙伴是关系到以宁波国际服装节为首的宁波节庆业是否能快速长足发展的关键。中国国内一些专家学者近年来在节庆研究领域中非常注重强调中国城市间的节庆合作。

此外，就谋求合作这点而言，宁波节庆业的发展不仅要寻求与国内其他节庆城市的合作，更应该谋求与国外节庆服务公司和国外展览公司的合作。根据中国政府对入世的承诺，2004 年 12 月 11 日中国服务业对外全面开放，这当中也包括对节庆和展览业的开放。其实，早在开放之前，国外展览公司已经染指了中国的展览业。随着中国的改革开放和加入世贸组织，中国进一步打开了市场的大门。

在中国展览会的市场上，外国大型展览公司已经进来，其实德国汉诺威、慕尼黑、杜塞尔多夫三家展览公司已捷足先登。2008年以来，外国节庆投融资公司、节庆设计布展公司等节庆服务公司也随外国展览公司加快了进入中国节庆市场的步伐，他们运用自己多年策划、设计、组织、运作国际性大型节庆活动的成功经验和先进技术，采取合资、合作、收购、兼并中国节庆服务公司或展览公司，在华设立代表处或办事处，与中方合资兴建节庆活动场馆或会展中心，开展品牌并购等多种方式向中国节庆和展览市场渗透。外国节庆服务公司和展览公司的进入将给中国节庆和展览市场带来新的活力。这主要表现在：国外先进的节庆理念，科学的节庆运作、策划、技术，成熟的管理经验，知名的国际节庆和会展品牌，"以人为本，专业服务"的全新的展览标准等等。节庆业的全面对外开放，能够加速建立一个开放性、国际化的节庆融资环境和经营环境，可以使国内外资本在公平和可预见的法制环境下，在节庆领域展开自由竞争，通过竞争与合作使节庆资源得到优化配置，促成出现一批具有专业水准和国际影响的品牌节庆活动。

为此，在目前这样的形势下，宁波国际服装节的组织者应更新观念，认清形势，加大开放的力度，积极寻求和国外著名节庆公司的最佳合作形式。具体采取什么样的合作形式，要因势而定，并不存在统一的模式，实现双赢就是目的。总之，就是要利用外国节庆公司掌握的丰富的节庆资源和资金实力，为我所用，扩大宁波国际服装节在国际上的影响，进一步做大做强。

2. 对宁波服装产业结构调整的影响

节庆业已经成为一个令人瞩目的新兴行业，其蕴涵的巨大能量和作用越来越引起人们的重视，人们从众多节庆活动中了解城市的功能，看到了最新的科技和文化趋势，促进了经贸合作，同时，节庆又是一个多功能的信息窗口，它让参观者看到了精彩的世界。宁波国际服装节从1997年10月举办第一届开始，就将宁波服装业推

第四章　宁波国际服装节现状及发展前景

到了国际交流前沿，对宁波服装企业提供了展示实力的舞台，宁波国际服装节也开始成为宁波的一张响当当的城市名片。14年来，宁波国际服装节沿着市场化、专业化、国际化、品牌化的道路，逐步走向成熟与辉煌。宁波国际服装节托起的是自主品牌的T台，它为宁波乃至中国服装品牌注入了激情和活力，服装产业是宁波国际服装节的直接受益者。作为宁波国际服装节核心商贸活动的宁波国际服装服饰博览会，紧紧贴近服装市场需求，逐步从注重男装向涵盖服装服饰全行业产品转变。有关数据显示，至2009年，连续举办了十三届的宁波国际服装节，累计吸引了来自120多个国家和地区的8万余宾客参会，国内买家和业内人士近30万人次。宁波国际服装节正日益凸现出节庆经济的独特魅力，而成为全国乃至国际服装服饰产业的重要国际贸易平台，也对宁波市服装产业的发展，尤其是服装产业结构调整产生了重大的影响。

（1）推动企业开拓市场

节庆活动中的经贸展会，其内容一般以国内外著名企业的品牌展示和高科技产品、项目的交易为重点。在交易会、展览会和贸易洽谈会上一般都能签署一定金额的购销合同、投资、转让和合资意向书。因此，从某种意义上讲，节庆活动的举办，有助于政府、国内外团体和商界彼此之间的了解和交流，推动城市间人员的互访和文化交流。城市节庆不仅为城市带来了信息、技术、资金、金融、特色产业等各方面的发展状况，而且有利于吸引投资，为节庆举办城市创造更多投资机会，推动节庆举办城市的经济发展与国际接轨。

宁波国际服装节推动了整个宁波经济外向度的提高。宁波国际服装节期间国内外外贸机构和外商的大批涌入，直接拉动了宁波服装的外贸出口和内贸交易。一个时期以来，加快服装企业外向开拓步伐，鼓励有实力、有潜力的企业走出去，是宁波市服装行业提高市场竞争力的有效战略举措。凭借着宁波国际服装节平台，宁波装进军国际市场已多年。为提高企业国际化自主营销的能力和水平，境外设营销点是服装企业的重要选项。宁波国际服装节为服装企业在境外设营销点牵线搭桥,使许多服装企业利用服装节来宾渠道在境外成功设点。如雅戈尔、爱伊美等品牌专卖店已进入欧美等发达国家并且取得了良好的销售业绩。2006年,按照第十届宁波国际服装节期间签订的协议安排,宁波装又登上世界顶级时尚发布舞台,20家宁波企业代表中国服装界在德国国际著名品牌时尚发布会上举行三天共六场时尚发布,亮出"NINGBO"牌,轰动欧美客商,成为宁波装创建国际品牌的一个新的重要起点;也为提升中国服装产业的整体竞争力,应对国际品牌的挑战迈出了重要一步。宁波国际服装节又推升了宁波服装企业外向度的提高。2008年,全市服装工业完成出口交货值174.56亿元,同比增长71.5%,占服装工业销售产值总额的57.8%。产品主要出口欧盟、美国、日本、韩国、东南亚、中东等100多个国家和地区。宁波"红帮裁缝"外贸出口已从数量创汇型向质量效益型转变,主要表现为高附加值西服占出口西服比重增大。如奉化爱伊美公司高附加值西服占出口西服的总量已超过90%。近几年来,宁波纺织服装业出口和创利税指标一直保持在全国同行业首位。

面对全球金融危机的影响,第十三届宁波国际服装节根据服装企业的需求,把帮助企业开拓国内市场作为重点,积极为企业当"红娘"。据统计,全国目前有1000家左右大型商场,如果一个品牌服装能够进入其中800家,年销售额就能在12亿元以上。为了帮企业进商场开店,第十三届宁波国际服装节组委会请来一批特殊的客人,即600多名来自全国120多家大型商场服装部经理以上人员到宁波参加宁波国际服装服饰博览会。其中,不乏辖有数十家商场、网点遍布浙江省乃至全国的连锁型百货集团,如北京王府井集团和华联集团等,为宁波企业带来了交流合作的机会。2009年,宁波内销、出口服装实际销售额的比例达到5.5:4.5。今后几年宁波服装业的主要市场应该是国内,对品牌服装来说,商场是最主要的营销场

第四章 宁波国际服装节现状及发展前景

所。宁波国际服装节将在今后为宁波服装企业大举进军国内市场发挥越来越重要的推动作用。

（2）促进产业结构调整

节庆经济能够带动其他产业的发展，其他产业的发展同时改变一个地区的经济结构，从而调整产业结构。举办节庆活动很多时候是向学术界、产业界和社会公众介绍当今世界各国最前沿的学术成果或产品。作为举办地的城市则可"近水楼台先得月"，抢先拥有或使用当今世界的先进成果与产品，或是和前来参节参会的专家研究探讨开发产品存在的困难和问题，加快研发步伐。因此，节庆有助于企业了解有关产品和技术发展的最新动态，学习、引进和吸收发达国际先进研发技术和管理经验，加速技术的传递和流动，加强本地区与他国的技术、产品交流与合作，促进一个行业乃至一个城市的产品结构优化和产业结构的调整，实现产业的转型升级。

宁波国际服装节依托服装产业取得了长足的发展，同时，它也为宁波服装企业与世界各地及其服装行业的交流与合作搭起了桥梁。每届服装节都要举办服装服饰博览会及服装产业的对接洽谈会或论坛，许多宁波服装企业都是从这里得到了国际合作的渠道，从而有效地推动了宁波服装产业链的延伸和产业结构调整的步伐。一些品牌知名度和市场占有率高的企业，依据自愿互补的原则，通过联合、兼并、参股、收购等多种形式，完成了生产要素的优化组合和资源的合理配置，实现由粗放型向集约型的转变。

为了促进宁波服装企业产品及时更新换代，确保宁波服装在全国的领先地位，宁波国际服装节自举办以来，每届都要举行服装流行趋势发布会、服装设计大赛或时装发布展示展演等活动，让广大服装企业能及时了解国际国内服装发展的潮流和趋势，取得设计、制作、服务、营销等多方面的产业发展信息，对宁波服装产业调整结构、转型升级起到重要作用。很多名牌产品企业因此在不放弃制造优势的同时，越来越注重服装设计、研发、营销及服装展览、教育和品牌塑造等高附加值环节。很多企业依托自身的品牌优势，走"一牌多品"、"系列化、多层次"和"多品牌"发展道路，逐步实现产品的多样化和系列化。服装产品在品种、档次上的覆盖面进一步扩大。同时，服装行业在数量上保持较高增长速度和增加出口的基础上，由于更重视技术创新和质量的提高，因此，不仅西服、衬衫继续引领潮流，而且时装、休闲装、女装、T恤、牛仔、职业装、内衣以及皮鞋、皮带、皮包、其他服饰等产品也得到了延伸，改写了男装一统天下的格局，尤其是重点男装品牌上表现得尤其明显。产品多样化，面料高档化，产业链建设逐步完善。面对国内大众衣着消费向高品质、个性化发展的流行趋势，宁波服装企业成功地实现了正装休闲化、面料高档化的目标。目前，宁波服装产业已形成了以西服、衬衫、西裤、女装、休闲装、职业装、童装、内衣、工艺服装、皮草等门类齐全的多系列服装产品及领带等服饰产品；形成了较全面地涵盖梭织、针织、家纺、羊毛羊绒等多种纺织服装的产业集群。从2001年－2008年，宁波市规模以上服装企业累计完成服装产量（件）逐年提高（见表4－7），与上年同期相比，分别增长17%、22%、24%、16%、5%、17%、16.3%、11.75%。2008年，宁波市规模以上服装企业累计完成服装产量15.1亿件，其中梭织服装2.7亿件，针织服装11.85亿件，分别占全国规模以上服装企业完成服装产量的6.84%、2.47%、10.40%。西服、衬衫以及牛仔装、职业装、内衣等产品快速发展；服装用纺织品的开发取得突破性的进展；部分高档衬衫色织面料和高档里料已达到了国际先进水平。品牌服装销售量稳中有升。据全国重点大型零售企业男西服男衬衫销售品牌统计显示，宁波男装销售市场综合占有率傲立群雄、保持绝对优势，每月位居第一，服装业中国男装品牌"领头羊"的地位更为巩固。

第四章 宁波国际服装节现状及发展前景

表4-7 2000-2008年宁波市规模以上服装企业主要产品产量（万件）

名称	2000年	2001年	2002年	2003年	2004年	2005年	2006年	2007年	2008年
服装	46056	53913	65570	81507	94553	99171.16	116271.71	135231.13	151072.4
其中：梭织服装	7365	7892	9351	11012	13255	16290.94	20050.7	23140.5	27076.3
其中：针织服装	38625	45967	56136	70375	81190	82880.22	96221.01	105330.12	118451.02
西服及西服套装	905	964	1325	1477	1569	1821.43	2034.48	2436.55	2951.31
衬衫	3126	3761	3925	4772	6639	7558.59	8482.91	9536.85	10347.13
羽绒服装	66	53	83	120	107.5	149.99	115.63	133.74	181.35

注：数据来自2000-2008年《宁波统计年鉴》

（3）引导企业创立品牌

品牌是企业进行市场竞争的主心骨，企业借助品牌可以形成强大的无形资产，在市场竞争中发挥巨大的作用。一个行业要真正强大起来，也必须要有自己的品牌。尤其在全球金融危机影响之下，宁波服装企业更是选择了自主品牌引领之下的内销策略。宁波国际服装节顺应行业和企业的需求，近些年来每届都安排相关的活动，引导服装企业不断创立品牌，走品牌化发展道路。如第七届宁波国际服装节举办了中国服装产业国际合作洽谈会、以"服装产业新型工业化道路"为主题的中国服装论坛；第八届宁波国际服装节举办了中小企业成长模式论坛、大型投资环境说明会等；第十三届宁波国际服装节以协助企业加大新品开发力度、提升产品的档次、以产品创新开拓国内外市场为经贸活动的主要任务，通过加大邀请专业客商力度，举办国际服装产业合作宁波圆桌会议等活动，在宁波国际服装服饰博览会上搭起了一个开拓市场的交易平台。在宁波国际服装服饰博览会上，宁波企业推出的新产品如"巴比乐乐"、"STEVEN&VIVIAN"、"童话森林"、"斯蒂科"等，亦即宁波狮丹努、申洲等大型服装企业旗下的品牌，纷纷亮相，并获巨额订单，还出现了经销商申请加盟、代理宁波服装新品牌的"井喷"现象。多年来，宁波国际服装节在促进服装产业规模发展的同时，也催生了一批品牌的创立。

目前，宁波服装产业正积极凭借宁波国际服装节独特的平台，加紧挖掘原创内涵，依托新型工业化，率先推进产业创新，创造品牌经济。宁波市服装行业已从追求数量型发展逐步向品牌经营跨越，企业自主创新强劲，品牌意识和依托品牌获取效益的意识十分高涨。2006年，雅戈尔、杉杉、罗蒙、培罗成进入"中国最有价值商标500强"排行榜，占宁波市进入500强商标品牌的44.5%，其中"雅戈尔"商标以42.53亿元价值位居"中国最有价值商标男装西服行业"第一名（500强中国最有价值商标平均价值为19.73亿元）。雅戈尔、杉杉、罗蒙、洛兹4个品牌进入了首批"中国最具市场竞争力品牌"行列，占全国入选服装品牌的六分之一。罗蒙当选为中国西服行业标志性品牌，雅戈尔当选为中国衬衫行业标志性品牌，分别成为服装行业品牌最高荣誉的获得者。截止2008年，宁波服装行业拥有的25个"中国驰名商标"、20个"中国名牌"，已占全市"中国名牌"产品总数的28.9%，为2008年宁波市再次获得"中国品牌之都"称号作出了积极的贡献。品牌正在全面向女装、休闲装等产品拓展和延伸，品牌经营的业绩娇人。"名牌兴企"已成服装企业共识。同时表明宁波市的纺织服装产业在宁波国际服装节的推动下，已成功走上了"品牌经济"的道路。

（4）推动产业集群形成

产业聚集是相同的产业高度集中于某个特定地区的一种产业成长现象。马歇尔在他的《经济学原理》中提出了外部规模经济与产业聚集之间的密切关系，他认为产业聚集是因为外部规模经济所引

第四章 宁波国际服装节现状及发展前景

起的。当产业的持续增长,尤其是集中在特定的地区时,会出现熟练劳工的市场和先进的附属产业,或产业专门化的服务性行业,以及改进铁路交通和其它基础设施。马歇尔还用随产业规模扩大而引起知识量的增加和技术信息的传播来说明产业聚集理论。[①] 阿尔弗雷德·韦伯提出了聚集经济理论,认为引起产业聚集主要由技术设备的发展、劳动力组织的发展、市场化因素和经常性开支成本四个方面的因素引起的。保罗·克鲁格曼的"新贸易理论",把产业聚集与国际贸易因素紧密联系起来,认为通过贸易活动,总会使某些产品的生产集中于某些工业区。[②]

综上所述,产业聚集受外部因素影响,尤其是国际贸易和市场化因素将会加速推动产业聚集的形成。

宁波国际服装节为宁波服装业的产业聚集创造了国际贸易和开拓市场的良好条件。每届宁波国际服装节吸引了众多的境内外客商,如第十三届宁波国际服装节在短短四天时间里,共吸引了9660余名境内外采购商和专业客商参节、采购、洽商,共达成成交意向116个。宁波国际服装服饰博览会围绕服装产业链,突出国际性和交易性,设展位2200个,其中宁波本地品牌及企业就占50%,国际品牌占25%,还有中国销售前200名的百货商贸企业代表到会洽商、观摩。进一步推进了服装产业的交换与合作,增进了国际贸易和区域合作深度对接,加强了宁波服装产业的综合竞争力,并加速推动了宁波服装产业集群的形成。

目前,宁波的服装区块是浙江省14个工业产值超过300亿元的区块之一。宁波服装产业块状经济特色明显,是宁波优势产业和区域经济的主要支撑。服装产业经历了集群化、规模化、集约化、系

[①] 谯薇:中小企业集群存在与发展的理论基础 [J],《兰州商学院学报》,2002年第1期。

[②] 陈继勇、肖光恩:国外关于聚集经济研究的新进展 [J],《江汉论坛》,2005年第4期。

列化的发展历程，产品创新求变、生产配套成龙。已经形成鄞州、奉化的西服、衬衫生产基地；象山、北仑的针织服装生产基地；宁海的羊毛衫、童装生产基地；海曙的女装、时装生产基地等。由于历史的传统优势和深厚的服饰文化底蕴，宁波服装企业主要集中在"红帮裁缝"的发祥地——鄞、奉两地。目前，鄞州区通过结构调整、产品升级，开发出了一系列新型的高科技面辅料产品，及服装加工配套产品，逐步完善了服装加工、印染、面辅料制作相互配套的地方服装产业链。从鄞州的东钱湖镇沿鄞县大道至奉化江口镇的鄞奉路一线、长约20公里的"L形服装走廊"，集聚了几十家具有相当规模和品牌效应的知名服装企业，形成了自然的行业集聚区，这些企业的总产量占宁波服装总产量的70%以上。宁波针织业规模庞大，有全国最大的针织工厂，有被国家命名的象山"中国针织名城"。象山县有针织企业近千家，其中有15家企业进入"中国针织50强"，产业集聚度极高。象山爵溪、北仑的针织块状经济规模、效益均在国内占重要地位。2007年，全市有规模以上纺织服装生产企业637家，已形成以西服、衬衫生产为龙头，集针织服装、羊毛羊绒服装、童装、皮革服装之大成的庞大产业集群，年服装生产能力近16亿件（套）。

表4-8 宁波市主要服装集聚地一览表

区域	产业特点
慈溪	西服、衬衫制造、针织服装
余姚	裘皮服装生产基地
奉化	品牌西服、衬衫制造
宁海	针织出口服装加工、童装
象山	针织出口服装加工、服装面料
鄞州	品牌西服、衬衫、休闲装、针织和女装制造、面料

第四章　宁波国际服装节现状及发展前景

续上表

区域	产业特点
江东	服装贸易、服装制造
江北	针织出口服装、休闲装加工
海曙	服装贸易、休闲装、女装制造
北仑	针织出口服装加工、童装、服装面料
镇海	针织出口服装加工

注：源自宁波市经济委员会调研资料

3. 对城市经济发展的影响推动作用

节庆经济具有很强的城市经济特色，是城市经济的重要组成部分，节庆经济的发展对城市形象的树立、城市知名度的提高、城市经济的快速发展有着非常积极地意义。节庆业不仅会带来良好的经济效益，而且节庆经济之所以成为城市经济的新亮点，关键在于它强大的产业带动效应，通过举办节庆活动可以带来城市商贸、旅游、住宿、餐饮等多种产业的共同发展，创造更多的就业机会，带来远比自身所得到的大得多的经济效益。节庆创造的商机和获得的成果，为举办地城市和地区的工商业带来了订单，寻找了市场，树立了品牌，扩大了影响，提高了声誉。此外，节庆活动树立良好的城市形象，节庆可以向参展商、贸易商和观节观展人展示一个城市的物质文明和精神文明建设成果，宣传城市科学技术发展水平和经济发展实力，展示城市风采，提升城市品位，扩大城市影响。

随着宁波节庆业的迅速崛起，宁波国际服装节对于宁波城市的产业结构调整、对外贸易发展和城市建设等产生了显著的拉动效应。

(1) 带动城市产业结构优化

节庆业是现代服务业的重要组成部分，是加快产业结构转型升级的重要推手。宁波国际服装节的成功举办，带动了第三产业中的交通运输、邮电通讯、金融、保险、商业、旅游、餐饮、娱乐等服务业的发展，使宁波市服务业占 GDP 比重和贡献率发生明显变化。据浙江省统计局 2008 年 8 月的调研统计资料显示，2001 年至 2007 年，宁波服务业占 GDP 的比重正在逐步上升。如表 4-9 所示，2007 年，宁波市 GDP 为 3435.67 亿元，其中第一产业增加值 151.95 亿元，占 GDP 比重 4.4%，第二产业增加值 1899.1 亿元，占 GDP 比重 55.3%，第三产业增加值 1384.63 亿元，占 GDP 比重 40.3%；三次产业增加值结构为 4.4∶55.3∶40.3。宁波产业结构处于"二、三、一"阶段。

随着服务业增加值比重的上升，其对经济的贡献率也不断增加，已成为推动宁波经济增长的重要力量。从表 4-9 可以看出，2007 年宁波第三产业增加值总量与 2001 年相比增加了 895.2 亿元，占 GDP 的比重上升 2 个百分点。2007 年服务业对经济增长的贡献率达到 43.3%，较 2001 年提高 4 个百分点。服务业已逐渐成为与第二产业一起推动宁波经济增长的重要力量。

表 4-9　2001-2007 年宁波市三次产业总量、增速、比重、贡献率变化情况

年份 2007	第一产业				第二产业				第三产业			
	总量(亿元)	增速(%)	比重(%)	贡献率(%)	总量(亿元)	增速(%)	比重(%)	贡献率(%)	总量(亿元)	增速(%)	比重(%)	贡献率(%)
2001	98.53	5.0	7.7	2.7	690.81	13.0	54.0	58.0	489.41	12.4	38.3	39.3
2002	103.60	3.8	7.1	2.7	793.01	15.0	54.6	52.4	556.73	12.4	38.3	45.0
2003	109.77	3.6	6.3	2.2	954.04	16.9	54.5	58.9	685.46	15.9	39.2	38.9
2004	120.54	5.0	5.7	2.1	1167.44	16.6	55.3	56.3	821.47	15.7	39.0	41.6
2005	132.26	1.9	5.4	2.1	1341.46	10.8	54.8	54.2	975.59	16.3	39.8	43.7
2006	139.34	4.8	4.8	1.9	1583.56	12.7	55.1	51.0	1151.55	16.2	40.1	47.1
2007	151.95	4.8	4.4	1.6	1899.10	12.7	55.3	55.1	1384.63	15.8	40.3	43.3

注：数据来自宁波市发改委《2007 年宁波市服务业发展报告》

第四章　宁波国际服装节现状及发展前景

（2）拉动对外贸易发展

节庆业为城市对外开放和对外贸易搭建了良好的平台。宁波国际服装节的成功举办，对推动宁波市的对外开放，拉动宁波市对外贸易的快速发展发挥了重要作用，它不仅为宁波企业加强对外交往与合作创造了良好的条件，而且为扩大外贸，培育外贸企业和外贸队伍提供了有利契机。目前，宁波市与外贸相关的制造行业和进出口企业从业人员已超过百万，达到140万人；2008年，宁波市拥有自营进出口权的企业达到10758家，自营进出口总额达到678.4亿美元，位居中国副省级城市第3位，同比增长20.1%，增幅居全国计划单列市首位。利用外资结构也得到优化，2008年全市合同利用外资42.2亿美元。能商善贾的宁波人，借着宁波国际服装节的东风，沿着开放的脚步走出国门，把世界变成了自己的舞台。2008年，宁波企业已在全球81个国家和地区设立了892家境外企业和机构，全市对外承包劳务合作营业额达到15.7亿美元。①

（3）推动城市建设发展

成功的节庆活动实践表明，节庆活动能引起人口流动和城市规模的扩大，改变区域要素结构，引起区域资源配置内容和方式的改变，调整区域经济结构。大型涉外节庆活动，会引起人口的跨区域甚至跨国界流动，在一定时期内改变区域的人口构成，进而改变区域的消费结构，刺激区域经济结构调整；同时为举办节庆活动而兴建的场馆、交通、服务等配套设施，成为城市基础设施建设的重要组成部分，为城市发展、环境改善和招商引资奠定了良好的基础，并以此不断适应经济长远发展的需要。这种推动效应在宁波得到了充分的体现。

宁波国际服装节的举办，直接改变了宁波市容市貌。举办第一

---

① 数据来自：宁波市统计局《2008年宁波市经济社会发展综合述评》，http://tjj.ningbo.gov.cn/read.aspx?id=25639。

届服装节时，大马路的垃圾、北斗河的臭气，连宁波人自己都感到汗颜。为此，宁波市提出了"一年一小变，三年一大变"的城市建设管理目标，并要求像抓服装品牌那样，每年有重点地抓两个到三个精品。办第二届服装节时，投资1亿元人民币建成了8.3公顷的中山广场；办第三届时，投资6.3亿元人民币恢复了位于城市中心的"月湖十景"旅游景点；第五届时，投资10亿元人民币，建成了22万平方米集服饰和休闲于一体的城市中心广场"天一广场"；第六届时，投资8.7亿元人民币的当时在国内面积最大、设施最先进的现代化国际会展中心建成投入使用。针对城市河水污染，宁波先后投资7亿元人民币，对城区河网实行清淤，河岸进行绿化和全天候保洁。如今的宁波，"春有花、夏有荫、秋有果、冬有绿"，令人神闲气定。为了使宁波的形象更加出色，宁波目前正在大力实施"中提升"战略，即提升中心城区发展水平，加快推进城市功能由生产性为主向服务性为主转变，大力发展国际商贸、运输、物流、金融结算、科技创新、聚才兴教、宜居宜业等六大功能，增强城市的集聚和辐射力。

宁波国际服装节也使宁波市托运业、金融保险业、房地产开发业、租赁业、旅馆业、餐饮业、电信业等相关行业快速发展，一些新兴行业也不断涌现，如房地产经纪与代理业、物业管理业、广告业、公证业、咨询服务业、社区服务业等行业也得到迅速发展。根据浙江省统计局2008年8月发布的统计资料显示（见表4-10），宁波市自2004年至2007年即第七届至第十一届宁波国际服装节的4年间，宁波市服务业中的主要构成要素交通运输、仓储及邮政业、批发和零售、住宿餐饮业、金融业和房地产业均每年呈增长之势，其中交通运输、仓储及邮政业2007年增加值达到152.97亿元人民币，比2004年增加了62.4亿元人民币，增长68.8%；批发和零售业2007年增加值达到303.06亿元人民币，比2004年增加了116.27亿元人民币，增长62.2%；住宿和餐饮业2007年增加值达到50.77亿元人民币，比 2004 年增加了 16.02 亿元人民币，增长 46.1%；金融业 2007 年增加值达到 230.42 亿元人民币，比 2004 年增加了 130.11 亿元人民币，增长了 129.7%；房地产业 2007 年增加值达到 182.07 亿元人民币，比 2004 年增加了 56.14 亿元人民币，增长 44.5%。

表 4-10　2004-2007 年宁波市服务业构成要素年度增加值表

项目	2004 增加值（亿元）	2005 增加值（亿元）	2006 增加值（亿元）	2007 增加值（亿元）
第三产业	821.48	975.59	1151.55	1384.63
交通运输、仓储和邮政业	90.57	112.11	135.37	152.97
批发和零售业	186.79	215.30	251.89	303.06
住宿和餐饮业	34.75	38.26	44.34	50.77
金融业	100.31	137.37	181.56	230.42
房地产业	125.93	126.93	146.11	182.07

第三节　宁波国际服装节的发展前景

节庆活动是一种历史现象，也是一种文化现象，更是一种经济现象。它是时代的产物，也是一个国家或城市现代化建设的产物。经济发展需要节庆活动。[①] 生产力的发展催生节庆业，导致一个地区和城市节庆业发展的主要因素是生产力发展水平和经济发展状况。

---

① 王重农著，《现代节庆活动指南》，武汉：湖北教育出版社，2002 年，第 13~14 页。

宁波国际服装节举办 14 年来,它的每一步发展、每一次进步总是伴随着宁波经济社会的发展而发展,并对宁波经济社会的发展产生积极而重要的推动作用。1996 年宁波市 GDP 达到 795.19 亿元人民币,首次接近 800 亿元,达到了较大的规模,为了进一步加快经济社会的发展,尤其是服装产业的发展,需要通过举办城市大型节庆活动,扩大城市影响力和知名度,第一届宁波国际服装节应运而生。宁波国际服装节在推动宁波经济社会加速发展的同时,其自身的发展也受到了宁波经济发展的影响,2000 年,宁波市 GDP 达到 1191.5 亿元人民币,是 1996 年的 1.5 倍,而同年的第五届宁波国际服装节规模也比第一届翻了一番多,无论是活动数量、档次等方面都有大幅度提升。至 2008 年,宁波市 GDP 达到了 3964.1 亿元人民币,是 1996 年的 5 倍,同年的第十二届宁波国际服装节也取得了空前的成就,一跃成为中国众多知名大型节庆活动的佼佼者。

　　对宁波国际服装节来说,众多国内顶级服装企业和品牌所形成的良好产业基础是先天优势。然而,经济全球化对宁波国际服装节提出了更高的要求。因为全球化对中国服装产业的影响是双重的。一方面,国内产品凭借成本优势,大举进入北美及欧洲市场;另一方面,国际著名品牌纷纷登陆中国。如此看来,对国内企业来说是海外市场的开拓,产品的销售;而对国外企业却是生产的转移,品牌的扩张。服装产业内部的变化要求宁波国际服装节朝国际化发展,并随着中国服装产业国际化程度的加强而不断深化。

　　宁波国际服装节的组织者在积极推动宁波国际服装服饰博览会迅速国际化的同时,将"中国服装产业国际合作洽谈会"作为经贸活动中的重头戏,并大胆提出国际产业合作不能只停留在贸易层面上,为此成功地邀请了德国男装协会、意大利佛罗伦萨服装商会和日本纤维输入组合等服装经济发达国家的服装行业组织参与主办洽谈会,使众多国际品牌与国内服装企业"亲密接触",其"国际性"可谓实至名归。与此同时,韩国、日本、德国服饰文化周的举办不

第四章 宁波国际服装节现状及发展前景

仅带给人们国际服装的最新流行资讯，也为宁波国际服装节的国际性增色不少。

品牌化发展一直是宁波节庆不懈的追求。赋予品牌更大的想象空间，给宁波国际服装节注入更多的文化内涵，是宁波国际服装节组委会长期的不懈追求。而宁波国际服装节等大型节庆活动逐步实现市场化、专业化、国际化，为宁波节庆加速品牌化发展打下了坚实基础。

与此同时，宁波国际服装节在主承办者的精心策划、组织和实施下，不断地完善、提高和发展，其在发展过程中所显现的"宁波模式"，不仅昭示着宁波国际服装节与生俱来的蓬勃生机和广阔的发展前景，而且也是研究了解宁波节庆产业发展的一把钥匙。

第五章

结论:中国节庆经济的宁波模式

第一节 中国节庆经济的宁波模式

宁波国际服装节引领宁波节庆，年年举办，长盛不衰。十多年历程表明，宁波国际服装节之所以能创造中国城市节庆经济快速发展的传奇，在于宁波市把节庆（会展）业作为支柱产业之一加以培育，在短短的十几年间，建立起了有效的节庆经济机制，通过举办宁波国际服装节，搭建服装产业交易博览平台，优化城市节庆经济环境等措施，努力实现"依托产业，服务产业，提升产业"的目标，使宁波的服装产业始终保持了中国服装产业发展的领先地位，推动了宁波节庆经济的迅速发展，宁波节庆产业也由此逐步形成和发展。宁波国际服装节的成功举办与宁波节庆产业的快速发展，形成了独特的中国节庆经济的宁波模式，对中国节庆业的发展意义重大。

1. 节庆宁波模式基本特征

位于中国大陆海岸线中段，当今中国经济发达的长江三角洲南翼的宁波，具有丰富的港口资源和产业优势。过去的宁波，源于宁波人低调务实人文特性，对外缺少宣传，一个时期城市知名度和影响力与宁波经济社会发展状况极不相称。在决心要通过举办大型节庆活动，来建立对外宣传、交流、合作平台后，宁波人硬是把城市的知名度和影响力提高到了前所未有的高度，"全国文明城市"、"最具幸福感城市"等荣誉也接踵而来。1997年10月，宁波成功举办了第一届宁波国际服装节，即成为中国第四大服装类大型节庆活动。经过14年的发展，如今的宁波国际服装节已位列国际节庆协会（IFEA）评选"中国最具国际影响力十大节庆"第5位，成为中国第一大服装类节庆活动，形成了独具特色的中国节庆经济的宁波模式，其基本特征如下：

第五章 结论：中国节庆经济的宁波模式

（1）善拓本源

事物林林总总，但总有不同。个体的与众不同之处便是特点。特色是个体身上的亮点和出彩之处。特点来自于本源，那种由古至今生生不息的积累，如思想理念、文化传统、风格习惯等。本源在内力和外力的共同作用下，经过发展，由模糊到清晰，由不明显到明显，由明显到耀眼、惹眼、抢眼，最后升华为其特色。任何事物可能都有自己的特点，但是并非都有自己的抢眼之处，即特色，然而，正是事物的特色使其拥有了竞争优势，也正是因为拥有特色使其在激烈的竞争中处于强势。对区域经济来说同样如此。近年来，宁波经济之所以发展迅猛，正是因为宁波把握了机遇，把宁波自然、人文、政治、经济和社会的特点转化成为宁波经济的特色。从产业来看，临港大工业、服装产业等特色产业促进了宁波经济的发展；从体制来看，民营经济、商帮经济等造就了宁波经济持续增长的动力。

成就特色之强在于创新，创新是特色的生命之源。特色之所以成为特色，就在于其独特性、惟一性和不可替代性。从这个意义来说，特色的成长之路在于创新，特色形成的过程就是创新的过程，要维持恒久的特色就需要持之以恒的创新，创新使事物拥有了不可替代性。理念的创新使人们的思想更加具有活力和创造力；制度的创新使原有的体制焕发勃勃生机；管理的创新降低了管理成本和交易费用；技术的创新使企业的产品更新颖、品质更完美。

改革开放后中国经济近30年的快速发展，就是中国经济创新的30年。宁波经济的发展也不例外，宁波经济的发展得益于其创新之举。可以说，正是因为宁波人摒弃了"万般皆下品，惟有读书高"的传统理念，首先实现了观念上的创新，认为"学而优则商"同样是一种可取的生存态度，从而造就了宁波的商业文化；正是"放水养鱼"的政府创新理念和"小政府，大市场"、"为企业服务"的创新做法使财富流向民间、藏于民间；也正是对民间的财富的尊重和保护，使得宁波人想创业、敢创业、能创业、乐创业，造就了宁波经济的活力。把节庆（会展）业作为宁波经济发展的支柱产业之一，大力扶持，优先发展，也是宁波市从自身社会经济发展实际出发的创新之举。以宁波国际服装节为龙头的宁波节庆业在政府和社会各界的大力支持和推动之下，善拓本源，大胆创新，不断发展。

（2）集聚优势

集聚优势是发现、挖掘、筛选和整合内外部的优势资源，通过地缘、信息、投资、贸易等联系，使内部多种优势资源之间，内部与外部优势资源之间融合利用，并防止内部初级资源的过度开发和环境退化。通过合作性竞争，取得双赢多赢的效果。集聚优势是在比较优势的基础上的延伸和升华，它是区域经济发展循序渐进的过程。优势资源是在动态发展变化的过程中被聚合作用的。区域在形成比较优势后，还必须树立高端思考理念，实施集聚优势战略，创造集聚优势的载体、平台、机制，把优势资源吸纳、聚集到区域内部，发挥集聚优势。

宁波的优势，在于优越的地理区位、深厚的文化资源、雄厚的产业基础和良好的政策机制。

A. 地理区位优势。宁波是传统的工商业港口城市，自古以来便是中国对外贸易的重要港口，拥有生产、贸易、物流的先天优势，物产丰富，航运便利，民营经济发达，具有旺盛的经济需求。目前正在建设现代化国际港口城市。随着杭州湾跨海大桥、宁波—舟山陆岛工程、甬台温铁路以及沪杭甬、甬金、甬台温高速公路的建成，宁波必将成为中国最具活力的长三角城市群的副核心城市。这将大大有助于宁波接轨上海，带动长三角南翼地区的节庆产业。

B. 文化资源优势。文化资源的挖掘整合，是培育城市节庆最核心的因素。宁波具有得天独厚的多元文化元素，有7000年的河姆渡文化，"海上丝绸之路"始发地文化，有日本曹洞宗祖庭天童寺，有中国最古老的藏书楼天一阁，有徐霞客游记开篇之处（宁海），宁波

第五章 结论：中国节庆经济的宁波模式

还诞生了王阳明、黄宗羲等大学者，沙孟海、潘天寿等艺术大师，包玉刚、邵逸夫等宁波商帮巨擘。至2008年6月，宁波全市有各级文物保护单位316处，其中有它山堰、蒋氏故居、东钱湖石刻群、慈城古建筑群等35处国家级文物保护单位，"国保"总数名列全国计划单列市首位。这些文物遗存和十里红妆、四明南词等非物质文化遗产共同组成了宁波丰富的城市个性和文化品位，是宁波节庆取之不竭的文化资源库。

C. 产业基础优势。宁波是中国经济增长最快、最有活力的地区之一。目前除了传统优势工业和临港型大工业外，新技术产业和服务业也正在蓬勃兴起，这为相关节庆活动的举办提供了雄厚的产业基础和必备条件。另一方面，作为一个新兴的产业，宁波的节庆经济链条不断拓展，已出现项目策划、赞助融资、媒体广告、会务展览、场地布置、设施租借、礼品制作等行业，节庆产业形成。

D. 政策机制优势。宁波作为副省级城市，在发展节庆产业方面具有政策自主权优势。世纪之交，宁波市政府提出把节庆（会展）业作为经济发展新的增长点和新的支柱产业予以大力扶持。市政府专门成立的大型活动办公室全面负责宁波节庆产业发展的战略规划、政策制定以及重大问题的决策。另外，宁波市还尤其重视对节庆会展发展的政策扶持，设立了会展业发展专项资金，提出了会展业发展总体目标：经过五至十年努力，把宁波建设成为中国会展名城、长江三角洲南翼的会展之都，会展业的直接收入、就业人数和品牌展会数，进入国内前10名。国际节庆协会（IFEA）等权威机构根据城市举办节庆的综合能力、城市规模、展馆设施、产业集群、自然区位竞争力、城市开放竞争力等指标综合评价，认为目前宁波已经部分实现了这个目标。

节庆活动是20世纪末21世纪初宁波重要的城市现象。十余年的发展历程表明，宁波节庆业在宁波市旺盛的经济需求、市民的文化诉求和强大的政策扶持推动下，善于利用集聚的多方面优势，从无到有、从小到大、从单一到丰富、从尝试到成长，如今已成为中国重要的节庆城市。

（3）整合节贸

所谓整合是某系统内各要素之间相互吸引、凝聚、协同、融合的趋势或状态。节庆与经贸的整合是在树立节庆整体发展观基础上，以共同利益为纽带，通过构建各政府部门、企业和当地民众之间良好的协作关系，形成节庆开发的合力，进而以企业为主体，以市场为导向，围绕节庆主题，通过传统继承和现代创新手段的运用，对办节当地区域内外可利用的诸多资源要素进行整合优化和高效配置，达到节庆活动整体结构的优化，形成节庆和经贸活动互补联动、合理有序的节庆活动格局。因此，节庆活动中策划安排经贸活动，有助于节庆活动丰富内容、活跃形式、吸引众多企业和客商参与，提高综合效益和国内外的影响力，增强发展后劲；经贸活动安排在城市大型节庆活动中举办，可以充分利用节庆活动的政府主导和当地民众广泛参与的资源，利用节庆活动的影响力和知名度，促进经贸活动增加文化因素，进一步扩大规模，提升档次。

宁波国际服装节在举办第一届起，就策划举办了宁波国际服装服饰博览会，设展位450个，到会展商241家，其中境外108家，共有5000名买家，3万名公众到会，成交额达32.2亿元人民币。由于经贸与节庆有机整合，首度亮相的宁波国际服装服饰博览会就跻身中国5强服装展。第十三届宁波国际服装节期间举办了第十三届宁波国际服装服饰博览会，设展位2200个，有9660余名境内外采购商、130多个国内外品牌、386家企业参展。同时也举办了服装专业经贸活动，如时尚创意展示、服装品牌专场发布会、专业论坛讲座等，还举办了中国国际服装产业发展论坛、国际服装产业合作宁波圆桌会议等，促进了第十三届宁波国际服装节取得圆满的成功。除宁波国际服装节外，其他宁波节庆活动如中国徐霞客开游节举办了宁海国际投资洽谈会等经贸活动；中华慈孝节则举办了手工DIY产

第五章 结论：中国节庆经济的宁波模式

业博览会等等。实现节庆与经贸活动的良好整合，使宁波的节庆业走上了健康可持续发展的轨道。

(4) 协调发展

发展是系统或系统组成要素本身从小到大、从简单到复杂、从低级到高级、从无序到有序的变化过程。随着社会的不断进步，必须树立一种兼顾各方、"和平共处"、共同提高的多元发展观。而要实现多元发展，就应当树立协调的观念。协调是两种或两种以上系统或系统要素之间的一种良性的相互关系，是系统之间或系统内要素之间配合得当、和谐一致、良性循环的关系。因此，协调发展是系统或系统内要素之间在和谐一致、配合得当、良性循环的基础上，由低级到高级、由简单到复杂、由无序到有序的总体深化过程，是一种强调整体性、综合性和内生性的发展聚合。协调发展追求的是一种齐头并进、整体提高、全局优化、共同发展的美好前景。

宁波模式来源于其独特的人文传统和发达的产业经济，在政府的规范和引导下，人文特质和产业因素逐步渗入到节庆活动的各个领域，丰富了节庆活动的内容和形式，加大了节庆活动的生机和活力，也使节庆活动的规模、档次和影响力进一步提高。宁波节庆形成了产业并得到了迅速发展，成为推动宁波社会经济快速发展的重要力量。在宁波节庆产业的推动下，宁波经济结构调整步伐进一步加快，一、二、三产的比重更趋合理，2010 年达到 4.2∶55.6∶40.2。工业经济持续发展，2010 年，全市工业增加值达到 2569.6 亿元人民币，增长 14.8%；纺织服装、机械、轻工、化工等产业的年产值已经超过 100 亿元人民币，电子、电力、冶金产业的年产值超过 50 亿元人民币；经济转型升级加快，2010 年全市实现服务业增加值 2059.16 亿元人民币，增长 11.6%。

宁波节庆业的相关产业也得到快速发展，旅游业由于各种面向全国乃至世界的大型节庆会展活动的举办，吸引了大量的国内外游客，联动促销了有关景点景区，推动了宁波旅游业的发展。2010 年，宁波市实现旅游总收入 650.8 亿元，比上年增长 22.7%；接待入境旅游者 95.2 万人次，比上年增长 18.9%，接待国内游客 4624 万人次，比上年增长 16.7%；全市拥有 4A 级以上旅游景区 21 处，其中 5A 级 1 处；宁波酒店业也得到了迅速发展，促进了酒店客源多元化、设施多元化，提升了酒店形象，2010 年全市拥有星级酒店 198 家，其中五星级酒店 14 家，一批豪华五星酒店正在加紧建设之中。节庆活动也促进了宁波招商引资工作的进展，一些节庆活动都举办了不同范围的招商引资洽谈会、项目签约仪式，促进地方经济发展。2010 年，全市实际利用外资达 23.2 亿美元。节庆活动还促进了宁波对外交流与合作步伐，中国梁祝爱情节通过梁祝雕像落户意大利维罗纳市，扩大了梁祝故事影响，传播了东方文化，为进一步确立宁波梁祝故事发源地地位，申报世界非物质文化遗产打下基础，2009 年宁波已与 13 个国际城市结为友好城市，14 个国外城市结成了友好交流关系城市。

此外，节庆业也使宁波市的社会更加和谐。宁波节庆通过促进市民的广泛参与，使市民的认同意识和本土观念进一步加强，激发了人们对本地区的认同、关注和责任感，唤起人们对本土地域文化保护的自觉意识，传统和文化得到保护和发展。宁波节庆业在实现自身健康协调发展的同时，也推动了宁波社会经济各项事业全面协调发展。宁波已成为浙江省乃至长三角地区重要的经济驱动引擎，产生了极大的极化效应和辐射功能，推动了区域经济发展。

2. 宁波节庆经济运行分析

在以服装产业繁荣而闻名的宁波，尤其适应其以市场为导向的产业结构。自 1997 年以来，以宁波国际服装节为代表的节庆业在宁波蓬勃兴起，带动了城市众多相关产业的结构调整和发展。以 2002 年宁波国际会展中心建成投入使用为标志，宁波这座沿海开放城市，已经成为华东节庆城市群中一匹稳健的黑马，是中国节庆业一颗冉冉升起的节庆新星。

第五章 结论：中国节庆经济的宁波模式

另外，节庆业的发展离不开良好的产业基础。宁波市是"中国品牌之都"、"中国文具之都"、"中国模具之都"，工业基础雄厚，产业门类齐全，产品种类繁多，拥有以纺织、服装、家电、文具、机械为代表的传统优势工业和以石化、钢铁、电力、造纸等为代表的临港大工业以及电子信息、机电一体化、生物医药等高新技术产业为主体的工业体系，品牌资源丰富。宁波已培育了10多万家工业企业，发展了30多个工业优势产业。宁波又是人文内涵和旅游资源丰富的城市，文化产业和旅游产业十分发达。这些都是宁波节庆业强大的产业支持。

此外，宁波国际服装节的主办单位包括中国服装协会、宁波市人民政府，承办单位包括宁波市政府大型活动办公室、宁波市经济和信息化委员会等。宁波国际服装节的举办，打着深深的政府烙印，但宁波市政府显然更理解市场的力量，因此，政府所起的作用不是大包大揽，也不是"管"，而是服务。政府的任务是公共资源的协调。比如，宁波国际服装节期间治安、交通等公共事务都由政府出面解决。政府做整体对外宣传时，宁波国际服装节和宁波国际服装服饰博览会等节庆会展活动，可以"搭便车"，同时，宁波国际服装节的宁波国际服装服饰博览会还实行市场化运作。另外，宁波国际服装节还成立了组委会，下设6个综合部门，来协调和服务节庆活动的进行。①秘书处，负责各项活动的综合协调、联络和监督工作。②展览部，负责宁波国际服装服饰博览会招展招商、展位安排和展馆现场管理和服务等工作。③卫生保障部，负责宁波国际服装节期间食品卫生监督、医疗疾控等保障工作。④综合保障部，负责宁波国际服装节期间形象策划实施、整体环境布置和环境美化工作。⑤新闻中心，组织协调宁波国际服装节的宣传报道和配套活动组织，以及新闻记者邀请联络等工作。⑥安全保卫部，负责宁波国际服装节期间安全保卫工作、交通组织管理、社会治安管理及突发事件应急处置等工作。

"依托产业,服务产业,提升产业",是宁波节庆业异军突起的缘起。伴随着产业的逐渐转型升级,节庆业应运而生。发达的产业丰富和滋养了节庆业,节庆业的发展又提升了宁波产业。近年来,宁波工业经济快速发展,现代服务业和文化产业持续繁荣,城市建设日新月异,这一切都缘于节庆业的效应。每年宁波市都把举办节庆活动当作创建文明城市、提升城市品位、改善投资环境的大事来抓。因此,宁波节庆经济运行,起步于产业振兴,在政府和服务贸易的配合下,节庆业健康成长并迅速发展,反过来又进一步促进城市社会经济繁荣发展。

3. 生成机制

(1) 政策扶持形成合力

宁波节庆业的发展因作为宁波的新兴产业而备受关注,政府的因势利导和大力扶持进一步推动了宁波节庆业的飞速发展。1997年以来,宁波节庆业按照"政府强势推动,市场化培育运作"的发展思路,从无到有、从弱到强、从单一到多元,而一跃成为"中国十大节庆城市",一批大型节庆活动进入全国先进行列。在宁波国际服装节举办之初,宁波市委、市政府投入了大量的人力、物力和财力,使宁波国际服装节被培育成为中国第一大服装类节庆活动。

如今,宁波市正全面实施现代化国际港口城市发展战略,加快提高宁波的综合实力和国际竞争力。要求宁波以提升港口经济和培育战略性新兴产业为重点,构建现代产业体系。进一步加快工业转型升级,大力发展现代服务业。要求坚持市场化、产业化、国际化方向,适应港口发展和制造业优化升级的需要,优先发展现代物流、国际贸易、金融服务、现代会展、科技与信息、文化创意、高端培训等为重点的生产性服务业。推动工业企业二三产分离,促进制造业与服务业互动发展。为此,宁波市政府出台了一系列的优惠扶持政策,重点以宁波中心区域、各县(市)区等为依托,以城市综合体、物流园区、总部基地等为支撑,建成一批服务业发展高地。深

第五章　结论：中国节庆经济的宁波模式

化服务业市场化改革，进一步放宽市场准入，优化服务业发展环境。随着市场经济的发展和国际经济一体化进程的加快，树立品牌、创建名牌、实施名牌带动战略、占领市场竞争的制高点，不仅是市场发展的客观要求，同时也是加快宁波现代化、国际化进程，建设发展现代服务业的必然选择，进而促进宁波节庆业朝着市场化、专业化和国际化方向进一步发展。因此，政府的政策扶持成为宁波节庆经济发展的加速器，推动节庆经济快速发展。

（2）组织机构运作有力

节庆宁波模式的成功，很大程度上得益于组织机构运作有力。宁波市政府及其有关部门、各县（市）区政府，调动各方人力、物力和财力，组成节庆组织机构，成立运作公司或委托运作公司，协助宁波节庆活动的成功举办。如宁波市国资委注册成立了资本金达18亿元人民币的国有节庆会展主体——宁波市国际贸易投资发展有限公司，强化推进节庆会展核心区建设，并负责宁波国际会展中心的管理经营工作。宁波国际会展中心建成以来，一直坚持市场化、企业化运作的宗旨，该中心一开始就定位：以展馆养展馆，使展馆能够不背负建设资金的负担，放开手脚拓展经营。作为宁波国际服装节及其宁波国际服装服饰博览会举办地和协办单位，宁波国际会展中心坚持展馆经营和节庆会展拓展为一体的战略，开发、扶持、培育、壮大新主题的品牌节庆和展会，并向多元化发展，努力吸引国际国内知名企业来宁波办节办展。同时宁波国际服装服饰博览会还实行经营权外包，让宁波市专业会展公司负责经营。使宁波国际服装服饰博览会在经营中，一是按品牌化运作，依托宁波国际服装节品牌，提高参展企业准入门槛，增加知名企业和品牌产品的参展比例；二是按专业化服务，在宁波国际服装服饰博览会的结构方面，集中展示市场竞争力强、出口前景好、优势明显的服装产品，突出服装产业特色，大力组织专业买家和观众，尤其是集中吸引国际展商、国际专业买家到展会现场；三是按标准化操作，展会以ISO

9001 的质量体系标准操作,在服务上体现规范化,并通过了国际展览联盟(UFI)的认证,成为国际知名会展品牌。

凭借宁波产业优势和区位优势,宁波国际服装节自举办以来声誉鹊起,名扬海内外。宁波国际服装节的运作,融合了政府、服装节组委会、节庆会展公司等各方机构的合理运行。首先,政府对举办宁波国际服装节活动和展会在场馆等所需的硬件建设上,给予政策上的大力扶持;其次,成立宁波国际服装节组委会常设机构,负责宁波国际服装节的综合策划、组织、协调和实施工作,如宁波国际服装节的形象策划、宣传,文化活动的组织,展会招展招商服务,以及节后展后总结等各项工作;第三,鼓励专业企业办节办展,按市场化运作经营,并扩大与贸促、文化、旅游等机构的合作与交流。

经过各方组织机构科学合理的运作,以宁波国际服装节为龙头的宁波节庆经济取得了十分显著的成就和效益。

(3) 适度的资金投入

节庆是一项组织工作与资金投入较大的系统工程,节庆组织者和参节企业往往需要投入相当多的人力、物力与财力。为了使城市节庆活动健康快速发展,宁波市政府对节庆基础设施进行了必要的投入,先后投入近百亿元资金建成了具有国内一流水平的宁波国际会展中心、宁波大剧院等节庆会展基础设施,为宁波节庆业的蓬勃发展提供了良好的条件。为了提升宁波节庆(会展)业发展水平,宁波市政府每年安排 2500 万元财政资助资金,重点资助国际性展会活动、进出口贸易展,奖励优秀品牌展会,考核表彰先进单位。宁波节庆经济的快速发展,除了政府对硬件设施的投资外,宁波节庆业的发展也善于充分利用企业的投资,把节庆活动的广告、展示、冠名权等项目打包,吸引企业赞助投资,既增加了节庆业的投入,又使企业扩大了形象宣传,通过举办节庆活动的方式使其得到迅速的膨胀与发展。

宁波节庆的资金投入不是盲目的,而是根据经济规律和市场需

第五章　结论：中国节庆经济的宁波模式

求适当投入。宁波市政府对宁波国际服装节的资金投入由 1997 年 1500 万元人民币用于文艺晚会、组展、招商、宣传等，往后逐年递减。至 2009 年的第十二届宁波国际服装服饰博览会，市场化运作水平大幅度提高，并取得赢利。

（4）建立公共服务体系

宁波节庆的生成与发展，离不开各部门的相互配合协作。大到政府对节庆硬件设施的政策扶持，对节庆活动期间城市环境的整治，节庆主办方对展会招商布展安排，小到节庆活动期间宾客后勤保障，有关节庆的一切事宜都需要各个相关部门之间的协作与配合，充分发挥团队精神，同心协力办好节庆活动。例如，宁波国际服装节是一项综合性的工程，需要不同的部门，社会各阶层人士发挥齐心协力的团队精神，予以大力支持与配合。在宁波国际服装节举办的 5 天时间里，城市的交通、餐饮、住宿、电信等各方面都相互配合，为宁波国际服装节的顺利举行做好充分的服务工作。在宁波国际服装服饰博览会上，除了会展公司管理服务人员外，展馆保安严格把关展会安全与秩序，志愿者流动于展会的各个场所，配合展会各项工作的顺利进行，为宁波国际服装节取得圆满成功添砖加瓦。

鉴于此，宁波市积极探索具有国际化特征的节庆公共服务体系建设。经过在宁波国际服装节等城市大型节庆活动的筹备组织实施工作中的多年探索整合与完善，宁波市建立了强有力的节庆会展公共服务体系。在这个体系中，由宁波市政府大型活动办公室牵动协调宁波市工商、公安、卫生、城管、海关、检验检疫、知识产权等部门，建立节庆会展管理规范化、部门协作程序化、服务标准化的工作体系。并逐步建立和健全了节庆会展信息服务、公共危机及救助服务、消费者权益保护、突发公共事件应急、志愿者服务等系统；市宣传部门积极宣传推介节庆业，广泛传播节庆信息，营造良好的舆论氛围；市工商部门加大市场监管力度，规范行业公平的竞争秩序；市公安部门落实大型节庆活动安全保障工作责任制，推进"平安节庆"建设；宁波市会展业促进会引导节庆企业诚信经营、诚信服务，推进"信用节庆"。规范良好的节庆活动公共服务体系的建立与有效实施，使宁波市各职能部门的效能得到了有效整合，不仅为宁波节庆活动的成功举办提供了良好的环境和必要的保证，而且也为宁波节庆业的加快发展创造了良好的社会氛围。宁波市也因此于2007年被商务部中国会展经济研究会授予"中国会展公共服务体系之首创"的荣誉。

4. 宁波模式的经济学分析

（1）成就与影响

2006年至2010年期间，宁波深入实施现代化国际港口城市发展战略，既立足当前保增长，又着眼长远调结构，不断推进发展方式转变和经济转型升级，经济社会发展取得巨大成就，综合实力显著增强，发展质量显著提升，人民生活显著改善。2010年宁波市实现GDP（地区生产总值）5125.82亿元，完成地方财政收入530.9亿元，人均GDP保持1万美元以上，工业生产总值保持1万亿元以上，集装箱吞吐量保持1千万标箱以上。2006—2009年累计完成固定资产投资6833亿元人民币，一批事关宁波长远发展的重大项目建设取得突破性进展，显著提升了宁波的核心竞争力和后续发展能力。尤其是在结构调整方面，宁波加快了发展方式转变步伐，具有区域特色的产业体系初步形成，临港大工业体系开始建立，先进制造业基地建设稳步推进。宁波独特的经济综合优势和产业优势，自然催生了一个为产业服务的节庆业，并逐步发展壮大起来。

宁波的节庆被人们戏称为节庆界的一匹"黑马"，自1997年以来，宁波节庆业按照"政府强势推动、市场化培育运作"的发展思路，经过十几年的持续发展，各个方面取得了较大进展，节庆产业已经形成。从节庆活动总量发展看，1996年，全市只有14个节庆会展活动，且规模小、档次低；2010年，全市举办各类大型节庆会展活动486个，短短14年里增长了33.7倍；从节庆活动结构看，宁波

第五章 结论：中国节庆经济的宁波模式

节庆业初步形成了以市本级为核心，县（市）区为副中心的节庆发展格局，培育了一批国内外有影响的自主品牌节庆活动项目，如服装节、人才科技周、开渔节、开游节、梁祝爱情节、弥勒文化节、港口文化节，以及甬港经济合作论坛、浙洽会、消博会、食博会、家博会等等。还先后承办了中国戏剧节、中国国际艺术节、中国旅洽会等国家级大型流动节庆活动；从节庆活动的贡献看，宁波节庆业对于推动城市经济社会发展的作用不断显现，据宁波市会展经济研究所统计测算，2008年全市举办的各类大型节庆会展活动，对全市GDP贡献高达196亿元人民币。宁波节庆业的快速发展，促进了宁波内外贸易发展，据不完全统计，至2009年，宁波国际服装节连续举办十三届，累计有来自120多个国家和地区的8万余名境外客商参节；连续举办了十届的浙江投资贸易洽谈会和七届的中国国际日用消费品博览会，累计有来自113个国家和地区的9万余名外商到宁波参会，十届"浙洽会"共签约外资项目2999个，协议外资283.22亿美元，七届"消博会"共实现贸易成交额57.71亿美元；2008年中国食品博览会参展参会人数达38.8万人次，实现成交额79.2亿元人民币，直接消费近2亿元人民币。

节庆业的快速发展还吸引了大批中外人士到宁波从事经贸、文化交流活动，带动了宁波物流业、金融业以及商贸旅游业等现代服务业蓬勃发展，如2002年，宁波只有星级酒店114家，其中五星级酒店1家，到2010年底星级酒店达到198家，其中五星级酒店14家，分别比2002年增长了1.7倍和14倍。宁波节庆业对于扩大宁波对外影响，提升城市功能和形象起到了积极作用。如今，宁波正以一个崭新的品牌形象呈现在世界面前。

（2）产权结构逐渐清晰

目前，中国大多数节庆活动仍在沿袭政府投入的"官办"模式，不利于区域经济的发展。"官办"模式总是很难对市场需求做出及时准确的判断，而且参加节庆活动的单位由政府行政指派，往往很容易搞成政绩工程，节庆活动缺乏发展后劲。另外大规模的政府投资往往很难把握和注意资金的使用效率，从而可能造成资金浪费，使政府背上经济包袱。对此，宁波市政府及其有关部门具有准确的把握。只有一个充满市场化的节庆活动，才能提高工作效率和节庆活动的社会效益，节庆活动必须由"官办"模式转变为市场运作模式，节庆活动的设计、组织、实施工作交由专业节庆公司负责，政府及其有关部门则主要确定节庆活动主题及名称，召集协调和对外宣传，以及提供政府扶持和履行审批、监管职能。

因此，宁波市在举办大型节庆会展活动时，政府及其有关部门逐步将具体执行工作外包给有关节庆会展企业，把对节庆活动的经营权交给节庆会展企业。如从第十届宁波国际服装节开始，其中的宁波国际服装服饰博览会的承办执行工作外包给专业展览企业——宁波华博展览有限公司负责，实际上是将该博览会的经营权交给了企业，形成了政府部门与企业的产权约束关系，从而使政府部门实现了从行政式的直接经营管理到以法律和经济手段为主的间接协调管理的根本性转变。而专业展览公司由于与政府部门签订了长期的承包经营合同，把经营好宁波国际服装服饰博览会作为企业长期发展战略的重要部分，着力把展会做细做精做大，使宁波国际服装服饰博览会的举办一年上一个台阶，至第十三届宁波国际服装服饰博览会，一跃成为浙江省第二个获得国际展览联盟（UFI）认证的展会。节庆活动运作方式的转变，使宁波节庆业逐步发展成为以节庆公司和展览公司为主，政府参与为辅，形成市场化、产业化、规范化的新的经济增长点。

由节庆企业来执行举办节庆活动的节庆经济模式，使得产权结构逐步清晰，有利于推动政企职责分开和促进政府职能转变，加强政府的调控，对推动节庆业改革和促进其发展有着十分重大的意义。

（3）保障机制

宁波产业基础雄厚，形成有服装、文具、模具等多种门类的产

第五章 结论：中国节庆经济的宁波模式

业集群，依托发达的产业优势，宁波培育举办了种类繁多的节庆活动。利用丰富的节庆平台，参节企业可以方便地接触到目标产业的产业链各环节的新技术、新工艺、新设备以及新产品，降低了交易成本，扩大了利润空间，成了吸引外商的"强磁场"，从而成为宁波节庆业发展的有力保障。宁波国际服装节就是依托发达的服装产业应运而生的。至2008年，宁波拥有近万家服装企业，形成了服装产业集群，已打造出25个"中国驰名商标"和20个"中国名牌"，年服装产量已达到15.1亿件（套），占中国服装产量的12%。在宁波国际服装节上，外商可以很方便地与宁波及来自中国其他城市的服装企业对接洽谈，实地参观考察宁波服装企业，而宁波服装企业也可以不出城市即能与外商接触，寻找商机，从而大大降低了交易成本。同时，宁波国际服装节期间还举行了中国服装论坛、服装流行色发布会、国际服装品牌发布会、服装生产技术交易洽谈会等活动，更是吸引众多外商参与。因此，宁波国际服装节自举办以来，能吸引120多个国家和地区的8万余名外商到宁波参节参会。这也成为宁波国际服装节能够不断发展的重要保障。

此外，服务型政府的良好形象也使宁波节庆业一年火过一年，快速稳步发展。宁波市政府在节庆业发展过程中"有所为，而有所不为"，除了开展节庆产业导向和发展的宏观决策外，主要扮演的只是"服务"角色，即制定相关的产业发展政策，监督节庆活动按规则有序进行，创造良好的节庆产业发展综合配套环境。

第二节 宁波模式的战略思考

宁波国际服装节经过十多年的培育，已经成为中国最具影响力的十大节庆前五甲，宁波节庆也成为发展城市节庆经济的成功模式。

今天,随着城市经济文化的日益发达,宁波节庆活动作为一种重要的宁波城市经济社会和文化活动形式,在宁波城市发展中正扮演着越来越重要的角色。宁波市大力发展节庆业的必要性日益显现:首先,宁波节庆活动已成为宁波城市经济发展的一个重要助推器。中国梁祝爱情节、中国开渔节、中国徐霞客开游节等,在其举办期间无不吸引了世界各地大批商客和旅游观光客的参与,举办地的宾馆酒店客满、餐馆人头攒动、市场一派兴旺,其带来的经济效益不言而喻;其次,举办宁波特色的城市节庆活动,对于挖掘、整理宁波城市文化资源,打造宁波城市文化品牌,提高宁波城市文化品位,发挥了重要作用;第三,各类节庆活动的举办,使海内外参节者能够全面了解宁波城市的自然景观、历史背景、人文景观和城市建设等软硬件环境,有力地推动了宁波扩大对外影响力,提升了城市知名度;第四,举办节庆活动,促进了宁波城市环境的美化、自然与人文景观的完善,以及城市改造与管理水平的提高,为宁波城市的可持续发展打下了坚实的基础;第五,宁波节庆活动引来了新思维、新理念,其世界性、艺术性、高科技型特征,使宁波市民开阔了眼界,提高了艺术欣赏水平和追求科学进步的欲望,在节庆活动中宁波人的素质得到了提高,创新进取、团结协作的精神也得到进一步弘扬,有力地促进了宁波城市精神文明建设和和谐社会的构建。因此,大力发展节庆产业已成为宁波全市上下的共识和行动。

今后一个时期,宁波节庆业面临着重大战略机遇。一是经济快速发展有利于拓展宁波市节庆业发展空间。2010 年,宁波市 GDP(地区生产总值)达到 5125.82 亿元,比 1999 年增长 386.84%,年均增幅达 35.2%;人均 GDP 达 10068 美元,在全国 200 个城市综合竞争力排名第 5 位,达到 20 世纪 90 年代初中等发达国家水平,进入了经济加速发展阶段。在经济结构中,一、二、三次产业优化升级,经济增长质量和效益明显提高。这些因素既为加强节庆设施配套建设、提高节庆质量提供了必要的物质保证,也将吸引大批国内

第五章 结论：中国节庆经济的宁波模式

外企业和各界人士到宁波从事经济、文化交流活动，从而为节庆业带来了发展空间；二是经济全球化有利于提高宁波市节庆业国际化程度。经济全球化、新科技革命和经济结构战略性调整，已共同成为主导世界经济发展的三大基本趋势。经济全球化必然促进节庆业的全球化。当前，长三角地区经济活力不断增强，已成为中国乃至世界经济最为活跃的区域之一。宁波市是全国出口名牌产品最多的城市，也是全国人均一般贸易出口最多的城市。宁波以优越的投资环境、雄厚的产业基础和开放的商品市场，将成为国际资本、跨国公司投资节庆（会展）业的重要选择地之一。所有这些都将促进宁波节庆业的发展；三是加快服务业发展为宁波节庆业注入了新的活力。宁波市政府提出"大力发展现代服务业，发挥优势，挖掘潜力，扩大规模，提升层次，增强城市综合服务功能"。这不仅为服务业，而且为节庆业发展指明了方向。随着杭州湾跨海大桥的建成，宁波与周边地区交通状况已大为改善，宁波市的区位格局发生了重大变化，经济腹地将大大拓宽，对外辐射力和要素集聚力也将不断增强，从而给宁波节庆业发展带来新的机遇；四是东部新城建设启动有利于打造宁波节庆业发展新高地。"东部新城"高起点规划和建设，必将有利于宁波扩大城市规模，完善城市功能，提升城市品位，增强城市集聚和辐射能力。特别是随着会展配套区的建设，将集聚节庆、会展、外贸、宾馆、金融、信息、商务等众多服务功能，大大增强宁波节庆业配套服务能力；五是雄厚的产业基础为宁波节庆业发展提供了资源依托。宁波市工业基础雄厚，产业门类齐全，产品种类繁多，是全国重要的机械、家电、电子、纺织、轻工、工艺制造基地，为宁波市各类节庆活动的培育提供了取之不竭的资源。特别是宁波市以一般贸易见长的贸易方式，都有利于吸引更多国内外节庆落户宁波，并吸引更多的宾客、展商和客商参节参展参会。

然而，宁波节庆业发展在面临重大战略机遇期的同时，也面临着严峻的竞争形势。特别是全国、长三角地区及浙江省内各城市竞相发展节庆业所形成的态势,给宁波市发展节庆业带来了巨大挑战。一是来自全国的挑战。从全国来看,目前北京、上海、广州等城市已成为了节庆业的龙头。除此之外,包括宁波在内的一些副省级城市、省会城市节庆业发展优势各有所长,如何在与这些城市的竞争中进一步提升宁波节庆业发展水平,或者说走在前列,面临着激烈竞争;二是来自长三角区域城市的挑战。从区域来看,宁波市与上海、杭州、南京、苏州、无锡等城市同处长江三角洲地区,除上海外,宁波市与其他各城市区位优势基本类同,经济实力相当,产业发展相近,而且各地都很重视节庆业发展,均把节庆(会展)业作为一个新兴产业和新的经济增长点重点培育。今后一个时期,宁波节庆业发展将面临这些城市的强有力竞争;三是来自浙江省内各城市的挑战。从浙江省内来看,各城市发展节庆业虽然起步晚,但对节庆业的扶持力度较大,发展势头较好,杭州的"西博会"、绍兴的"大禹节"、温州的"轻博会"、永康的"五金展"、义乌的"义博会"等都已经初具规模,颇有影响。随着周边这些城市节庆业的发展,必将形成与宁波市争抢节庆资源之势。

鉴此,宁波节庆业的发展要坚持节庆品牌化发展方向,追求差异化发展战略,加强节庆软硬件建设,扩大产业链的联动效应,使节庆经济真正成为城市和区域经济发展的助推器。

1. 打造长三角南翼国际节庆名城

举办大型节庆活动,开发强势节庆品牌,使城市节庆经济成为拉动城市经济社会快速发展的重要引擎,越来越成为许多城市的共识和行动。中国中小城市发展节庆经济,应尽量避免与其他城市直接竞争,充分考虑自身的特点,一要突出"特色",发挥和挖掘本地的资源优势、产业优势,培育以本地主导产业和特色产业为基础的特色节庆、名牌节庆;二要形成特色,打好特色节庆、名牌节庆的组合拳,形成富有自身特色的、具有强大竞争力的城市节庆产业。

宁波国际服装节历经十四届的发展,已积累了丰富的经验和品

第五章 结论：中国节庆经济的宁波模式

牌影响力，从当年名不经传的地方节庆，成为了国际性大型城市节庆活动。以宁波国际服装节为龙头的宁波节庆业，也随着城市经济社会的发展而发展成为具有影响力的节庆产业。宁波节庆业要取得进一步的发展，必须善打组合拳，善于整合各方面的优势，要以产业发展为基础，以良好的区位、交通和节庆设施为依托，尤其是要充分利用宁波强大的进出口贸易优势和对外开放环境，大力发展国际性大型节庆活动，按照"国际化、专业化、市场化"的要求，进一步加强文化经贸结合，形成以宁波国际服装节为龙头，与宁波产业相关联、多门类、强辐射、国际化的节庆业格局，争取经过三至五年的培育发展，将宁波国际服装节打造成文化与经贸结合，各方协同发展的独具特色的中国大型国际品牌节庆，将宁波打造成为中国长三角南翼国际节庆名城。

2. 追求差异化发展战略

节庆业属于新兴产业，近年来各地竞相发展节庆业。要积极开拓具有自身产业特色的节庆发展空间，形成与国内其他节庆城市不同的节庆经济结构，实行差异化战略是成功发展节庆产业的必胜武器之一。

宁波节庆业发展令人瞩目，但宁波要持久地延续节庆城市魅力，就必须充分张扬自己的个性，走差异化道路，形成"人无我有，人有我优，人优我特"的竞争格局。从全国主要节庆城市来看，北京、上海、广州凭借其政治和经济中心的地位，决定了其对节庆需求具有很强的吸引作用，由于上述区域内的城市等级不同，各自城市功能不同，它们在各自节庆发展中也显示出不同的特色。北京作为首都，其具有比其他城市更多的象征意义和展示作用，具体反映到节庆活动上，具有"重政治、轻经贸"的特征。上海节庆业多出于对国际大都市形象展示的考虑，除"国际电影节"、"国际服装节"等上海品牌节庆外，大量国外品牌节庆在上海发展，无疑使上海节庆的发展定位与北京、广州形成了一定的错位。与此相比，广州节庆业有下滑的趋势,广交会的存在虽然奠定了广州作为重要节庆会展城市的地位,但广交会仅为一枝独秀。从长三角南翼来看,杭州、南京两个省会城市及浙江省内的绍兴、温州、嘉兴等城市,近年来发展态势咄咄逼人,各城市之间节庆业的竞争十分激烈,且节庆主题同质化倾向严重。宁波的节庆业应定位于既要与北京、上海、广州形成明显的错位而无竞争压力,又要在长三角区域独树一帜,走避开竞争对手的差异化发展路子——紧紧围绕区位人文和特色产业经济的优势,先做大做强城市节庆活动,再求更大突破,规划先行、政策促动。要借鉴国际节庆经验和充分利用国际节庆协会等组织,加大跨国合作力度,提高节庆的国际化水平,同时,适时培育新的品牌节庆,优化节庆结构,实现节庆产品创新。从而既避开区域内节庆主题同质化,又坚持了以特取胜,为打造宁波长三角南翼国际节庆名城打下良好的基础。

3. 坚持外联的节庆发展战略

坚持外联的节庆发展战略,主要指三大方面:

其一是考虑与周边优秀的节庆城市合作,利用它们的影响来宣传自己,这样会更快的提升自身的区域节庆竞争力。就目前而言,在浙江省内应加强与杭州、绍兴、温州的合作,避免省内节庆业的恶性竞争,通过协作,做到各有千秋,共同进退,推行共同发展。同时,长江三角洲地区已经形成了以上海为中心的城市圈。上海为一级城市,杭州、南京、宁波为二级城市。各级城市应该明确定位,中心城市着重发展国际知名的大型节庆活动,并努力培育品牌节庆。宁波可根据产业、市场优势确立节庆品牌,也应加强同其他二级城市和中心城市的产业交流和合作,实现节庆资源,尤其是人力资源的共享。

其二是加强与"国际节庆协会"、"国际展览局"、"国际展览业联盟"和中国香港、新加坡等国家和地区的节庆机构协作,鼓励他们在宁波建立机构,办节办展揽会,这样可以吸引先进的节庆管理

第五章 结论：中国节庆经济的宁波模式

理念和管理方法，同时还可以引进和积聚一流的节庆专业人才，促进节庆及当地经济的发展。宁波国际服装节七年磨成一剑，十年煅成一钢，已显示出强大的生命力。但宁波国际服装节又是生根在本族土地上由传统模式演化而成的区域盛会，尚未与国际知名节庆活动进行对接。要融入世界强节之林，应逐步形成办节新格局，强化国际节庆品牌意识，主动加强与国内的各类节庆专业组织及国际节庆协会、国际展览局、国际展览业联盟和国际知名节庆公司的联系和合作，充分利用比较优势，鼓励、吸引更多的节庆项目到宁波举办，通过内引外联，培育特色节庆活动，增强宁波节庆城市实力。

其三是积极参加国外知名的节庆活动。通过参与节庆来宣传扩大宁波节庆的知名度，同时也可以在国外选择一些好的场地或展厅，利用国外的新闻中心或新闻发布会为宁波节庆做广告，注重宣传一次性投入、长期后续的回报。品牌是节庆业发展的灵魂，是实现可持续发展的关键，要增强宁波节庆业在国内、国际的竞争力，实施品牌化战略是必由之路。同时，要拓展企业"走出去"载体，通过宁波国际服装节延伸项目帮助企业出境参节参展，在国际知名节庆活动上，以宁波企业的整体形象亮相，以此来提高宁波在世界上的"名声"，同时也拓展宁波节庆业发展空间。宁波节庆业目前处在快速发展的时期，必须在高起点、高档次上下功夫，坚持以质取胜。

4. 加强节庆业的软硬件设施建设

宁波节庆的硬件设施，总体来说已经比较完备，但要使节庆业更大发展，还需要加大建设力度，当前迫切需要的是要建设能容纳5至10万人的体育中心等大型节庆活动设施。同时要大力提高节庆的软件建设，宁波市的酒店（宾馆）以及国际会展中心的服务质量和服务水平要跟上节庆会展发展需要，继续重视人才引进与培养，弥补节庆专业人才的短缺，提高节庆管理理念及经验，提高城市居民素质及城市形象。

5. 扩大产业链的联动效应

宁波节庆业需要扩大产业链的联动效应，特别是与旅游业。节庆活动与旅游活动关系紧密且相互渗透。节庆活动与旅游都有一个共同的特征，即服务对象的异地流动性，这为两者在具体运作上的合作提供了基础条件。为促进节庆与旅游业的相互发展，实现节庆活动和旅游业的有效对接已经成为当今节庆业和旅游业界的共识。当然，要实现这一目标，离不开一定的基础条件：首先，举办节庆，发展都市旅游，需要鲜明的城市形象、完善的基础设施等；其次，一定规模的人员流动于节前、节间或节后的旅游、购物、娱乐等活动必须有机组织起来；此外，实现这个目标还需要一定的对接策略，外加配套服务的整体营销策略以及客源预测和场馆后续利用等。

第三节 宁波模式的走向展望与对策

节庆是"城市的面包"，对经济和社会有着巨大的推动作用。中国作为经济发展大国，想要在今后经济和社会发展中取得更加辉煌的成绩，发展节庆业的确能作为一个显著的增长点。宁波节庆产业的发展是中国节庆业发展的一个缩影，从宁波节庆产业及其宁波国际服装节的发展轨迹和对城市经济的影响中，我们不难看出中国中小城市节庆业发展的方向。"善拓本源、集聚优势、整合节贸、协调发展"的宁波模式是中小城市发展节庆的典型例子，究其原因，主要是以优势特色产业为基础，市场化运作与政府强力推动和服务相结合，以节庆带动社会经济的全面提升。中国节庆经济的宁波模式在中小城市节庆业中有着实际的推引意义。重点在于从本地实际出发，扬长避短，依靠本地优势，以产业为龙头，以市场化、专业化、国际化运作，突出重点，做到多管齐下，文化经贸结合，加强节庆

第五章 结论：中国节庆经济的宁波模式

人才培养和主体培育，采取一系列政策保障措施，形成较强的综合能力，做大做强本地节庆业，进而有力地促进中国节庆业量质提升，加快发展。

1. 全力办好各类节庆活动，推动节庆品牌化发展

（1）高标准、高品位办好现有节庆

按照继承传统、开拓创新、面向未来的办节思路，促使宁波重要节庆活动办出特色，办出水平，办出实效。既要办好宁波国际服装节、中国开渔节、中国徐霞客开游节、中国梁祝爱情节、宁波商贸文化节、宁波余姚杨梅节、宁波奉化水蜜桃节等政府主办型、主导型节庆活动，又要有序发展企业自办型、市场运作型节庆活动，带动节庆产业、发展节庆经济。对处于成长期的节庆活动，要不断扩大宣传和招展、招商力度，丰富活动内容，扩大规模，增强办节实效，尽快培育成为品牌节庆。对尚处于萌芽状态的节庆活动要加强指导和扶持，力争使其发展壮大。到2015年，力争形成一批专业特色明显、规模大、对产业带动作用强、国内行业领先、具有国际影响力的著名节庆活动。

（2）多方面拓展节庆领域，为产业发展提供服务平台

加大对外引节招展揽会力度，促成更多的全国性、国际性大型节庆活动到宁波举办，重点办好各类国际化专业性节庆活动。依托宁波区位和产业优势，按照专业化发展方向，细分市场定位，大力拓展节庆领域。积极培育文具、模具、五金、家电、电子机械、汽车及配件等与新兴产业相关联的节庆会展活动，为中小制造企业提供节庆平台；打造石化、钢铁、电力、造纸、能源等大型工业相关联的节庆会展活动，为临港型大中企业提供节庆平台；拓展教育、人力资源、网络硬件与软件、旅游、装饰、住宅产品等与现代服务产业有关的节庆会展活动，为服务业发展提供节庆平台；办好纺织、服装、家纺、机械、建材等传统产业为依托的节庆会展活动，为传统产业提供节庆平台；发展蔬果、食品等农副产品方面的相关节庆

会展活动，为农、林、牧、副、渔业发展提供节庆平台。积极发挥各级政府及其职能部门、行业协会和节庆企业各自职能和优势，多渠道拓展新的节庆资源，积极引进和举办各类节庆活动。

2. 调整结构加强合作，推动节庆业整体水平不断提高

（1）调整结构，提高节庆活动举办水平

合理调整宁波节庆活动举办时间，争取节庆淡季不淡，旺季兴旺。引导各场馆采取优惠措施，鼓励办节办展单位选择在淡季办节办展，以提高场馆利用率。坚持市场化办节方向，逐步控制纯政府性节庆活动发展，鼓励市场化运作节庆活动，逐步加大节庆活动的市场化运作比重。按照"多招商、少请客、求实效"的要求，引导各类节庆调整、整合相关活动内容，创新办节形式，集中精力做好筹节、引节、办节、管节、促销等工作，追求良好的参节实效。鼓励办节单位引进和培育品牌节庆活动，优化宁波节庆活动结构，提高节庆活动层次，努力形成内容丰富、结构合理的"大节庆"、大发展格局。

（2）加强与节庆强市的合作，实现借力发展

按照"接轨大上海、融入长三角"的发展思路，充分利用上海节庆业的先发优势、规模优势和品牌优势，加强与上海节庆业的交流合作，主动承接辐射，形成甬沪节庆业联动、融合发展的良好态势。认真研究2010年上海世博会后对长三角地区经济发展和节庆业的影响，抓住机遇，加强合作，促进宁波节庆业水平的提高。

（3）丰富节庆活动，不断扩大节庆溢出效应

充分拓展节庆功能，在办好现有国际、国内重要论坛的基础上，加强与国际、国内经济组织、学术机构、大专院校和新闻单位的合作，积极引进和兴办档次高、影响大、且对宁波经济社会发展有推动作用的展览会、论坛、会议。加强"会、展、节、赛、演"的有机结合，以取得良好的节庆综合效果。

第五章 结论：中国节庆经济的宁波模式

3. 培育主体，推动节庆业国际化、专业化、市场化进程

（1）积极培育节庆业市场主体

引导宁波节庆企业通过有序竞争，联合重组，建立符合现代企业制度的多元化的现代节庆企业，不断增强竞争实力。加快培育实力型节庆场馆经营企业、节庆策划组织企业、节庆设计和器材租赁企业、节庆用品运输企业及其他服务配套企业。大力发展节庆中介服务公司，为节庆活动提供广告宣传、组织联络等各类服务。经过三至五年的努力，力争培育并形成一批具有较强实力的节庆企业和为节庆提供支持的服务企业。

（2）加强国际性行业合作

引导节庆经营主体积极参与"国际节庆协会"（IFEA）、"国际展览联盟"（UFI）等国际节庆和展览协会组织，积极开展国内外节庆业人员培训、信息咨询、秘书服务等方面的合作。积极引进国际著名节庆企业到宁波设立机构，举办国际性节庆活动，开展各项节庆业务交流和技术合作。组织宁波市有关部门、节庆企业派员赴发达国家和地区考察、学习节庆业发展先进经验，尽快提高宁波节庆活动的举办水平。

（3）加强节庆业规范管理

引导节庆企业执行各项节庆管理规定，提高服务质量，在服务专业化、标准化、规范化等方面，逐步与国际先进水平接轨。并在节庆现场管理、时间管理、危机管理等方面形成科学合理的服务运营体系。

4. 加强措施保障，推动宁波节庆产业健康快速发展

（1）组织保障

建立健全政府、行会组织、企业联动的节庆业增促机制。健全全市节庆工作联席会议制度，及时协调解决节庆业发展的重大问题。充实节庆管理力量，逐步加强政府节庆业管理部门力量，确保有效行使管理职能。不断完善节庆公共服务体系，重视宁波节庆业发展

调研，联合统计部门搞好全市节庆统计和评估，开展节庆资源普查，及时掌握全市节庆业实情和发展趋势。加强对基层节庆工作的指导。落实大型节庆会展活动安全保障工作责任制，不断提高城市节庆业公共服务水平。

(2) 政策保障

建立节庆业发展专项资金，出台节庆业扶持政策。根据同一节庆举办届数和规模、原有节庆规模的增长幅度、参加节庆活动的境内外客商数及同类型节庆的整合度，采取分类、分级奖励的办法，鼓励引进规模大、效益好、有发展潜力的国际性或全国性的重要节庆活动；鼓励原有节庆活动继续做强、做大并保持节庆活动规模逐年增长；鼓励节庆加大引客招商力度，不断增加境内外参节客展商，促进国内外贸易；鼓励同类型节庆活动有效整合。

(3) 管理保障

适时出台加强节庆业管理的法律规章，进一步发挥宁波市公安、城管、交通、工商、卫生等部门的职能作用，加强对各类节庆活动管理。引导宁波节庆行业组织认真履行"服务、代表、协调、自律"的基本职能，配合政府制定行业规定，规范办节行为，加强节庆评估和评比工作，协调各方关系，维护会员企业的合法权益，促进宁波节庆业协调发展。

(4) 宣传保障

高度重视节庆业宣传推介工作。创新形式，拓展渠道，充分发挥广告、广播、电视、互联网络、报刊等各种新闻媒体对节庆业发展的的宣传、推动作用，加大对宁波节庆业发展环境和品牌节庆活动的宣传推介力度。节庆宣传工作要进一步"走出去"，加大对外的宣传力度，在国内重点专业媒体和有关网站免费宣传品牌节庆活动，通过广泛的宣传，营造良好的节庆业发展舆论氛围，提高城市和节庆活动知名度，以吸引更多的海内外企业和人员到宁波参节，吸引更多的海内外节庆活动到宁波举办，促进宁波节庆业蓬勃发展。

第五章　结论：中国节庆经济的宁波模式

5. 加强节庆人才队伍建设，为宁波节庆业可持续发展提供保障

按照缺什么补什么的原则，重点引进节庆项目策划、项目管理、工程管理等高层次人才，并按照宁波市有关紧缺人才引进的政策提供相应的支持。建设宁波市节庆产业发展专家咨询服务组织，聘请国内外资深节庆专家担任节庆业咨询服务顾问。建立节庆人才储备库，将宁波市高校、科研院所和企业的高层次节庆人才登记在册，定期开展政府、企业和高层次节庆人才沟通。会同有关城市，共同开展节庆从业人员职称评定，提高节庆从业人员整体素质。加强节庆学历教育，发挥大专院校在节庆人才培养工作中的作用，提高节庆及会展学历教育水平。加强与有关大专院校的合作，促进节庆人才教学改革，通过实践教学、科研活动、兼职服务等方式，增加在校学生参与、服务宁波节庆活动的机会，提高在校学生参与节庆业服务能力。鼓励节庆企业与有关大专院校建立节庆人才培养和节庆业务合作，争取双赢的合作成果。

加强节庆从业人员培训，建立节庆应用型人才培养机制。根据节庆产业发展需要，加强现有从业人员业务培训；引进国内外适用性广的节庆资格证书的培训，提高节庆从业人员的业务素质。鼓励节庆企业选派专业人员到国内外相关高校和企业学习、培训，不断提高节庆从业人员业务水平。

综上所述，节庆业作为"城市的面包、发展的助推器"和现代服务业的重要组成部分，已经成为推动文化发展、促进技术进步和贸易交流的平台，发展十分迅猛。节庆经济具有巨大的发展空间和无穷的魅力，节庆经济带来的强大的经济集聚和辐射效应，成为经济和社会发展的双引擎。

近年来，中国一些大中城市，尤其是沿海经济发达地区，节庆业搞得轰轰烈烈，使之形成了推动当地经济发展的支柱产业，并拉动和催生相关产业的发展，经过近20年的发展，中国已经形成了环渤海地区、长江三角洲地区、珠江三角洲地区、东北地区和中西部地区五个节庆产业带，节庆业发展迅猛。在中国众多节庆中，宁波国际服装节

节庆产业
　　与城市发展

的异军突起谱写了中国节庆史上中小城市办节的一个壮丽篇章。

　　宁波国际服装节所赖以生存的城市——宁波，是一个具有丰富的文化自然资源和优越的地理位置的，较为强大的现代化的工业文明城市。在这样一个资源丰富、文化深厚的城市，宁波国际服装节经过十多年的发展，成为了"中国最具国际影响力十大节庆"第5位。宁波国际服装节的成功，很大程度上依托的是市场化和国际化特征鲜明的中国沿海开放港口城市，依托的是民间力量和市场自发势力推动着制度和组织创新的"宁波模式"，依托的是地方政府的正确定位和因势利导。"善拓本源、集聚优势、整合节贸、协调发展"的节庆经济宁波模式探索出了一条中小城市利用自身资源，成功办节的道路。宁波节庆产业的发展和宁波国际服装节的成功，促进了文化的繁荣、贸易的发展，反过来又影响了宁波的社会经济，给宁波社会经济的发展注入了新的活力，促成其走上了建设现代化国际港口城市的发展道路，打破了仅靠城市自身发展产业经济带来的瓶颈，找到了经济新的增长点。宁波节庆产业的发展也带动了周边地区的经济发展，使得整个浙江东部地区经济快速发展。宁波节庆产业的发展虽有自己鲜明的个性和区域特征，却也折射出了节庆业作为"城市面包"对区域经济产生的巨大影响。

　　宁波节庆业的全面进步和宁波国际服装节的成功，探索出了适合中国中小城市发展节庆经济的"宁波模式"，对中国节庆业的进一步发展是个非常有效的对策。在全球节庆业迅猛发展的今天，经济全球化、中国大好的经济发展前景和方便快捷的获取各种信息的条件，为中国节庆产业的发展带来了机遇。同时，随着中国加入WTO，国外先进节庆机构的涌入也给中国节庆业带来巨大的挑战。中国节庆经济发展的"宁波模式"，即"善拓本源、集聚优势、整合节贸、协调发展"的运行方式，的确对中国众多中小城市发展节庆经济提供了样板。中国的节庆业应该根据自身的条件，准确定位，合理布局，协调推进，在稳步中健康快速成长。

参考文献

（美）阿尔弗雷德·海勒著，《文明的进程：世博会的发展与思考》，吴惠族等译，上海：上海科学技术文献出版社，2003年11月

（美）阿尔诺·勃兰特博士等著，《汉诺威世博会对区域经济的影响》，任树根译，上海：上海科学技术文献出版社，2003年11月

（英）阿尔弗里德·马歇尔著，《经济学原理》，北京：中国商业出版社，2009年1月

（英）阿列克·凯恩克劳斯著，《经济学与经济政策》，北京：商务印书馆，1990年

（美）阿伦·L·温德若夫著，《项目筹资活动管理（中译本）》，北京：机械工业出版社，2003年1月

（美）彼得·塔洛著，《会展风险管理与安全（中译本）》，北

京：电子工业出版社，2003 年 2 月

Catherwood, D. W. (Editor), Van Kirk, R. L & Ernst, G. Y. The Complete Guide to Special Rcent Management: Business Insights, Financial Advice, and Sucessful Strategies from Ernst & Young. Chichester: John Wiley & Sons. 1992.

蔡俊五、赵长杰著，《体育赞助：双赢之策》，北京：人民体育出版社，2001 年

陈培爱著，《广告策划》，北京：中国商业出版社，1996 年

陈继勇、肖光恩：国外关于聚集经济研究的新进展 [J]，《江汉论坛》，2005 年第 4 期

（美）查尔斯·林德布洛姆蒂著，《政府与市场：世界的政治—经济制度》，北京：三联书店，1992 年

戴光全、马聪玲主编，《节事活动策划与组织管理》，北京：中国劳动社会保障出版社，2007 年

戴光全主编，《节庆、节事及事件旅游：理论·案例·策划》，北京：科学出版社，2005 年

戴光全主编，《重大事件对城市发展及城市旅游的影响研究——以'99 昆明世界园艺博览会为例》，北京：中国旅游出版社，2005 年

杜学主编，《大型活动的组织与管理》，北京：旅游教育出版社，2003 年

杜漪、张小梅：城市节庆对城市形象的塑造，《经济观察》，2006 年第 9 期

方甲著，《产业结构问题研究》，北京：中国人民大学出版社，1997 年

方圆著，《大型公众活动策划（第二版）》，广州：中山大学出版社，2001 年

（美）菲利普·科特勒著，《营销管理——分析、计划、执行与

控制（第十一版）》，梅清豪译，上海：上海人民出版社，2003年

（美）菲利普·莱斯礼编著，《公关圣经》，石芳瑜等译，汕头：汕头大学出版社，2004年3月

（美）菲利斯编著，《赞助中间商促销案例大剖析》，顾松林译，上海：上海远东出版社，2003年

（加）弗朗索瓦·科尔伯特著，《文化产业营销与管理》，高福进等译，上海：上海人民出版社，2002年

（美）弗雷德·R·戴维著，《战略管理》，李光宁译，北京：经济科学出版社，1998年6月

高天游主编，《借势与造势：62个成功的事件营销案例》，北京：中国海关出版社，2005年

国际节庆协会中国委员会：《首届中国节庆活动国际论坛文案》，2005年4月，内部资料

Getz, D. Event Management & Event Tourism. New York: Cognizant Communication Corporation. 1997

Goldblatt, J. J. Special Events: The Art and Science of Celebration. New York: Van Nostrand Reinhold. 1990.

Gibbs, J. Sociological: Theory Construction New York: Dryden Press, 1972.

郭牧著，《会展与区域经济的发展》，北京：中央编译出版社，2008年7月

郭胜：旅游节庆的策划和市场化运作，《北京第二外国语学院学报》，2005年第3期

顾海兵、余翔等著，《宁波经济特点、特色及创新》，北京：中国财政经济出版社，2008年6月

高丙中：圣诞节与中国节日框架，《民俗研究》，1997年第2期

甘世安、魏水利：中美节庆文化的表征与内涵分析及其启示，《西北大学学报》，2007年第1期

哈佛商学院教程研究工作室主编,《哈佛商学院管理全书(1-10册)》,北京:中国致公出版社,2001年8月

Hoyle, L. H. Event Markeing: How to Successfully Promote Events, Festivals Coventions, and Expositions. Chichester: John Wiley & Sons. 2002.

(澳)瓦根著,《活动项目策划与管理:旅游、文化、商务及体育活动》,宿荣江等译,北京:旅游教育出版社,2004年

华谦生著,《会展策划与营销》,广州:广东省出版集团广东华侨出版社,2004年

冷振兴编,《炒作——没事找事的事件营销》,北京:企业管理出版社,2004年

(美)里斯、特劳特著,《定位》,王恩冕等译,北京:中国财政经济出版社,2002年

(日)LEC·东京法思株式会社编著,《广告精要》,上海:复旦大学出版社,2000年3月

刘大可、王起争主编,《会展活动概论》,北京:清华大学出版社,2004年

刘宏伟著,《中国会展经济报告》,上海:东方出版中心,2003年

刘强编著,《运筹学》,北京:石油工业出版社,2001年1月

李玉新:节庆旅游对目的地经济影响的测算与管理,《桂林旅游高等专科学校学报》,2003年2月第1期

李若建著,《从黄金海岸到黄土高坡——改革开放中的沿海与内陆》,广州市:广东教育出版社,1995年,第48页

鲁慧君:宁波区域特色的港口经济发展研究报告,《经济丛刊》,2005年第5期

陆正飞主编,《财务管理学》,南京:南京大学出版社,2000年8月

(美)伦纳德·纳德勒、泽西·纳德勒著,《成功的会议管理:

从策划到评估》,刘祥亚、周晶译,北京:机械工业出版社,2003年

(英)罗宾森等著,《会议与活动策划专家》,北京:中国水利水电出版社,2004年6月

(美)罗杰·摩司魏克、罗伯特·尼尔森著,《会议管理—如何创造高效率会议》,高维泓译,桂林:广西师范大学出版社,2001年

(美)Milton T. Astroff, James R. Abbey 著,《会展管理与服务》,宿荣江主译,北京:中国旅游出版社,2002年

马成著,《事件营销》,北京:中国经济出版社,2005年

马卫光等著,《百年宁波帮》,杭州:西泠印社,2004年

(美)迈克尔·波特著,《竞争战略》,陈小悦译,北京:华夏出版社,2005年

倪鹏飞主编,《中国城市竞争力报告》,北京:社会科学文献出版社,2004年4月

宁俊等编著,《服装产业经济学》,北京:中国纺织出版社,2004年1月

宁波市政府会展工作办公室:《宁波市会展发展"十一五"规划》,内部资料

宁波市统计局:《1997年—2009年宁波市国民经济和社会发展统计公报》

宁波市统计局:《2010年宁波市第二次经济普查主要数据公报(第三号)》

宁波市经济委员会:加快宁波服装产业发展对策研究,《2004年宁波工业发展调研文集》,内部资料

宁波市统计局:《2008年宁波市经济社会发展综合述评》,http://tjj.ningbo.gov.cn/read.aspx?id=25639

《宁波日报》2009年8月10日第11版:对话《节庆:为扩大

消费助力》

宁波市普查办公室：《宁波市产业发展报告（2001—2007）》，内部资料

宁波市人民政府办公厅：《参阅汇编（2005－2008）》，内部资料

宁波市政府会展工作办公室：《2008年宁波市会展业发展报告》，内部资料

宁波市人民政府新闻办公室：《中国宁波·2009》，《中国宁波·2010》，宣传资料

宁波统计局编，《新世纪新辉煌：宁波"十五"经济社会发展纪实》，北京：中国统计出版社，2006年9月

（美）Jack Gido，Tames P. clements著，《成功的项目管理》，张金成译，北京：机械工业出版社，1999年

（美）乔·戈德布拉特、凯瑟琳S·纳尔逊著，《大型活动管理国际通用语汇（原书第3版）》，张正弘译，北京：机械工业出版社，2003年

（美）乔·戈德布拉特著，《国际性大型活动管理（原书第3版）》，陈加丰、王新译，北京：机械工业出版社，2003年

（英）琼·罗伯逊著，《不完全竞争经济学》，陈璧译，北京市：商务印书馆，1961年

谯薇：中小企业集群存在与发展的理论基础[J]，《兰州商学院学报》，2002年第1期

邱宛华等编著，《现代文化产业项目管理：如何成功运作大型活动》，北京：机械工业出版社，2004年3月

邵万宽主编，《美食节策划与运作》，沈阳：辽宁科学技术出版社，2000年

孙淑荣：我国城市旅游节庆的发展现状及对策分析，《全国商情》，2006年第10期

参考文献

石玉凤，单博诚：对节庆活动文化与经济内涵的思考[J]，《科技进步与对策》，2001年第18期

苏伟伦主编，《项目策划与运用》，北京：中国纺织出版社，2000年12月

(美)塔洛著，《会展与节事的风险和安全管理》，李巧兰译，北京：电子工业出版社，2004年

万斌主编，《大型活动项目管理指导手册（1—4卷）》，安徽：安徽文化音像出版社，2003年9月

王重农著，《现代节庆活动指南》，武汉：湖北教育出版社，2002年

王冬梅：我国城市节事活动未来发展策略探讨，《产业与科技论坛》，2008年第9期

王立军：宁波临港重化工业基地建设研究，《港城发展》，2004年第5期

王之泰：解读资源整合，《理论探讨（经济界）》，2006年第7期

吴承明著，《中国资本主义与国内市场》，北京：中国社会科学出版社，1985年

万明著，《中国融入世界的步履——明与清前期海外政策比较研究》，北京：社会科学文献出版社，2000年

(美)威廉·奥图尔、菲利斯·米克莱提斯著，《公司活动项目管理》，冯学钢、苏俊玲主译，北京：电子工业出版社，2003年

吴德庆、马月才编著，《管理经济学》，北京：中国人民大学出版社，1996年

(美)小伦纳德·霍伊尔著，《会展与节事营销（中译本）》，北京：电子工业出版社，2003年8月

谢俊美：西方开埠宁波的历史回顾和宁波帮的形成，《华东师范大学学报（哲学社会科学版）》第37卷，2005年

徐李全：地域文化与区域经济发展［J］，《江西财经大学学报》，2005年第2期

叶朗：文化产业与我国21世纪的经济发展，http://www.eifi.com.cn/gaofengzixury

余凯成、程文文、陈维政编著，《人力资源管理》，大连：大连理工大学出版社，2001年4月

余青、吴必虎等：中国节事活动开发与管理研究综述，《人文地理》，2005年第6期

杨振绪：论精神境界，《学术论坛》，2008年第7期

（英）亚当·斯密著，《国民财富的性质和原因的研究》，北京：商务印书馆，1972年，上卷第16－20页

（澳）约翰·艾伦等著，《大型活动项目管理》，王增本、杨磊译，北京：机械工业出版社，2002年

张宏丽：节庆、旅游节庆和节庆旅游概念辨析，《信阳师范学院学报》，2008年第6期第28卷

张洁、黄远水：我国节庆旅游研究综述，《平原大学学报》，2006年6月第3期

张伦书：论节庆经济持续创新力与评价指标体系，《桂海论丛》，2006年6月第3期

中国社会科学院语言研究所词典编辑室编，《现代汉语词典》，北京：商务印书馆，2002年

（美）张伯仑著，《垄断竞争理论》，北京市：华夏出版社，2009年3月

张传翔：现代城市节庆经济发展探究，《青岛行政学院学报》，2003年第3期

张合营：关于发展文化产业问题的思考，《前沿》，2003年第1期

郑兴东主编，《受众心理与传媒引导》，北京：新华出版社，

1999 年

中国国家统计局:《中国统计年鉴》,2001 年—2008 年

中国会展经济研究会:《中国会展经济研究会学术年会论文集 2006—2008》,内部资料

仲秋雁、刘友德主编,《管理信息系统》,大连:大连理工大学出版社,2001 年 3 月

周三多编著,《管理原理》,南京:南京大学出版社,1998 年 2 月

周怡书、周强编,《中国当代节庆》,北京:新世纪出版社,2004 年

朱华晟著,《浙江产业群:产业网络、成长轨迹与发展动力》,杭州:浙江大学出版社,2003 年 6 月

钟昌标、陈均浩等著,《披荆斩棘走在前列——宁波经济发展三十年》,杭州市:浙江人民出版社,2008 年 11 月

张荣昌:宁波活力与政府公共服务创新,《决策与信息》,2004 年第 11 期

后 记

本书的写作，缘于偶然。在 2009 年中国会展业高峰论坛上，我收到了上海市人力资源和社会保障局、上海市职业能力考试院颁发给我的《高级会展管理专业水平证书》，论坛期间许多专家学者、城市代表都在谈论我国会展理论研究和教学服务滞后，跟不上中国会展业迅猛发展的需要，特别是对节庆业方面的理论研究更是付诸阙如。由此而使我油然而生了一种责任感和使命感。我从事会展工作多年，策划组织和实施了众多大型会展活动。记得 2002 年第六届宁波国际服装节时，我被调任宁波市政府大型活动办公室副主任、宁波国际服装节组委会办公室副主任（兼），开始介入宁波市节庆实际工作，对包括宁波国际服装节在内的宁波市大型节庆活动有了较深的了解。后来我又兼任了宁波市政府会展工作办公室副主任、宁波市会展业促进会会长，对宁波市会展行业以及节庆产业的总体发展

后 记

情况有了更为全面的理解和把握,为城市大型节庆会展活动的成功举办做了大量工作,也积累了许多经验。因此,我感到写一本节庆方面的理论研究著作不仅有一定的基础和条件,是一种责任和义务,而且应当是一件对我国节庆业以及中小城市节庆产业的发展十分有意义的事情。同时,通过此书也可以作为一个载体,借以宣传宁波、宣传宁波节庆业、宣传宁波国际服装节,有益于进一步提升宁波形象,扩大宁波影响。

本书的写作,广受关怀。我的心中充满着无尽的感激。首先我要感谢澳大利亚悉尼科技大学冯崇义教授,是他的悉心指导才使我得以顺利完成艰苦的学术跋涉;我也要感谢关心支持我的老师、专家、学长,是他们的帮助使我在学术的浩瀚大海里有所依归,少走了许多弯路;我还要感谢长期以来关心帮助我的领导、同事、业界同仁,是他们的宝贵经验丰富了本书的内容和成果。我特别要感谢一直支持我的家人,尤其是我的妻子金雪英,是她对家的无私奉献才使我能把业余时间和精力集中到本书的写作中去。我同时要感谢中国会展经济研究会常务副会长陈泽炎先生,在百忙之中为本书作序;感谢广州市社会科学院涂成林博士,在他的大力支持帮助下本书得以如期出版。

本书的写作,源自实践。丰富生动的社会经济实践,引人激扬文字,令人博学笃行,教人求是崇真。但由于本人理论水平和学术修养不高,加上经历和阅历有限,本书虽然完成并多次修改补充和完善,却还存在着许多值得改进和进一步深入研究的地方。恳请各位专家学者、业界同仁、广大读者批评指正。

2011 年 7 月 16 日

图书在版编目(CIP)数据

节庆产业与城市发展/陈忆戎著.
—北京:中央编译出版社,2011.12
ISBN 978 – 7 – 5117 – 1177 – 9

Ⅰ.①节…

Ⅱ.①陈…

Ⅲ.①节日 – 文化产业 – 关系 – 城市 – 发展 – 研究 – 中国

Ⅳ.①G124　②F299.2

中国版本图书馆 CIP 数据核字(2011)第 252332 号

节庆产业与城市发展

出 版 人	和　龑
责 任 编 辑	邓永标
责 任 印 制	尹　珺
出 版 发 行	中央编译出版社
地　　　址	北京西城区车公庄大街乙 5 号鸿儒大厦 B 座(100044)
电　　　话	(010)52612345(总编室)　　(010)52612371(编辑室)
	(010)66161011(团购部)　　(010)52612332(网络销售)
	(010)66130345(发行部)　　(010)66509618(读者服务部)
网　　　址	www.cctphome.com
经　　　销	全国新华书店
印　　　刷	河北下花园光华印刷有限责任公司
开　　　本	787 毫米×960 毫米　1/16
字　　　数	215 千字
印　　　张	16.75
版　　　次	2011 年 12 月第 1 版第 1 次印刷
定　　　价	48.00 元

本社常年法律顾问:北京大成律师事务所首席顾问律师　鲁哈达
凡有印装质量问题,本社负责调换,电话:(010)66509618